39名教育智者献给天[

对话

家庭教育高端访谈实录

孙宏艳 编著

教育科学出版社
·北京·

站在高处看教育

屈指算来，我从事教育研究工作已经有十多年了。这些年，我经常接到一些家长和老师的电话或邮件，他们会把教育中的困惑告诉我：

一位妈妈在给我的电话里哭诉，说孩子太迷恋网络了，不让他上网比不让他吃饭还严重，又哭又闹不说，还经常和父母吵架，砸家里的东西。妈妈苦恼地问我：家长到底该怎么办才能让孩子既不和网络隔绝又能理智地使用网络？

一位爸爸说孩子就爱在网上看色情图片，想给他讲讲青春期的性问题，孩子一句话就把老爸顶到了南墙上："都什么年代了？我比你懂得多，我什么没看过？！要进行性教育也是我教育你！你们那一代都是性无知！"爸爸郁闷地叹息："这一代孩子简直没办法对他们进行性教育了，他们成了老子，我们成了孙子！"

一位奶奶告诉我，儿媳让她带着4岁的孙子去报名参加奥数班。为此她跟儿媳生气了，说孩子太小不应该学奥数。可到了报名点却发现，原来很多孩子早已经由爸爸妈妈带着去报名了。老奶奶不解地问我：到底该不该让孩子学奥数？什么样的孩子才能做神童？

　　一位老师在给我的邮件里忧心忡忡地说：网络太强大了，上面各种不良信息，对学生影响太大，网络几乎取代了学校对学生进行的道德教育，教师们经常感到教育很乏力，没有自信。网络时代，教师们该如何对学生进行人生观、世界观、价值观的教育才更有效？

　　……

　　各种教育困惑不胜枚举，涉及方方面面。孩子学习习惯不好怎么办？不听话怎么办？学习没有后劲儿怎么办？怎样对待孩子的特长学习？父母和孩子关系不好怎么办？孩子为什么老爱上网聊天？怎样克服家长的焦虑心理？如何让孩子更快乐？怎样把孩子培养成有情趣的人？孩子性格不好怎么办？怎样面对可能出现的各种意外伤害？孩子应该怎样保护自己？家长只想为孩子付出不想自己发展，这样对不对？等等。这些困惑，既有每个家庭独有的个性问题，也有着很多教育的共性特点。

　　面对这些"为什么"和"怎么办"，我认为让教育之路走得更理性、更科学、更顺畅的有效方法是求助专业人士，从根子上搞明白这些问题产生的症状、原因，找到有效的对策。我曾经采访过很多专家学者，他们中有大名鼎鼎的教育专家，有颇有建树的心理学专家，有在其学科领域独树一帜的学者，有一线的特级教师。有些专家在后来的十几年中多次合作，已经成为好朋友。和他们的对话，正好能解答家长们的这些"为什么"和"怎么办"。其中，如中国台湾暨南国际大学课程教学与科技研究所教学发展中心主任杨洲松提倡的批判性媒介素养，或许可以帮助那位困惑的妈妈；原北京大学儿童青少年卫生研究所所长叶广俊提出的性教育四原则，也许可以帮助那位郁闷的父亲；著名超常儿童研究专家查子秀对超常儿童潜能开发的研究成果，可能会解答那位奶奶的不解；原云南省教育厅厅长罗崇敏倡导的价值引领和"三生"教育，或许可以帮助那位忧虑的教师。

　　虽然有些采访已经过去了近十年，但在今天读起来依然闪现着智慧的火花，绽放着思考的光芒。专家学者们对教育的深度解释，在今天依然有很高的参考价值。如今，这些专家们依然是我的老师，值得我学习和敬仰。这样的教育对话，读起来仍然能促进我的思考，也能帮助家长们答疑解惑。于是，我决定将若干教育对话集结成册，这是对过去的总结，也是对朋友的交代，更是对教育的哲思，是对家长的帮助。

在我看来，每一位学者、专家都代表着一定的高度，他们都是各自领域中的佼佼者，和这些有智慧的人在一起思考教育问题，何尝不是一件快乐的事呢？牛顿说："如果说我比别人看得更远些，那是因为我站在了巨人的肩膀上。"那么，就让我们和这些高人们一起讨论一下教育问题吧，站在高人的肩膀上起步，或许我们也可以更好地探索教育的科学和规律。

当然，这些专家访谈仅代表一家之言，未必是真理，只是大家凭着对教育的高度责任感，共同探索教育的规律。您读了，受启发了，这本书就有价值了，哪怕收获只是一星半点儿。这本书也是有局限的，有的案例或许有些过时，有些表述或许不那么具有新鲜感，但是这并不影响今天我们对教育的重新审视和理性判断。在整理这本书时，我也曾考虑是否做些改动，但最终我决定保持原汁原味的访谈内容。之所以没有修改、加工，一是为了读者们从这些略带有岁月痕迹和时光刻度的采访中看到各位教育工作者的智慧，二是也让大家看到教育存在的问题，即使十多年过去了，有些话题并不过时，这说明教育的改变非常艰难，需要我们共同努力。

在我看来，这本书仿佛一个茶座、一个沙龙、一个咖啡屋，三五好友坐在一起畅聊教育的方方面面，为了教育的未来，也为了未来的教育！

中国青少年研究中心　孙宏艳

2013 年 10 月 10 日

目录
Contents

第 3 部分　健康人生从细节做起

第 4 部分　好习惯造就好人生

第 5 部分　教育孩子要全面发展

第1部分
建立有效的父母同盟

父亲（陈鹤琴）很少严厉地批评我们，如果我们七个中谁做错了事情，他就会冲我们笑笑，他一笑我们就知道自己错了，马上就会去改正。父亲从来不说打击我们、刺伤我们积极性的话。因此我们七个子女如今的性格都非常开朗，精神状态都特别好。

陈鹤琴：做子女的榜样

陈鹤琴先生是我国现代著名儿童教育家和儿童心理学家，为中国幼儿教育事业做出了重要的贡献，他提出了"人人皆吾师，处处有学问；让子女做到的，自己首先要做到；做父母的意见不合，不仅使小孩子无所适从，而且也会引起他们轻视父母之心"等众多有意义和指导性的家教理念。在采访陈老的三女儿陈秀云时，我听到了陈老对七个儿女的悉心教导……

被访人物　陈秀云，陈鹤琴先生的三女儿，20世纪50年代曾在共青团中央学校部工作，后任北京八中党支部书记、北京市丰盛学校校长等职务，离休前曾在北京市教育科学研究所工作，曾担任过中国陶行知研究会副秘书长、北京市陈鹤琴教育思想研究会副理事长、关心下一代专家委员会常委等社会职务。

自私自利可耻，服务他人为乐

孙宏艳（以下简称孙）：陈老师，您好！陈鹤琴先生作为著名的教育家，给我们留下了宝贵的精神财富，他的著作《儿童心理之研究》和《家庭教育》等书，一直是我们学习的重要内容。今天采访您，我更想了解的是陈鹤琴先生作为一位父亲给你们七个子女的教育。

陈秀云（以下简称陈）：这些年来，我一直在做一些研究父亲的工作，我们整理出版了他的全集，同时也在工作中想起许多小时候父亲对我们的教育。父亲最反对的是自私，他一直教育我们要助人为乐。父亲说做人的教育才是最重要的。我父亲自己特别喜欢助人为乐，也要求我们这样做。他总是跟我们说，你们有条件上学，受很好的教育，但是你们学到的文化知识不应该是你们自己的，你们要帮助那些没有条件上学的孩子。怎么帮助呢？父亲把家里的客厅腾出来，让我们办了个"街头儿童学校"，把街头的流浪儿都招呼到家里来读书。

孙：当时您家里的条件很好吗？

陈：我们小的时候家里条件是很好的，当时我父亲任教育处处长，收入是很不错的。所以，虽然那时我还不到9岁，但已经开始教那些小孩子学文化了。客厅里放了一块黑板，我要站在椅子上往黑板上写字。父亲说："你会什么就教给他们什么。"其实这也是陶行知先生说的"即知即传"。

孙：我曾经看到一些文章，说陈鹤琴先生特别教育你们要"顾到他人，想到他人"。

陈：是的，在我们刚刚懂事的时候，父亲就这样教育我们。他自己带头去做。当我们的兄弟姐妹中有人生病了，他就带头要我们一起来细心照顾生病的人，比如，把自己的好东西让出来，说话要轻声，走路、关门也要轻轻的。这些事情特别小，但对我们的一生都有很大影响，让我们懂得关心他人、照顾他人。不仅对待自己家人如此，父亲对待一些贫穷的人也是如此。记得有一次，我看见父亲把一个人力车夫领回家，给那个人洗脚。后来我才知道原来他是在路上遇到那个人的，虽然并不认识，但父亲看到他的脚被玻璃渣子割破了，就带回来给人家洗脚、上药，还送了鞋给他。这件事到现在我都印象深刻。

孙：他的做法一定给你们带来了很大的影响。

陈：他不仅仅用行动影响着我们，还鼓励我们同难童们交朋友。他常常带我们去难民收容所。在父亲的安排下，我们三个姐妹来到一个受伤婴儿收容站。当时我们三个姐妹分别是14岁、12岁、10岁。而那些婴儿全是几个月大到1岁多，他们的四肢或身上被炸弹炸伤，有的伤口已经化了脓，屋子里到处弥漫的是粪尿、血腥、药水的气味。但父亲却要求我们帮助护理人员给婴儿喂奶、换药、洗澡、洗尿布。这些工作很脏很累，但经过一个多月的劳动，我们也体会到了帮助别人的快乐。当我看到那些小朋友没有玩具玩的时候，我就用自己的零用钱买了一大盒小皮球送给小朋友，当父亲知道以后，特别高兴。

孙：您家里当时的条件很好，想没想过跟父亲要些钱去帮助那些贫困的人？为什么一定要用自己的零花钱？

陈：父亲每个月给我们一块钱的零花钱，我都积攒下来，用来帮助困难的人，这是父亲的教导。父亲特别爱帮助别人，家里经常住着很多人，一些亲戚都住在我们家里。到了我们读初中的时候，学费经常会欠账。因为父亲把赚来的工资都帮助别人了。

人人皆吾师，处处有学问

孙：陈鹤琴先生自身是从事教育的，他接触的学生非常多，那么他对你们七个兄弟姐妹的学习是怎样看待的？

陈：他更看重的是在生活中学习。我父亲常说他有两条求学的路。一是"凡百事物都要知道些"，这就是学习的知识要"博"一些；"有些事物要彻底知道"，这就是说要"精"。我父亲在美国留学了五年，先后学习了英语、德语、法语三种外语，及经济学、地质学、生物学等课程，此外他还利用假期学习了园艺学、养鸟、养蜂等知识。因此，可以说他的知识广博而精深。当他后来办学的时候，他利用自己学过的园艺学布置校园，带领学生种菜、养猪、养蜂等。再就是"人人皆吾师，处处有学问"。他几乎走到哪里学到哪里，木工、老农、竹匠、民间艺人等都成了他的老师和朋友。他从木工那里学会了选择木料、制作教具设备、设计校舍；从老农那里学会了种植水稻、蔬菜，培育果树；他把民间的木偶戏加以改造，引进了幼儿园、小学；他将挑担小贩用来卖糖的转糖盘改成了益智盘，成为识字和计数的教具。他还常常对我们说："工人、农民聪明得很。"

孙：我看过陈鹤琴先生的一些文章，他的确是一直在倡导"三人行，必有我师，不要错过一切学习机会"，他要求你们这么去做吗？

陈：是的。1941年时，母亲带我们到江西去居住。当时那所新房子是父亲亲自设计的，但当我们走进去才发现，这所房子有一间墙壁没有抹泥，也没有粉刷。父亲对我的两个弟弟——11岁的陈一飞和9岁的陈一心说："这是留给你们来完成的。这是我安排给你们的第一课。"随后，他请来一位泥工师傅，并对他们俩说："这就是你们的老师，你们要好好向老师讨教。"一飞、一心在师傅的指导下干了几天才完成了任务。后来，一飞读初中的时候，放了寒假，父亲还把15岁的他送到几十里外的一个工厂去学工。那个工厂很远，工作环境也很苦，但是他却要求我们从小手脑并用，希望我们能独立生活。

孙：这的确是很令人钦佩的，按照当时您家里的条件，是不需要孩子那么苦的，是吧？

陈：是的，家里条件很好，但父亲却要求我们从小学会劳动，尊敬劳动人民，不要守在父母身边，不要依靠家庭，所以，我们兄弟姐妹七个在16～17岁的时候就相继离开了家庭或工作或求学。

孙：现在的许多父母都怕孩子太吃苦了，许多事情都不让孩子去做，甚至所有的事情都请保姆来做。

陈：当时我们家里也是有保姆和雇工的，但是父亲从来不允许保姆替我们做事情，还要求我们特别尊重保姆和雇工。

让子女做到的，自己首先要做到

孙：作为一位教育家，陈鹤琴先生是否特别注意在孩子面前以身作则？

陈：父亲总是说榜样是很重要的，他曾经在他的书中谈到过失败的教育。那时候，我的大哥才两岁多，有一次，父亲在阳台上吐了一口痰，被哥哥看见了，结果也跟着学吐痰的样子。后来，父亲就反思说，榜样的力量太大了，年龄小的孩子善恶观念比较薄弱，普通知识很肤浅，成人的一举一动都会影响小孩子。他还说，父母要注意孩子所处的环境，使他听到的、看到的都是好的事物。这样，孩子自然而然就会受到好的影响。

孙：从您后来的成长看，陈鹤琴先生的哪些教育对你们影响特别大？

陈：我父亲特别勤奋好学，他每天早晨特别早就会起来读书。不仅他自己如此，还要把我们也都叫起来读书。到现在为止，我们家里都没有人睡懒觉的。父亲从来不打牌、打麻将。我父亲家本来是很富裕的，因为他的伯父特别爱赌博，把家里的财产都输光了，因此父亲发誓一定不赌不嫖，不吸烟不喝酒。就连他结婚的时候，别人敬酒给他他都不喝。我们家里没有人会打牌和麻将，我们也从来不玩，我们的娱乐就是看书、电视，或者工作。

孙：您的兄弟姐妹现在都是做什么工作的？

陈：大哥陈一鸣离休前在上海市委宗教事务局工作，任副局长；大姐陈秀霞、二姐陈秀瑛都在外交部工作，大姐在新闻司，二姐在国际问题研究所；弟弟陈一飞长期在非洲等地任驻外记者，回来以后在中国社会科学院工作，曾任亚非所副所长；小弟弟在上海对外友好协会工作；小妹妹在兰州做军医，后来调回了南京。虽然现在我们兄妹几个都离休了，但是没有人停下来，大家还在继续工作。

孙：有些夫妻在教育孩子的时候态度往往不太一致，甚至一个唱红脸一个唱白脸，您的父亲对你们教育很严格的，您母亲都非常支持他吗？他们有没有意见不一致的时候？

陈：当然有。他们夫妻意见不一致的时候，从来不在我们面前暴露，他们总是走到一边去商量。每当他们凑在一起讨论的时候，我们就知道他们又在商量教育我们的问题。有时候，我们也会看到母亲掉眼泪，但是他们却从来没有在我们面前吵架。

孙：您家共七个兄弟姐妹，父母要做到这一点的确是很不容易的。

陈：是的，到现在为止，回忆起父亲对我们的教育，我们一直觉得他是位慈祥的父亲。父亲后来在他的书里写道："在小孩子面前，做父母的意见不合，不仅使小孩子无所适从，而且也会引起他们轻视父母之心。"

积极的暗示胜于消极的命令

孙：据您的回忆，当您或您的兄弟姐妹做错了事情的时候，陈鹤琴先生是怎样批评你们的?

陈: 父亲很少严厉地批评我们, 如果我们七个中谁做错了事情, 他就会冲我们笑笑, 他一笑我们就知道自己错了, 马上就会去改正。父亲从来不说打击我们、刺伤我们积极性的话。因此, 我们七个子女如今的性格都非常开朗, 精神状态都特别好。

孙: 陈先生也是非常注重儿童的心理健康的, 据我的了解, 他在20世纪20年代的时候就提出要注意儿童的心理健康。

陈: 记得我小的时候很黑, 大家笑话我。但是父亲却给我起了个名字叫"黑美人", 他还总是跟我说: "黑怕什么? 黑才健康!"其实父亲这是在用另外一种办法保护我, 让我们没有自卑感。父亲还特别提倡多用暗示。他曾说过, "做父母的要多用积极的暗示, 不要用消极的命令。"哥哥小时候拿着破棉絮在玩, 父亲没有不允许哥哥玩, 因为他认为这是孩子获得经验的一种方法。所以他对哥哥说: "破棉絮很脏的, 有不好的气味, 我想你一定不要。你如果想要一块干净的, 你可以到房里跟妈妈要。"

孙: 许多父母看见孩子玩脏东西, 会一把夺下来, 甚至骂孩子、打孩子。

陈: 父亲曾经在他的书中讨论过这种现象, 他分析了几种情况。第一种是父母直接就把脏东西夺过来换成干净的别的东西, 他说这种方法是绝对不能用的, 孩子会莫名其妙, 也会怨恨父母; 第二种是父母只说"这东西是脏的, 赶快丢掉", 孩子虽然知道脏东西不能玩, 恐怕也会不舍得丢掉, 因为他没有好的东西代替; 第三种是父母对孩子说这东西是脏的, 不好的, 要赶快换一个干净的。这种方法也是不大好的。父亲认为这样孩子会变被动, 会不好意思。父亲认为要用语言来激励孩子, 使他们感觉自己是主动的, 是很高兴做某件事情的。

孙: 这的确是积极的心理暗示。陈鹤琴先生对几种情况分析得非常细致, 可见他的确是非常关心儿童的心理健康的。作为七个孩子的父亲, 陈鹤琴先生在你们生活道路的选择上有没有谈过自己的看法?

陈: 父亲对我们非常信任, 一直与我们保持尊重、平等的关系, 尤其是尊重我们的选择。当我们兄妹几个参加革命的时候, 他只是告诉我们要小心一点, 却从来不责备。这在解放以前是非常不容易的。因为那时候进行这样的活动很危险。我姐姐当初在学校里罢课, 被校长给开除了, 父亲非但没有责备姐姐, 反而参加了家长委员会, 与学校进行交涉。我最小的妹妹去参军的时候, 母亲是非常舍不得的, 当父亲得知以后, 他专程从南京返回上海, 做我母亲的思想工作。我们小的时候, 父亲从没有对我们发过一次脾气或者大声训斥过我们。

孙: 可是现在一些父母却把自己的志向架在孩子头上, 用自己的理想来代替孩子的理想。

陈：等我们大一些的时候，父亲就经常同我们讨论问题，谁的意见对、意见好，哪怕是对他的批评，他都能虚心听取，然后仰面微笑，欣然接受。他写的文章和发言稿，常给我们看，征求意见。

孙：非常感谢您带病接受我的采访，我想你们今天的人生之路是陈鹤琴先生教育结出的硕果，相信您今天讲的小故事会给父母很多启发。谢谢！

特别提醒

1. 榜样的力量太大了，年龄小的孩子善恶观念比较薄弱，普通知识很肤浅，成人的一举一动都会影响小孩子。父母要注意孩子所处的环境，使他听到的、看到的都是好的事物。这样，孩子自然而然就会受到好的影响。

2. 他们夫妻意见不一致的时候，从来不在我们面前暴露，他们总是走到一边去商量。每当他们凑在一起讨论的时候，我们就知道他们又在商量教育我们的问题。有的时候，我们也会看到母亲掉眼泪，但是他们却从来没有在我们面前吵架。

3. 父亲认为要用语言来激励孩子，使他们感觉自己是主动的，是很高兴做某件事情的。

陈鹤琴 教育箴言

自私自利可耻，服务他人为乐。

人人皆吾师，处处有学问。

让子女做到的，自己首先要做到。

积极的暗示胜于消极的命令。

我有两条求学的路。一是"凡百事物都要知道些"，这就是学习的知识要"博"一些；"有些事物要彻底知道"，这就是说要"精"。

在小孩子面前，做父母的意见不合，不仅使小孩子无所适从，而且也会引起他们轻视父母之心。

　　我们会通过观察发现一家人之间的关系。比如，孩子是挨着爸爸坐，还是挨着妈妈坐，还是两个都不挨；父母说话的时候，孩子看着谁；孩子哭的时候，父亲和母亲哪一方反应更大。从这种关系格局中，我们会发现家庭中存在的问题。

李子勋：好的关系胜过好的教育

　　李子勋是我国著名的心理学家，1990年开始从事心理咨询及家庭心理治疗以来，在家庭教育及心理治疗方面颇有建树。在中日友好医院李子勋的办公室里，我采访了他。他有着一个心理医生特有的语音和语调，娓娓道来。他提出了"夫妻在教育孩子方面保持一定的差异比较好，但这种差异不是对立的差异，而是程度上的差异；做父母的要给孩子一个感觉，让孩子觉得父母的情感很稳定。"在采访李子勋先生的过程中，他的很多观念冲击着我，我想它们应该会给很多家长带来启示。

被访人物　李子勋，著名心理学家，原中日友好医院专职心理医生，心理协会北京心理咨询与治疗专业委员会成员；中国科学院心理所与EAP（Employee Assistance Program，译为"员工帮助计划"，即运用心理咨询技术、危机干预等方式为员工提供服务，服务内容涵盖职业发展、减缓压力、婚姻情感、亲子家庭、身心健康等方面）中心专家委员。此外，他还作为中央电视台《心理访谈》和《实话实说》栏目、北京电视台《心理时间》栏目、中央人民广播电台《星星夜谈》《情感世界》特邀心理专家，在社会上引起广泛影响。自1990年开始从事心理咨询及家庭心理治疗以来，至今已有20余年，在家庭教育及心理治疗方面颇有建树。主要著作包括《心灵飞舞》《陪孩子长大》《幸福从心开始》等。

重要的是有效性，而不是正确性

　　孙宏艳（以下简称孙）：在教育孩子的过程中，我们中国的传统是倡导夫妻"一个唱红脸，一个唱白脸"，您作为家庭心理治疗方面的专家，认为这个观点是否正确？在教育孩子方面夫妻的意见是否要一致？

李子勋（以下简称李）：作为一个研究心理学的人来看，夫妻是否要意见一致，或者是否要一个唱红脸，一个唱白脸，这些并不重要，重要的是有效性。在教育孩子的时候，如果夫妻一个唱红脸，一个唱白脸能够很好地教育孩子，也不是不可以。心理学和教育学具有明显的差异，心理学比较强调有效性，而不是非要强调对错。

孙：可是，如果夫妻意见一致，是否会在教育孩子方面更有效一些呢？

李：其实，夫妻意见完全一致是不太可取的。太一致了以后，孩子就没有了可选择的权利，他基本上就是生活在一个单一的模式下。这样的孩子大多无法了解人的多样性，以及在多样的人群中自己该怎样选择，怎样生存。

孙：那么夫妻是否应该经常保持不一致呢？

李：也不是。我认为夫妻的一致和不一致应该有所摇摆，在某些情况下是一致的，在另外一些情况下是不一致的，让孩子能够看到人的意见的可变性，因此有一些选择。也就是说，父母对一件事情的意见在某种情境下是赞同的，而在另外的情境中就不赞同。比如，同样是游戏这件事，父母亲可以说上课玩游戏是不允许的，放学以后玩游戏是允许的，这就是让孩子知道父母的意见不是绝对的。

孙：这样做有什么好处吗？

李：这种教育不是一种单调教育，而是一种情境教育。孩子通过教育能懂得在这种情境下可以做什么，在那种情境下不能做什么。这样做比告诉孩子做什么是对的，做什么是错的要好一些，丰富一些。

孙：您的意思是说，夫妻之间的态度应该有所差异？

李：我觉得夫妻在教育孩子方面保持一定的差异比较好，但这种差异不是对立的差异，而是程度上的差异。假如妈妈说这件事情一定是不能做的，但爸爸说其实这件事情在某种情况下是可以做的。夫妻之间这样的配合就比较好。这样可以使孩子从一种极端的情境里面松动出来，他可以做出自己的选择。像有的孩子要买某一样东西，妈妈可能说这个东西绝对不能买，而爸爸说这件东西还是可以买的，但是需要家庭经济状况好转一些的时候再买。这样就使孩子的情感得到了缓冲。

孙：许多时候，孩子要一样东西并不一定是孩子真的需要这件东西，而是他与父母间的一种亲密的交流。

李：这样的孩子其实是在用自己的方式体会他与父母之间的关系，如果父母只用教育方式来处理这些问题的话，就太单调了，那样人就成了机器，什么话能说，什么话不能说，这样的生活不是很糟糕吗？父母应该在很生动的、很丰富多彩的情境里理解孩子。所以，父母之间表现出程度的差异是可以的，而且是有益的。这与夫妻建立有效同盟不矛盾。

◗ 同盟是情感的联结，而不是态度的联结

孙：您认为什么样的家庭更适合对孩子进行好的教育呢？

李：我觉得互补型的家庭更好一些。什么是互补型的家庭呢？也就是说，一个家庭里，男女有性别的、个性的、知识的、文化的、经验的等多方面的差异。如果父母都能够在孩子面前表现出这种差异的丰富性来，这对孩子将是有益的。如果夫妻之间为了保持一致而放弃前面所说的各种差异，孩子就无法从家庭中学习到如何与人交往。

孙：孩子的成长是先从家庭开始的，如果家庭里的交往模式太单一，孩子在家庭中就无法学到人际交往的知识和方法。

李：是的。假设父母在家庭中表现出了各种差异，但又不是互相对立的，这样孩子就可能在一个环境下接受多重的意见，在这样的环境里培养且长大的孩子具有很大的灵活性。他会懂得很多东西看起来是对立的，但实际上也是并存的。这些东西不一定是父母告诉孩子的，而是在生动鲜活的生活中体验出来的。比如，一个家庭里的父亲很爱拍照，母亲可能会觉得这个爱好很花钱，但做母亲的不会在孩子面前攻击父亲，这样孩子就学会了在父母亲面前找到自己的位置，他慢慢就会表现出与父母不同的、第三人的个性了。

孙：但现在也有许多家庭矫枉过正，为了保持夫妻教育孩子态度的一致性，往往爸爸说一件事不行，妈妈也赶快说不行；爸爸说这件事很好，妈妈也赶快说很好。

李：这个观点在教育学上可能很站得住脚，认为父母教育方式一致性很高，但从心理学的角度来看，这样不利于形成孩子的选择意识，不利于形成孩子自我决策的权利。因此，我们不强调意见一致，也不反对，关键要看情境。

孙：夫妻在教育孩子方面意见一致与建立有效的父母同盟是一回事吗？

李：建立有效的父母同盟，关键的不是如何对待孩子，而是做父母的要给孩子一个感觉，让孩子觉得父母的情感很稳定。心理学上讲"同盟"，是指"情感联结"，不是指"态度联结"。其实，在家庭里需要决定的很多事情上，不在于他们的态度如何，而在于家庭成员之间情感纽结的情况。比如，妈妈和儿子比较亲密，大家就会觉得在处理许多事情上妈妈和儿子的意见常常是一致的。在这里主要是情感起了作用，因此，妈妈或儿子在处理各种问题的时候，常常会和对方站在一个阵线上。就像一个你喜欢的人要和你去香山，你会觉得很好；而另外一个你不喜欢的人要和你一起去，你或许会说香山很没劲。

孙：夫妻情感很稳定，对孩子有什么作用呢？

李：夫妻情感稳定，孩子就很难破坏这种情感。一般情况下，孩子很容易夸大父母之间的矛盾，他并不是有意这样做的，但在无意中，他很容易感到爸爸妈妈之间的不一样，他会无意夸大家庭的矛盾。当父母之间产生了问题之后，他会有更大的空间来生存，来提出自己的要求。孩子其实最讨厌父母完全一致。假设父母的感情很好，他们很接受对方，这就使孩子没有机会与母亲或父亲一方结盟来孤立另外一方。

孙：但是，在我们已经收集到的各种案例中，常常发现有些家庭里就是母子结盟、母女结盟或父子结盟，而让父母中的另外一方靠边站，甚至攻击对方。

李：所以，当孩子到 5 岁以后，成年人一定要让孩子感觉到，夫妻之间的情感胜过父母与他的关系。这就是心理学上所说的最大的同盟。这种同盟才会让孩子摆正自己在家庭中的位置。但现在最糟糕的、阻止孩子成长的问题就是您所说的这种情况。

孙：那么，您认为父母与孩子之间应该是一种怎样的关系呢？

李：心理学上和家庭治疗中一再强调"家庭的边界"，即一代人有一代人的边界，父母要和孩子之间保持一定的边界。有了这种边界意识以后，父母对孩子也会宽松很多，知道孩子长大后会和父母一代有很大区别，因此父母不会把自己的意愿强加给孩子。这就是"边界意识"。当然，有的夫妻虽然感情很好，但却天天打麻将，在这样的家庭里长大的孩子，就没有接触到一个正能量的教育，他自然也就无法健康成长。所以，在保持良好夫妻关系的同时，父母还要给孩子做出一些好榜样。

"过度教育"破坏了良好关系

孙：我记得您曾经提出过"好的关系胜过好的教育"这一观点，这个观点是否和父母同盟有很大关系？

李：这是家庭治疗中特别强调的一点。现在，很多家庭教育已经超越了关系层面，为了达到教育意见的传达，一些家庭宁肯破坏跟孩子之间的关系，比如，就是不顾与孩子之间的情感关系，而去强迫孩子做某些事情。

孙：可是父母也许会想，我的这些教育都是为了孩子好啊！

李：是啊，父母的一些教育观点看起来都是正常的，甚至是非常正确的，但这些正确的观点未必适合自己的孩子。父母们从爱的观点出发，强行让孩子接受他们的教育，结果却破坏了与孩子之间的关系，使孩子与父母亲之间产生了对抗。比如，父母跟孩子说你一定要好好学习，将来考个好学校等，这些话本身并没有错，但当父母说话的时候，孩子是埋着头的，或者干脆扭到一边去。这时，不管父母说什么，孩子已经在对抗了。为什么会这样？就是因为孩子与父母之间没有形成良好的关系。这种良好的关系被过度的教育破坏掉了。

孙：在您的家庭治疗过程中，是否经常发现这样的家庭？

李：这样的家庭太多了。我们在进行家庭治疗的时候，看的就是关系，而很少听父母或者孩子说什么，关键靠观察。一家人来这里后，我们会通过观察发现一家人之间的关系。比如，孩子是挨着爸爸坐，还是挨着妈妈坐，还是两个都不挨；父母说话的时候，孩子看着谁；孩子哭的时候，父亲和母亲哪一方反应更大。从这种关系格局中，我们会发现家庭中存在的问题。

孙：父母与孩子相处的时候应该注意什么？

李：最应该注意的就是距离和尊重。父母与孩子要保持一定的距离，只有相互间有了距离，才能够做到尊重。当孩子5岁以后，父母要逐渐和孩子划清界限。国外一些教育者认为，中国的家庭教育分化不良，父母和孩子就像是一个人，两代人的关系和责任不清楚。在西方心理学中，特别强调亲密关系的"距离"。没有距离是比较难受的，表面上看很好，但实际上很不舒服。同样，夫妻之间也是应该有距离的。

孙：那么夫妻之间应该注意些什么呢？

李：夫妻要在孩子面前尽可能掩饰双方的不和谐和冲突。夫妻在面对一个问题的时候，不要过分关注对错，要多注意是否有效。强调对错是一种压力。当夫妻有了冲突，要尽快化解，尤其不能吵架以后三天都不说话。孩子生活在这种不正常的氛围里面很难受。

孙：感谢您的谈话，您的讲解会给父母们带来许多启示。

特别提醒

1. 一般情况下，孩子很容易夸大父母之间的矛盾，他并不是有意这样做的，但在无意中，他很容易感到爸爸妈妈之间的不一样，他会无意夸大家庭的矛盾。当父母之间产生了问题之后，他会有更大的空间来生存，来提出自己的要求。

2. 有的夫妻虽然感情很好，但却天天打麻将，在这样的家庭里长大的孩子，就没有接触到一个正能量的教育，他自然也就无法健康成长。所以，在保持良好夫妻关系的同时，父母还要给孩子做出一些好榜样。

3. 父母跟孩子说你一定要好好学习，将来考个好学校等，这些话本身并没有错，但当父母说话的时候，孩子是埋着头的，或者干脆扭到一边去。这时，不管父母说什么，孩子已经在对抗了。为什么会这样？就是因为孩子与父母之间没有形成良好的关系。这种良好的关系被过度的教育破坏掉了。

李子勋 教育箴言

　　夫妻在教育孩子方面保持一定的差异比较好，但这种差异不是对立的差异，而是程度上的差异。

　　父母教育方式一致性很高，但从心理学的角度来看，不利于形成孩子的选择意识，不利于形成自我决策的习惯。

　　建立有效的父母同盟，关键的不是如何对待孩子，而是做父母的要给孩子一个感觉，让孩子觉得父母的情感很稳定。心理学上讲"同盟"，是指"情感联结"，不是指"态度联结"。

　　当孩子到 5 岁以后，成年人一定要让孩子感觉到，夫妻之间的情感胜过父母与他的关系。这就是心理学上所说的最大的同盟。这种同盟才会让孩子摆正自己在家庭中的位置。

　　夫妻在面对一个问题的时候，不要过分关注对错，要多注意是否有效。强调对错是一种压力。

我给孩子提供的书主要是两类，一种是文学书籍，一种是科学书籍。文学是心灵世界的读物，科学是外部世界的读物。只有两方面都具备了，孩子才会成长为一个全面的人。

秦文君：学会感动孩子

秦文君是我国著名的儿童文学作家，她的作品《男生贾里》《女生贾梅》得到了很多中学生的喜欢。采访她时，恰逢这两本书正是大卖。利用她来北京开会的机会，我在国家行政学院采访了她。她曾经提出了要"感动今天的儿童"这一观点，认为"一个人学会了阅读，就是找到了朋友"。

被访人物　秦文君，著名儿童文学作家、诗人、中国作家协会会员。1982年起从事少儿编辑出版工作，曾任《儿童文学选刊》《中国儿童文学》主编，现为中国福利会出版社总编辑，中国作协第五、六、七届委员、上海作家协会副主席、中国少年作家班编委。代表作有《男生贾里》《女生贾梅》《小丫林晓梅》等，先后四十余次获各种文学奖。

儿童文学是童年里的阳光

孙宏艳（以下简称孙）：您曾经提出了要"感动今天的儿童"这一观点，请问这一观点是在什么情况下提出来的？

秦文君（以下简称秦）：我主要是针对当前的儿童文学现状提出这一观点的。我觉得作为一个儿童文学作家，应该以儿童为本位，以是否感动儿童作为文学创作的标准。今天的儿童文学作品大多是成年人写给儿童看的。成年人和儿童是有差异的。人在童年时期，很多东西是能够理解的，但却不一定能够表达。因为孩子们还表达不出来，他们的心理还不成熟，没有办法表达出来。但像我们现在这样，到了成年人时期，能够表达了，可是却不能理解儿童所看到的东西了。也就是说，不同年龄的人所看事物的目光有所不同。儿童文学作家是为儿童做事的人，因此首先应该了解儿童，只有了解了儿童才能感动儿童。如果我们连自己所服务的对象都不了解，那怎么能够写好儿童文学作品呢？那不是自忙活吗？我是从这个角度提出了

"要感动今天的儿童"。

孙：我们在调查研究中发现，对儿童影响最大的读物是儿童文学读物。您认为是这样吗？

秦：我认为适合儿童阅读的文学读物是童年里的阳光。孩子们的认知水平和各种身体器官还没有完全成熟，所以他们看世界的水平和我们成年人肯定是不一样的。面对复杂的世界，孩子们会产生一些孤独、胆怯、害怕的情绪。有了文学读物，即使外面的世界是阴暗的，但由于孩子的心里是有文学的，所以孩子的心里也就有了阳光。如果孩子的心里已经是暗的、灰的，外面的世界里再遇到一些灰暗的事情，那就很可怕了。所以，父母们应该为孩子提供好的儿童文学读物。

孙：这是否也是您进行文学创作的初衷？

秦：应该说是这样吧。我小的时候就很孤独，有一阵子身体也不太好，所以一直是儿童文学陪伴着我。我最早开始儿童文学创作，想法也非常朴素。我觉得在我小时候，儿童文学给了我许多美好的东西，虽然我不认识那些文学前辈，但他们的作品给了我像阳光一样的东西，我觉得我也应该把这些给孩子们。

孙：您为什么要提出"感动今天的儿童"这一观点？

秦：文学的最高境界就是感动。一个人如果被感动了，说明他的心里还存在一些美好的、良知的东西。我们常常有很远大的理想，但我觉得我们首先要把脚下的事情做好。有些作家写出来的作品不受孩子们欢迎，于是就说，我的作品不是给现在的儿童看的，而是给将来的孩子看的，我的作品是永恒的。但我觉得这样的观点有问题，如果我们连现在的孩子都感动不了，那么我们怎么有把握去感动将来的孩子？将来的孩子是怎样的？我们只能预料，但我们的预料未必准确。

教育也是一种感动

孙：您当时是从儿童文学作家的角度提出"感动儿童"这一观点的，但我觉得它对父母和教师也具有一定的启发作用。

秦：如果从教育的角度来谈，我觉得教育的最高境界是唤起人的良知，唤起人对美好事物、对幸福的追求，也就是说要唤起人内心的动力。如果对一个人的教育只有外力，没有内力，那么即使我们费了九牛二虎之力，又怎么能起作用呢？所以，只有唤起一个人的内力，教育才能起到作用。因此，无论是感化、教育、修正，都要先唤起孩子内心的向善之心，也就是在孩子的心中点起一个美好的良知之灯。孩子的内心没有这样一盏灯，我们光在外面烧火是不管用的。

所以，教育也是一种感动，即唤起孩子的良知，让孩子明白世界上人与人之间是如何相处的，让他既学会掌握一定的知识和技能，又学会正确看待世界，学会怎样朝远方走。我觉得这就是教育。

孙：可现在许多人都把孩子当成被教育的对象，自己则扮演教育者对他们进行说教。

秦：教育如果不是从感动出发，可能会带来一些比较负面的影响。强行的东西容易让儿童排斥，教育也是一样的，如果我们成年人不想先感动儿童，只想把儿童看成被教育的对象，那么，孩子们很有可能会排斥你的说教。像现在报纸上披露的种种杀害父母的案件一样，大多是因为父母没有学会感动孩子，而是一味地把孩子当成被教育者，不断训斥他，导致最后孩子终于承受不了了。

孙：您是怎样教育自己的孩子的？

秦：我也很注意感动自己的孩子。感动其实也是一种启发。比如在阅读方面，我就很注意启发我的孩子。尽管我从来没有想过让我的孩子成为作家，但我却一直希望她能够具有一定的阅读能力。我觉得一个人学会了阅读，就是找到了朋友，当你孤独、苦闷的时候，你可以和书籍交流。如果你读100本书，就意味着你有了100个朋友。从孩子一出世我就有这个想法，但我并不是跟孩子说，让她这样那样，我怕她会很烦，也会排斥书籍。我是在启发她，让她自己发现书的乐趣。当她很小的时候，我就买颜色最好看的书，把书放在她的身边；等她两岁左右的时候，我就把家里书架上的书拿下来，放在地板上，那么，她在地板上爬来爬去的时候，就会看到这些好看的书；孩子再大一些，我就给她增加一些书。后来，她就养成了习惯，离不开了，现在即使我把书放得很高，她也会自己去拿。所以，我们对孩子的要求，不是生硬的，而是通过感动她、激发她，使她发现自己内心的欲望。孩子本来是有阅读愿望的，但如果我们不帮助她发现这种愿望，她也许就不会养成好习惯了。

孙：您大多给孩子看什么样的书？

秦：我给孩子提供的书主要是两类，一种是文学书籍，一种是科学书籍。文学是心灵世界的读物，科学是外部世界的读物，我们不仅要让孩子有美好的内心世界，还要让孩子了解外部世界到底是什么样的。如果光让孩子读文学作品，而很少接触科学读物，这样的孩子很容易患自闭症。但如果只让孩子读科学读物，孩子就容易缺乏情感。因此，我觉得只有两方面都具备了，孩子才会成长为一个全面的人。我不是用外力的方法，而是用感动的方法，使她觉得阅读就是她与生俱来的东西。

孙：这是否说，父母或老师在教育孩子的时候不要以说教为主？

秦：是的。教育是一种长远的事情，如果直接对孩子进行说教，就事论事，可能收效甚微。如果父母对孩子总是运用一些外力的东西，就显得太生硬了，容易断掉，应该采取软的办法。而能够维持久远的东西，就是感动。如果老是用一种外力去压他、碰他，那么即使他在获得一些东西时，仍然会有挫伤感。而感动不会，感动会使一个孩子心中的明灯一点儿一点儿亮起来，最后变成一盏聪慧的明灯。

100分在整个人生中也许只占10分

孙：您怎样对待孩子的学习？

秦：以前，孩子的学习压力很大，我很怕孩子所受的压力大了以后她会厌学。一个人只有在有兴趣的时候才会爱学习，如果没兴趣了，父母再怎么逼也是没有用的。今天逼，明天逼，一直逼下去，当孩子大学毕业以后，他就会因为厌恶读书而和书本绝缘。因此，我会注意帮助她挡掉一些不必要的压力，比如，孩子的字写得不好，老师会让她重写，有时还会罚她重抄好多次。这时，我会告诉孩子把字写清楚是很重要的，因为一个人是需要用笔来表达一些思想的。但是当孩子写了几次写不动了，我会让她写一遍工整的来证明自己有能力把字写好，然后，其余的我来帮她写。写作文也一样，老师要求她必须写满几百字，但孩子写不出那么多字，我就告诉她，生活中是不必这样的，你完全可以按照自己内心的真实想法来写。我想，我没有完全按照学校的要求来要求我的女儿。

孙：您给孩子请家教吗？

秦：我从来不给孩子请家教做补习，我想我给孩子的都是学校里所没有的东西。如果孩子喜欢画图，我会带她到外面去看一些实物。我觉得如果孩子本身的智力没有什么问题的话，教科书上的东西对孩子来说应该不算太困难。我们现在难就难在要求100分，如果我们只要求孩子90分、80分，我们就不会活得那么累了。

孙：同样情况下，如果别的父母要100分，而您只要90分或80分，那么是否担心您的孩子会被淘汰？

秦：100分和90分能有多大差别呢？我觉得100分在整个人生中也许只占10分，我的孩子如果只拿了8分，这也没关系，她可以在别的方面补齐。如果孩子别的方面的能力比较强，那么她一样可以生活得很好。当然，如果孩子轻轻松松就可以拿到100分，那我更高兴，但如果费了很大力气才拿到这个分数，却把许多快乐的东西都放掉了，那我宁可她只拿80分。分数虽然很重要，但分数并不是唯一的。

孙：除了学习方面，您在别的方面是如何培养孩子的？

秦：我快过生日的时候，孩子问我要什么礼物，我说希望她能够做一顿可口的饭菜给我吃。她说我不会怎么办？我说平时我可以教你，等到了那天你做给我吃就行了。我觉得训练孩子离开父母独立生存的能力也很重要。并不是只有得了100分才能培养孩子的自信心，具备其他方面的能力也能够增强孩子的自信心。

孙：这和感动有关系吗？

秦：我觉得这也是感动。一个人之所以能够感动，首先他要在内心对自己有所认可。只有当孩子具备了一定的能力之后，他才会认可自己，才会把自己内心的天性发挥出来。如果是一个很自卑的孩子，他还能被感动吗？他只会厌恶自己，看低自己。

孙：您认为父母应该怎样感动孩子？

秦：我认为对孩子尽心是很重要的，不是生活上无微不至的照顾，而是指情感上的帮助和认同。比如，我女儿小的时候，爱养小鸭子，有一只小鸭子因为冷被冻伤了。这时，我会放下手里的工作，把小鸭子放在我的腿上，用体温去温暖它，小鸭子因此被救活了。我觉得孩子的爱心应该鼓励。当孩子最需要爱的时候，父母应该教会他怎样去爱。

孙：可是现在许多父母不敢给孩子买小动物，怕它死掉以后孩子会伤心。

秦：这是一个过程。孩子都需要接受动物会死亡这样的结局。但孩子小的时候，父母可以想一些别的办法。我女儿小的时候，我们养的一只鸭子长得很大了，不能再养了，可孩子很怕鸭子被吃掉。于是，我就和她一起坐车去很远的地方，找到一条河，把鸭子放掉。当女儿看鸭子越游越远，她很高兴。一直到现在，有时我们回忆起这件事，还会猜测那只鸭子到底在哪里，我们现在所吃的鸭蛋是不是那只鸭子生的。等孩子渐渐长大，他的心理渐渐成熟，就可以接受一些残酷的结局。这时，他已经是一棵很大的树了，大风来了也不怕。在孩子小的时候，应该让他的心灵先健全起来，等他的心长好了，即使再有些伤疤，他自己也可以修补了。

孙：您的孩子一定会很具有童心的，是吗？

秦：是的。父母应该懂得保护孩子的童心，给孩子一些美好的东西，当孩子心中有了一些美好的东西后，他再看到不美好的东西，对他的心灵打击不会很大。我们不要把不美好的东西一下子都呈现在孩子面前。和知识、技能比起来，孩子的心理健康更重要。而且，孩子之所以能够感动，就是因为孩子的内心还有一颗童心，如果孩子的心像钢铁一样坚硬，那么你还能去感动他吗？

孙：那么成年人自身应该做些什么呢？

秦：感动是双方的。成年人首先要懂得感动，要具有一些亲情。这样才能用爱去滋润孩子的心灵，不让孩子的心灵枯燥，他才会有灵性去接受你的感动。另外，伙伴很重要。我以前也问过我女儿，是否喜欢学校生活，她先是说不喜欢，过了一会儿，她又说喜欢。我问为什么，她说学校里有同学。这使我觉得，同龄人之间的感动很重要，无论如何，成年人是很难和孩子走在一条路上的，真正和他们走在一起的还是同龄人。

孙：您的《男生贾里》《女生贾梅》是很成功的作品，您认为您的成功是否和感动有关系？

秦：很有关系。这个系列我写了差不多快10年了，10年来，这部作品经受了时间的考验，我觉得最主要的原因就是孩子们能够被作品感动，因为他们在作品中看到了自己的影子。这些孩子都是最普通的孩子。

孙：谢谢您接受我的采访。

特别提醒

1. 当女儿很小的时候，我就买颜色最好看的书，把书放在她的身边；等她两岁左右的时候，我就把家里书架上的书拿下来，放在地板上，那么，她在地板上爬来爬去的时候，就会看到这些好看的书；孩子再大一些，我就给她增加一些书。后来，她就养成了习惯。

2. 如果我们成年人不想先感动儿童，只想把儿童看成被教育的对象，那么，孩子们很有可能会排斥你的说教。像现在报纸上披露的种种杀害父母的案件一样，大多是因为父母没有学会感动孩子，而是一味地把孩子当成被教育者，不断训斥他，导致最后孩子终于承受不了了。

3. 父母应该懂得保护孩子的童心，给孩子一些美好的东西，当孩子心中有了一些美好的东西后，他再看到不美好的东西，对他的心灵打击不会很大。我们不要把不美好的东西一下子都呈现在孩子面前。和知识、技能比起来，孩子的心理健康更重要。而且，孩子之所以能够感动，就是因为孩子的内心还有一颗童心，如果孩子的心像钢铁一样坚硬，那么做父母的也很难去感动他。

秦文君 教育箴言

教育也是一种感动，即唤起孩子内心的良知之灯，孩子的内心如果没有一盏灯，教育者光在外面烧火是没有用的。

适合儿童阅读的文学读物是童年里的阳光。

我觉得教育的最高境界是唤起人的良知，唤起人对美好事物、对幸福的追求，也就是说要唤起人内心的动力。只有唤起一个人的内力，教育才能起到作用。

无论是感化、教育、修正，都要先唤起孩子内心的向善之心，也就是在孩子的心中点起一个美好的良知之灯。

一个人学会了阅读，就是找到了朋友。

如果父母对孩子总是运用一些外力的东西，就显得太生硬了，容易断掉，应该采取软的办法。而能够维持久远的东西，就是感动。

只有当孩子具备了一定的能力之后，他才会认可自己，才会把自己内心的天性发挥出来。

用爱去滋润孩子的心灵，不让孩子的心灵枯燥，他才会有灵性去接受你的感动。

　　孩子在很小的时候，大多独立意识不强，因此对父母的关怀也较少发表个人的看法。但孩子渐渐长大了，有了自己的独立思想和意识以后，这种矛盾反而明显激化了。患有"关怀强迫症"的家长，都具有这样一种心理，即以取消别人的独立性来满足自己的需要。

周海宏：家长小心患上"关怀强迫症"

周海宏教授可以说是一个性情中人，对教育有着很深刻的关切和忧虑。当年采访他时，他还没有担任中央音乐学院副院长职务，而是图书馆馆长。听说他提出了"关怀强迫症"一词，我心中略略诧异。以我的偏见，似乎音乐学院的教授们大多只关心琴谱和旋律，哪有心思关心少年儿童家庭教育问题？即使关心教育，也大多是关心艺术教育吧？但是通过和他的聊天，让我非常佩服他对家庭教育的深度思考。他提出了一个特别容易被人们忽视的现象，就是父母过度依赖孩子。以往，我们总是责备孩子不够独立，对父母过度依赖。但是父母依赖孩子而导致的"关怀强迫症"，却在爱的名义下被忽略了。

被访人物 周海宏，中央音乐学院音乐学系教授、博士生导师，现任中央音乐学院副院长，中央音乐学院音乐学研究所所长。主要从事音乐心理学、音乐美学教学与研究工作。也被人们广泛称为"中国音乐心理学研究第一人"，热衷音乐普及工作。主要作品有《走进音乐的世界》《走进艺术的世界》《儿童学琴心理教育策略》。

"关怀强迫症"的症状：谁也离不开谁

孙宏艳（以下简称孙）：在与家长们的接触中，我们发现许多善良的家长生活在痛苦当中。他们说自己所做的许多事情明明是出于对孩子的关心，但孩子的心中却充满了怨恨的情绪，对家长的关心非但不理解，还使家庭气氛、家庭关系非常糟糕。也有的家长觉得自己很不争气，明明知道不应该对孩子管得太多，可就是控制不住自己的行为。这是否就是您所说的"关怀强迫症"？

周海宏（以下简称周）：您所说的情况，大致就是"关怀强迫症"的表现。我曾经看过一本英文书，叫《不再交互依赖》（*CODENPANCE NO MORE*）。什么是"交互依赖"？即一个人特别需要别人依赖自己。当别人依赖自己的时候，他就会感到满足，感到自己有价值。这种人的特点是要求被关怀者必须接受他的关怀。虽然人人都需要关怀，但是患有交互依赖的人是在强迫别人接受他的关怀。后来，我把这种人叫作"关怀强迫症"患者。反映在家庭中，大多是家长特别需要孩子依赖自己。当孩子特别依赖自己的时候，家长就会觉得自己生存得很有价值。因此，他也就越发要去关怀孩子，并通过这种关怀来确立和实现自己的人生价值。

孙：的确，在现代家庭教育中，这种现象很常见。我们经常收到一些孩子写来的信件，他们在信中很少诉说父母对自己的不关心，却大多数在埋怨父母管得太多，包办得太多。有的孩子甚至呐喊，说自己快被父母的爱窒息死了。这简直有违父母的初衷。

周：这恰恰是"关怀强迫症"带来的危害。它使双方都处在很痛苦的环境里。患有"关怀强迫症"的人，就想去关怀别人、帮助别人，如果不能帮助别人，他自己就看不到自己的价值，他就会产生强烈的自责，会很痛苦。而被关怀者，也会很痛苦，因为心理学表明，人到了一定的年龄段都有独立和自主的意识和需要，在这种情况下，如果别人硬要事无巨细地去关心他，而他又根本不需要这样的关怀，他就会痛苦。

孙：是的。孩子在很小的时候，大多独立意识不强，因此对父母的关怀也较少发表个人的看法。但孩子渐渐长大了，有了自己的独立思想和意识以后，这种矛盾反而明显激化了。

周：对。患有"关怀强迫症"的人，都具有这样一种心理，即以取消别人的独立性来满足自己的需要。因此它的危害性是很大的。

"关怀强迫症"的危害：双方都活得特别累

孙："关怀强迫症"的危害主要表现在哪些方面？

周："关怀强迫症"的主要危害是破坏了人与人之间的关系，使双方都进入到一种特别累的生活状态中。这一点在家长和孩子身上表现得特别明显。孩子到了一定的年龄，就有了独立生活的能力。但家长却拒绝承认孩子的能力，否定孩子的能力。因此，家长希望孩子听话，做任何事情都要和家长商量，心里的任何想法都要告诉家长。于是，就会产生两种状态，一种是孩子觉得很累很烦，觉得怎么父母老是盯着我的一举一动，或者和家长发生严重的冲突，也就是逆反心理，最后甚至离家出走。父母也觉得自己活得太累，明明自己是好心，但好心却老是不得好报。另一种是家长扼杀了孩子的独立性，使孩子服帖了，完全接受了家长的关心和包办，变成了一个依赖性很强的人，整个能力退化了。音乐学院就有这样的家长。他们把孩子送到课堂去上课，然后又匆匆忙忙去给孩子缴纳各种费用，试想，为什么不能让孩子自己去上课，自己去缴费？"关怀强迫症"的另一个危害是使人陷入了一种互相不独立的状态中。

作为被关怀者，孩子是无法独立的；作为关怀者，家长也是无法独立的。

孙：可是，我们也不能否认，家长们对孩子的关心绝对是为了孩子好！同样，如果在群体中，我关心伙伴的生活，不也是一种善良的品质吗？

周："关怀强迫症"带来的危害主要不是动机方面的，而是结果方面的。家长的出发点特别好，孩子也知道家长是为了自己好，但结果却使双方关系越来越紧张，并最终破坏了彼此之间的良好关系。这样的家庭特别多。我承认，患有关怀强迫症的人从主体上说绝对是一个善良的人，他的基本动机肯定是好的。但是，好心不一定办的是好事。我们国家的传统美德一直在宣扬爱，关心别人是好事，是善良人的行为。被关心者也会觉得，关心你的人是在为你好，因此，从道德上看，被关怀者首先觉得自己必须要接受这个关心。可遗憾的是，这种关心并不是被关怀者真正需要的。就像你不爱吃某种东西，别人偏偏逼你吃，你是不是会很难受？于是，矛盾就这样产生了。可是，如果不接受这种关怀呢，就要受到社会道德的谴责。

孙：那么，正常的关怀与"关怀强迫症"的区别是什么呢？

周：第一个指标是，健康的关怀是没有依赖性的、不求回报的。比如，我总对我的一些朋友说，我和你们好，是我活该，因为我喜欢你们；至于你们是否喜欢我，那是你们的事情。我不依赖于别人的回报。每个人都应该在帮助别人的过程中获得快乐，这样我们的社会才会和谐。但是，如果你依赖于对别人的帮助，依赖于别人对你的感激之情，那么，你的关怀就是不健康的了。这是区分健康的关怀与不健康的关怀的第一个指标。

第二个指标是，别人是否需要你的关怀，你是否在向别人提供人家不需要的关怀，在强迫人家接受你的关怀。如果别人不需要你在物质、精神等方面的帮助，那么你的关怀就具有了一种强迫症的症候。这也是家长朋友们判断自己行为的两个指标。

 ## "关怀强迫症"的后果：损己利人

孙：患有"关怀强迫症"的人都有哪些症状？

周："关怀强迫症"患者没有自己的人生价值，他的所有的人生价值都依靠关怀别人来获得。比如，对自己特别苛刻，对别人特别大方；自己的本职工作一塌糊涂，却去帮助别人做工作；自己家乱糟糟一团，却专门去管别人家的事情。如果你和这样的人交往，你会觉得很累。表现在家长身上，就是家长自己不懂得去享受生活，却要一切都为了孩子好。这些人的目的是为了在帮助别人的过程中确立自己的价值。也有的人对自己家里的人特别残酷，却对别人特别关心。也就是说，离自己的道德范围越近的事情越不去管，离自己道德范围越远的事情却越关心。实际上，这种人是想通过一系列的行为获得道德上的优越感。这种人往往拥有强烈的道德意识。

孙：那么，一些百万富翁常常自己生活很节俭，却去帮助别人，他们是"关怀强迫症"吗？

周：这个问题很复杂。关键看这种人的本来愿望是什么。如果他对自己的生活很满足，没有更奢侈的欲望，那么，他的行为应该看作助人为乐。而患有"关怀强迫症"的人，即使有欲望也要扼制。这种人一定是"损己利人"的。为了获得道德上的优越感，而损害了自己的利益。这种人是好人，这一点是肯定的。这样的父母也绝对是天下最好的父母。但是，如果对方不需要你的关怀，他不愿意你总是介入他的生活，他希望获得一种健康的、独立的、平等的生活方式，那就很麻烦了，就会有冲突产生。朋友之间的交往也存在这样的问题。有的朋友待你特别好，但反过来，他也希望你待他特别好，绝对服从他的意志。交了这样的朋友，您是否会觉得很累？

孙：可也有一些家长会说，孩子生活能力特别差，社会经验不足，不多给孩子些帮助行吗？

周：孩子为什么差？就是因为家长把孩子的所有生活能力都给剥夺了。经验是哪来的？是从活动中获得的。家长不给孩子提供活动的机会，他哪来的经验？一些家长总是觉得自己活得很累，很不容易，但家长却没有认识到，这种累和不容易其实是一种不健康的心理表现。

孙：也有一些家长在关怀孩子的过程中获得了满足，说孩子特别听话，有什么话都跟家长说。

周：可是家长却忽略了一点，其实这时孩子已经形成了依赖心理，孩子没有独立人格、独立思想，那么他将来在社会上生存将会是十分困难的。因此，在家长获得满足的同时，恰恰毁灭了孩子的能力。我的一个朋友有个男孩，17岁了，但他总是不放心。他说，孩子什么都不懂，所以他必须得时刻看着他。因此，他要求孩子早请示晚汇报，其实，在孩子外出的时候，他还经常跟踪孩子，看看孩子到底在干什么。如果孩子对家长撒了一次谎，家里就立刻乱了套，整个家庭氛围一塌糊涂。

"关怀强迫症"的原因：爱也是一种错

孙：难道家长对孩子的关怀只是为了求证自身的价值吗？这样评价家长，家长一定感到非常委屈。使家长患有"关怀强迫症"是否还包含着别的原因？比如，因为对孩子的爱？

周：的确是这样。许多家长都是从爱的角度出发来关心孩子，他总担心孩子会吃亏，总希望自己人生的所有经验、所经过的挫折和痛苦，都能够作为间接经验传递给孩子，这种心理也导致了家长易患有"关怀强迫症"。此症产生的第一个原因是家长为了证实自己的价值，满足自己的需要；第二个原因就是家长确实是出于爱。如果只谈第一个原因，家长们的确会感到很委屈，因为太多的家长内心里并不觉得是为了自己，而切切实实感觉是为了孩子。"关怀强迫症"就是在这两种心理驱动力的作用下产生的。

孙：这么看来，以前我们经常讨论的一些问题，如家长偷看孩子的日记，家长私拆孩子的信件，家长跟踪孩子的去向等，其根源都在于家长有"关怀强迫症"的心理？

周：是这样的。患有强迫症的人，就是明知道自己不该那么做，却老是忍不住要去做。有的人，出了门，总是想门是否锁好了，总忍不住要回去看几次；还有的人，一走到高楼下，就忍不住去数大楼上的玻璃，一数就是几个小时。这就是强迫症。患有"关怀强迫症"的家长，也知道过分关心孩子不是好事，也知道应给孩子独立的机会，他们在道理上、观念上都明白，但就是忍不住要去关怀孩子。而且，如果父母患有"关怀强迫症"；孩子大多特别爱撒谎，他们需要不断地对父母撒谎，从而摆脱父母的束缚。

当然，"关怀强迫症"这个词语还不是特别准确，还没有非常明确地反映出家长的依赖心理。家长对"孩子对我的依赖"也是有依赖心理的。关怀者与被关怀者双方是交互依赖的。

🗨 "关怀强迫症"的矫治：想想效果是否南辕北辙

孙：那么，从家长的角度看，如果有的孩子确实很需要关怀，但他又拒绝接受这种关怀，家长应该怎么办？

周：我觉得如果家长已经做到了足够的关怀，但孩子仍然拒绝的话，那只好随他去了。这其实是一个很冷酷的问题。如果孩子自己都不知道爱自己、自己都没有自尊的话，家长又能够做些什么呢？如果在这种情况下还要去关怀孩子，那么，只能破坏家长和子女之间的关系。两害相权取其轻，家长应该先保护那种和谐的关系，关系和谐了，家长才可以在别的方面影响他。否则，家长就无法再在其他方面给孩子影响了。以后，只要家长一与孩子交谈，孩子就会觉得你是想控制他，他自然会逆反。所以，有的家长说，为什么我的孩子"谁的话都听，就是不听我的话"，其实就是这个原因。

孙：既然许多家长都忍不住要犯"关怀强迫症"，那么家长怎样才能有效地控制自己的"关怀强迫症"呢？

周：我们过去常常用一些观念来劝家长，这样做是无效的、说不通的。我爱从效果的角度去劝家长。家长们对孩子所有的关心和爱护都是为了孩子好，为了孩子能够生活幸福，能够避免一切陷阱和挫折，但家长常常忘了这样一点，只去关注一些细节。比如说学琴，家长让孩子学琴，大多不只是为了让孩子拥有一种技能，而是为了让孩子以此获得幸福的生活。但在学琴的时候，许多家长就忘了这个根本目的，只去关注孩子学还是不学，学得好还是不好。一些家长就没有注意到，因为他们逼迫孩子学琴，破坏了孩子童年的快乐，甚至影响到孩子整个人生的幸福。学琴的行为导致了一种不好的结果，这种结果完全和自己当初的出发点南辕北辙。

孙：如果希望孩子独立，家长就不要过分关怀他；反之，如果不关怀孩子，就可能无法尽到一个家长的责任，这是不是说家长已经陷入了一种"两难"的境况：关心孩子不对，不关心孩子也不对？家长们到底应该如何把握关怀的"度"呢？

周：家长应该给孩子更高层次的爱。什么是更高层次的爱？就是给孩子体验的机会，让他在活动中学习到经验，在以后的人生道路中自己去避免挫折。一些家长给孩子灌输的是逃跑主义的享乐观，任何自己觉得不舒服的东西，家长都希望能帮助孩子避免，希望孩子什么也不去做。可是，当家长帮助孩子提重物的时候，他们只想到孩子避免了劳累，但是否想到他也会因此丧失坚实的肌肉？而欧洲的家长们大多提倡进取主义的享乐观，他们认为应该让孩子享受人生、消费人生，让孩子去爬山、游泳、锄地，越是弄得一身臭汗越是一种享受。可是许多善良的家长以及他们的孩子们，却因为没有处理好这个问题而生活在痛苦之中。这不是一件很悲哀的事情吗？我们为什么不能让好人都过上好日子呢？

孙：谢谢您接受我的采访。我们衷心祝愿全天下的父母和子女都能心理健康平和！

特别提醒

1. 孩子到了一定的年龄，就有了独立生活的能力。但家长希望孩子听话，做任何事情都要和家长商量，这样会产生两种状态：一种是孩子觉得很累很烦，可父母怎么老盯着自己的一举一动？或者和家长发生严重的冲突，也就是逆反心理，最后甚至离家出走。另一种是家长扼杀了孩子的独立性，孩子服帖了，完全接受了家长的关心和包办，变成了一个依赖性很强的人，整个能力退化了。

2. 患有"关怀强迫症"的家长，也知道过分关心孩子不是好事，也知道应给孩子独立的机会，他们在道理上、观念上都明白，但就是忍不住要去关怀孩子。而且，如果父母患有"关怀强迫症"，孩子大多特别爱撒谎，他们需要不断地对父母撒谎，从而摆脱父母的束缚。

周海宏 教育箴言 ....

虽然人人都需要关怀，但是患有交互依赖的人是在强迫别人接受他的关怀。

"关怀强迫症"的主要危害是破坏了人与人之间的关系，使双方都进入到一种特别累的生活状态中。

健康的关怀是没有依赖性的，不求回报的。

"关怀强迫症"患者没有自己的人生价值，他的所有的人生价值都依靠关怀别人来获得。

一些家长给孩子灌输的是逃跑主义的享乐观，任何自己觉得不舒服的东西，家长都希望能帮助孩子避免，希望孩子什么也不去做。

"我之所以这些年做母亲做得比较好，是因为我周围一直有人告诉我，我做得很好。同时，我一直知道我还需要学些什么。"帕蒂一直关注的是自己这个人还需要增加些什么（加法），而不是需要用涂改液抹掉自己身上已有的东西（减法）！

龙迪：母亲要学会做"加法"

对龙迪的采访使我感觉到，她在生活中一定是一个粗线条的人，但是谈起教育问题，她却是细线条的人，她强调："父母要把注意力放在自己身上，不要全放在孩子身上。"作为联合国儿童基金会、全国妇联国际部反对针对儿童的暴力合作项目伦理审查委员会专家，就职于中国科学院心理研究所的龙迪说，父母千万不要在内心里夸大孩子的问题，不要用放大镜看孩子身上存在的问题。人的成长和改变，不是源于别人的批评和责备，而是得益于他人的宽容。

被访人物 龙迪，中国科学院心理研究所副研究员，中国心理学会注册督导师，中国社会工作教育协会研究工作委员会委员，联合国儿童基金会、全国妇联国际部反对针对儿童的暴力合作项目伦理审查委员会专家。主要研究方向为家庭治疗、家庭社会工作、儿童保护（儿童性侵犯）和质性研究方法。曾任中国青年报"青春热线"督导。

别对焦虑的情绪过于焦虑

孙宏艳（以下简称孙）：我们经常在报纸上看到一些母亲暴打孩子的事件。在这里我们暂且不去分析孩子的对错，只想对母亲的心理状态做一下分析。比如，一位母亲仅仅因为孩子没有完成作业，就连续打了孩子8个小时，直到把孩子打到肾功能衰竭，最后还是父亲把孩子送到了医院，这样的母亲是否自身心理健康有问题？她是否过于焦虑？您是学医的，又曾经做过多年心理咨询，对心理健康问题有一定的研究。我们想请教一下您。

龙迪（以下简称龙）：母亲暴打自己亲生孩子致残致死，的确非常反常。但是，我没有亲自接触过这位母亲，我所做的任何评价都只是我根据自己的想象所做的推论。这种主观的推论可能会与现实生活有很大的差距。因此，我想放弃对具体人的评论。但是，我对你刚才提到的"焦虑"这个词感到有话要说。

坦率地说，我不喜欢用"焦虑"这个词描述父母为孩子着急上火的心情，因为这个词很容易使那些无助的父母觉得自己有很大的缺陷，甚至是有病。可能是由于近些年来我们的社会开始重视人们的心理，"焦虑"这个词一下子变得时髦起来。用它说别人的时候，我们可能会感到自己挺有学问，离科学很近；可是，当把这个词用在自己的身上时，我们可能就会觉得自己有什么不对劲的地方。我们越是想抹去这种不对劲，我们就越着急上火。情急之至，我们就越不能灵活地面对我们的生活处境。

在我们这个社会中，做父母是非常不容易的。如果孩子的成长出现问题，父母又没有经验处理这些问题，再加上对孩子的问题缺乏多元化的理解，父母着急上火也是情理之中的事。

孙：那么，您的意思是说，我们生活中的每一个人都会为自己不能驾驭的事情着急上火？

龙：当然！但是当人们经常用"焦虑"这样的词描述自己生活状态的时候，这样一种自然的情绪状态就显得不同寻常。在对自己不断升级的负面评价中，我们做得最多的，不是寻找有效的办法应对眼前的困境，而是真的更加焦虑了。

话语对人的影响是很大的。有一些告诉人们如何做父母的书，常常把生活中很小的事的影响说得很大，使得很多父母感到自己很差劲，因此很沮丧。有些父母容易将对自己的失望发泄在孩子身上。当我们也用这种眼光看待自己的孩子时，我们会放大孩子身上的问题和毛病。当然，媒体有媒体的规则，但父母千万不要在内心里夸大孩子的问题，不要用放大镜看孩子身上存在的问题。如果我们总是用一种医生的眼光来看孩子、看婚姻、看生活，我们的生活中就少了一份情感、一份诗意。遗憾的是，许多人都在用这样一种模式生活。让我们想想看，当我们没有用欣赏的心情对待孩子时，我们表达的还是爱吗？

孙：我们的确需要欣赏自己的孩子，但现在很多父母常常用批评的眼光去看待孩子。

龙：是的。但是，从社会的角度来看，不仅要欣赏我们的孩子，也要欣赏所有辛辛苦苦的父母。他们已经为孩子付出了很多，许多人已经做得挺好的了。

孙：可是，作为父母，大多愿意检查一下自己哪些方面做得不够，然后再改正不足的地方，从而使自己做得更好。

龙：的确，很多人都认为，一个人只有知道自己有哪些不足的地方，才能够变得更好。但是，我个人的生活经验和做心理咨询的经验告诉我，人的成长和改变，不是源于别人的批评和责备，而是得益于他人的宽容。

我的一位美国朋友帕蒂女士（家庭心理教育家）曾经告诉我，"我之所以这些年做母亲做得比较好，是因为我周围一直有人告诉我，我做得很好。同时，我一直知道我还需要学些什么。"请你注意，帕蒂在给自己做加法，而不是做减法。她一直关注的是自己这个人还需要增加些什么（加法），而不是需要用涂改液抹掉自己身上已有的东西（减法）！

遗憾的是，在我们的社会中，媒体习惯于对父母们做减法，父母习惯于对孩子做减法——总想给孩子涂掉一点什么，而不是增加一些什么。人的成长就是在解决问题中完成的。如果我们将父母和孩子身上的问题都解决了，他们又怎么完成成长呢？所以，当我记起帕蒂说的"你的孩子有很多问题，但是她很棒！"的那句话时，我就对自己孩子有了许多宽容和理解，少了许多对自己的责备和沮丧。当我不那么着急的时候，对了，就是你说的焦虑，我就越有可能帮助孩子处理问题：不是把问题作为一种麻烦抹掉，而是把处理问题的过程作为我们家庭共同成长的机会。

🔍 夫妻是一个联盟，而不是合作一个项目

孙：我明白了，也就是说，焦虑状态每个人都可能产生，这并不是什么可怕的事情，关键是我们怎样看待自己，怎样看待我们周围的人。当我们改变自己的眼光时，焦虑也许就在悄悄地减轻。

龙：对。

孙：据我所知，焦虑可以分为轻度焦虑、中度焦虑和重度焦虑。像前面说的那位母亲那样，或许都属于中度以上焦虑了。母亲们如此焦虑的原因是什么呢？

龙：你的这个问题反映了当前我们社会的一种倾向——责备母亲。好像孩子的问题都与母亲有关。其实，如果父母双方都参与了孩子的养育和管教，在这个过程中，父母都可能会为孩子焦虑。如果我们只看到母亲焦虑对孩子的影响，那说明父亲没有承担自己对于孩子的责任。所以，我是否可以把你刚才提出的问题做个修改再回答，即父母焦虑的原因是什么？

孙：好的。

龙：使父母着急的原因很多。首先，绝大多数的父母对于养育和管教孩子没有经验，大家都是第一次做父母，即使孩子已经十几岁了，他（她）的爸爸妈妈也是第一次做十几岁孩子的父母。第一次做一件有难度的事情而心里又没谱时，大多数人是会内心焦虑的。在做父母的过程中，一定会有许多事情是我们所控制不了的，产生焦虑是非常自然的。

孩子的发展是很快的，每个阶段的需求和问题又是非常不一样的，父母还没来得及理解和学会处理孩子某一发展阶段的问题，孩子已经长大，又出现了父母不了解的

新的问题。父母总是对自己做父母感到沮丧，有时他们根本就不能控制局面。可是，媒体又不停地告诉我们，父母在孩子的成长中多么重要。父母能不着急（焦虑）吗？而我们这个社会目前对父母切实的培训太少了，即使有，也是一种内科医生式的模式——问题是什么？症状是什么？症结是什么？然后对症下药。可是问题是，每个家庭、每个孩子并不是按照教科书成长的，所以，"症结"常常没有那么简单，专家所下的"药"也就没有那么灵。

孙：那么，您认为我们应该用一种什么样的模式来帮助父母们呢？

龙：最重要的是，应该给父母力量——帮助父母调动出内心的力量和他们生活中可利用的资源。可是，现在很多有关家庭教育的出版物对父母的指责太多了。太多的批评早已使父母淡忘了自己有多么出色，淡忘了他们曾经为孩子付出的令人感动的一切。他们内心里总是觉得自己永远做得不够。这样的思维方式怎么能不使人焦虑？

孙：还有什么原因容易使父母产生焦虑呢？

龙：我觉得父母缺乏支持也是一个重要的原因。其实，需要得到的支持有来自社会的支持、家庭的支持以及自己对自己的支持。在社会方面，现在，大多数家庭都是双职工家庭，可是，绝大多数的家庭是母亲一个人承担养育和管教孩子的任务。这时，母亲承担的角色很多，她可能是个工人、干部、教师，她需要负担很多社会事务，也许为了生活，这位母亲还要做一份兼职。但是同时她也必须是母亲。她一回到家里，至少需要做三件事：要做一个孩子的妈妈，要做家务，要处理好家庭的关系——与丈夫的关系和与孩子的关系。所以，对这样的母亲来说，她身上的担子可能是超负荷的。即使在人们看来做得最少的妈妈，其实她已经做得够多的了。但是，很多母亲总想做得更多，好像做得越多孩子的发展就越好。可是，她的精力和体力不允许她做得更多。于是，她的内心总是被内疚纠缠着，这样的母亲太容易焦虑了。

孙：母亲内疚是不是因为她想做得更好？母亲们想做得更好不是一件值得鼓励的事情吗？

龙：如果我们承认自己已经做得很好，我们再去努力做得更好，这是在做"加法"，但是现在许多母亲是在内疚，觉得自己很多方面都做得不够。当前我们这个社会所提供的条件就是这样，她必须先承担她的社会角色，然后再做母亲，她无力改变现状，而她又认为她应该做得更好，因此她难免会焦虑。可见，社会对母亲缺乏一定的支持。但社会是我们个人很难改变的。我们可以把注意力放在改变家庭和自己上，看看我们在现有的条件下可以为家庭做些什么，为自己做些什么。

孙：家庭也会给母亲带来许多焦虑的情绪吗？您所说的缺乏家庭方面的支持主要指哪方面？

龙：我所说的家庭支持，是指家庭成员之间的相互帮助，特别是夫妻之间的支持。进入网络时代，好像有点本事的男人都和网络沾上了边。为了得到财富，男人们习惯了经常不回家，他们以牺牲家庭为代价，很少给自己、给家庭留一点儿时间，家里的许多事情都由女人来负责。因为彼此沉浸在各自不同的生活场景，双方又没有留意创造机会交流，许多母亲在管教孩子的问题上有一种孤军奋战的感觉。这时，母亲更容易把孩子的小问题看成大问题，将孩子能够解决的问题看成是不能解决的问题。如果夫妻之间能够分担育儿的责任，在管教孩子的过程中相互给予鼓励，母亲可能会更放松一点儿。还有的夫妻，两人平时都很少在家，但他们一回到家里，就把所有精力放在孩子身上，而很少把注意力放在自己身上。这时，他们很难理解孩子，容易夸大孩子的问题，感到焦虑。

孙：我发现，许多父母即使在谈孩子的情况时也是在互相指责。

龙：的确，现在有很多夫妻都是这样，他们没有给自己留一些时间，他们的谈话内容总是离不开孩子，而且总在谈孩子的问题。孩子如果发展得好，夫妻就觉得这是正常的，不需要鼓励，但孩子一旦存在什么问题，夫妻间常常相互指责，丈夫可能会说："你看，孩子成了现在这样，都是你给惯坏的！"妻子会感到很委屈："有本事你管！"在遇到问题和麻烦的时候，家庭成员彼此责备，说明这个家庭的成员不习惯为自己的行为承担责任。这就是家庭成员间缺乏支持的表现。健康的家庭应当是，夫妻是一个联盟，孩子是一个联盟，夫妻再忙，也要给自己留一点儿时间，或者留一点儿话题。当孩子存在问题时，丈夫对妻子说："我知道你已经很尽力了，在这方面我也没有什么好办法，我们可以一起再想想别的办法。"这时做妻子的可能就会感觉好受些，就不会那么焦虑了，虽然丈夫并没给妻子出什么主意，但妻子已觉得有人撑腰了。她更能发挥自己的创造力，和丈夫讨论更多的可能性。

孙：在有些家庭里，感觉不到是夫妻两人结婚，好像是母亲在与孩子"结婚"。当一个女人有了孩子以后，她就把目光长久地落在孩子身上，而忽略了丈夫的存在。

龙：这也是家庭缺乏支持的一个原因。现在，许多家庭经常是这样的生活画面：丈夫是"赚面包的人"，他长期不必管家，只管赚钱。但他一旦参与家庭事务的时候，妻子就会说："你懂什么，你经常不在家，事情根本不是你说的那个样子。"于是，丈夫越来越没有发言权，游离于家庭生活的边缘。他为这个家庭提供的支持也就越来越少。

让自己成长，而不把目光仅停留在孩子身上

孙：我们常说的支持大多是来自别人的，可是你刚才说，自己对自己也能支持？

龙： 这主要是指个人成长或个人发展。人到了40多岁以后，常常会产生中年危机，主要是人开始对自己所拥有的一切产生怀疑，要重新界定自己在生活中的位置和价值。这是人生正常的发展阶段。

同样作为母亲，大家都曾经为了家庭和孩子奔忙过，但40多岁以后大家就有了差别，在职位、学历、工作成绩、工资等方面有了分层，可能有些人要面临下岗。自己没有得到发展和成长的父母就是没有给自己足够的支持，他们会在人到中年时极度焦虑。所以，父母要想减少自己育儿的焦虑，就要给自己一些帮助，让自己成长，而不是把目光只停留在孩子身上。如果父母只是依靠孩子，指望着孩子，认为孩子的成功就是自己的成功，那么他必然要焦虑，因为孩子不是父母完全能够控制的。

孙： 为什么母亲常常对孩子的学习成绩格外焦虑？这是不是说明成绩对孩子来说格外重要？

龙： 也许有这样的可能。不过，我在治疗室里常常发现另一种情况，就是学习成绩对孩子并不重要，而是对父母重要。

孙： 为什么会出现这种状况？产生这种误区的原因是什么？

龙： 这里主要有两个误区：一个是父母爱把孩子的成功当成自己的成功，以为孩子学习好父母就是成功的；另一个误区是父母觉得好孩子就是考试成绩好。其实作为一个人，他的成功是感觉到自己有力量、有价值、有意义。力量和价值是在较量的过程中通过自身努力产生的，而不是别人给予的。意义也是在对自己生命的探索过程中获得的，是别人所不能代替的。如果父母用孩子的成功代替自己的成功，势必会不恰当地对孩子担心、焦虑、失望和绝望。

孙： 母亲的焦虑是不是特别容易传染给孩子呢？

龙： 当然！妈妈越内疚，她对孩子就越紧张，对孩子的期望就越高，这样无形中就把焦虑传染给孩子了。孩子也在一种焦虑中生活，他越焦虑，就越难达到妈妈的要求。当他达不到妈妈的要求时，妈妈就着急，就想打他。而且，父母和孩子之间的行为是相互塑造的，父母在某些事情上表现得焦虑、无力、无助、无望，他们的行为模式也会传达给孩子，使孩子也变得无力、无助、无望，对自己没有信心。

孩子的变化是一个区间，而不是一个瞬间

孙： 从您的交谈中可以看出，不恰当的焦虑对父母和孩子的成长有很多负面影响，那么，我们应该怎样帮助父母走出焦虑的状态呢？

龙： 在这方面，我对父母有几个建议：一是要学会看到自己和孩子的资源。首先要认清自己所具备的条件，认清孩子的长处，这样我们才能看到希望。如果我们发现

的只是问题，那么我们会感到很无助、很绝望，这时焦虑自然会产生。二是父母要把注意力放在自己身上，而不要全放在孩子身上。和孩子一样，父母也是在经历着人生的重要阶段，如果父母在生活中表现出自信、有力量，那么他们的力量会影响孩子，使孩子觉得自己也是有力量的。三是可以在家庭中开诉苦大会，每周一次，父母和孩子都可以讲一讲自己内心的烦恼，父母还可以让孩子给自己出主意。

孙：对不起，我要打断一下。很多夫妻有问题不说，尽管自己已经很焦虑了，但他们怕对孩子说了某些事情，孩子会受不了。

龙：父母们总想给孩子一种超净的生活环境，这种虚假的安全将使孩子由于畏惧现实生活而缺乏安全感。另外，孩子不为家庭担负责任，缺乏对家庭的使命感，他们会感受到被家庭所抛弃。其实孩子是很坚强的，如果您不对孩子说，孩子反而要去猜测父母在单位到底发生了什么事情，父母之间到底怎么回事，这样孩子反而会焦虑。父母有苦难不要自己扛着，要说出来，要让自己显得弱一点，要问问大家怎么办。听的人也要尽量给对方出主意，如果没有主意，可以安慰讲话的人，告诉他已经做得很好了，已经很努力了，给他一些鼓励。同样，父母也要把孩子当成朋友，听听孩子的心声。如果家庭中有这样一种氛围，就是在互相给予支持。这样的家庭才能减少焦虑，走向健康。

孙：您的第四个建议是什么？

龙：四是父母要改变对孩子的看法。凡是容易极度焦虑的人，行为和思维也会极度刻板。一些父母常常把孩子进步的时间缩得太短，变成了一个场景、一个瞬间，这样就容易变得对孩子的某一次考试成绩、某一次作业极度关注。当然，父母不关心孩子的成绩是不可能的，但关心是要学会倾听，看孩子需要父母给予哪些帮助，而不是时刻准备教训孩子。父母要把孩子的成功看成一个区间。只要孩子在一段时间里是进步的，父母就应该愉快地接受孩子。

孙：谢谢您的帮助。

特别提醒

1. 第一次做十几岁孩子的父母，第一次做一件有难度的事情而心里又没谱时，大多数人是会内心焦虑的。在做父母的过程中，一定会有许多事情是我们所控制不了的，产生焦虑是非常自然的。

2. 孩子如果发展得好，夫妻就觉得这是正常的，不需要鼓励，但孩子一旦存在什么问题，夫妻间常常相互指责，丈夫可能会说："你看，孩子成了现在这样，都是你给惯坏的！"妻子会感到很委屈："有本事你管！"在遇到问题和麻烦的时候，家庭成员彼此责备，说明这个家庭的成员不习惯为自己的行为承担责任。

龙迪 教育箴言

父母千万不要在内心里夸大孩子的问题，不要用放大镜看孩子身上存在的问题。

人的成长和改变，不是源于别人的批评和责备，而是得益于他人的宽容。

健康的家庭应当是，夫妻是一个联盟，孩子是一个联盟，夫妻再忙，也要给自己留一点儿时间，或者留一点儿话题。

如果父母用孩子的成功代替自己的成功，势必会不恰当地对孩子担心、焦虑、失望和绝望。

父母要想减少育儿的焦虑，就要给自己一些帮助，让自己成长，而不是把目光只停留在孩子身上。

父母和孩子之间的行为是相互塑造的，父母在某些事情上表现得焦虑、无力、无助、无望，他们的行为模式也会传达给孩子，使孩子也变得无力、无助、无望，对自己没有信心。

父母要把注意力放在自己身上，不要全放在孩子身上。

父母总想给孩子一种超净的生活环境，这种虚假的安全将使孩子由于畏惧现实生活而缺乏安全感。

一些父母常常把孩子进步的时间缩得太短，变成了一个场景、一个瞬间，父母要把孩子的成功看成一个区间。

我女儿在商店里偷了一块糖。等我下班回家的时候，一位长辈就把这件事告诉了我。我对她说：谢谢您把这件事告诉我，希望您以后不要把这件事再告诉别人了，另外请您以后不要说"偷"，因为小孩子并不懂"偷"的概念。

张梅玲：帮孩子拥有快乐人生

　　张梅玲老师是我的师长，也是我的好朋友。我们曾一起进行了教育部"十五"课题"良好习惯与少年儿童人格关系的研究"。几年时间里，我们一起调研一起出差。张老师在我眼里是一位非常有魅力的女性，她不仅是著名的心理学家，能把深奥的教育理论用浅显的方式讲解给家长们听，能带动教师们一起做课题，还是一个懂生活、会生活的女性。谈起自己的家庭教育，她说："我对孩子的教育有个原则：做什么事情，都要尽到自己最大的努力。""人在生活里总是有很多比较，我认为重要的是自身跟自身比。""大人不要总是按照自己的意志去改造孩子，这样做孩子痛苦，大人也痛苦。"张梅玲老师在生活和教育子女方面的智慧，是值得我们回味的。

　　被访人物　张梅玲，著名心理学专家。原中国科学院心理研究所教授，博士生导师，现代小学教育研究中心主任，从事儿童数学认知发展研究长达40多年。她参加编审并负责审定的《现代小学数学》五年制教材，经国家教育部审定作为九年义务教育五年制小学试用课本，并曾在《心理学报》《教育研究》《国际应用心理学》等国内外学术刊物上发表学术论文40多篇，科普文章100多篇。主编《小学生数学思维》等书。

快乐从哪儿来？就是要知足常乐。人在生活里总是有很多比较，我认为重要的是自身跟自身比。人要进取，也要平和

　　孙宏艳（以下简称孙）：张老师，您好！在与您的多次合作中，我们深深地感受到您的人格魅力。您不仅在您的学科领域内做出了很大成绩，作为普通人，您的生活经验也会给我们很多启示。据我所知，您在生活和教育子女方面，也颇具智慧。虽然已经步入老年，但您仍然奔波在全国各地，进行各种科研活动，同时您还生活得很快乐。今天，我主要想听听您的个人生活感受以及您对子女的教育，想了解您为

什么会有这样的快乐生活。

张梅玲（以下简称张）：在生活中我最大的体验是不要刻意，要顺其自然。任何事情，只要我已经尽到自己的最大努力了，我就问心无愧了。

孙：您的这些观念是怎么反映在教育孩子上的？听说您对自己的两个女儿也是这样要求的？

张：孩子小的时候，我和我爱人都特别忙，根本没有时间辅导孩子学习。现在她们都大学毕业了，但是我们没有辅导过她们一道题。我对孩子的教育有个原则：做什么事情，都要尽到自己最大的努力。我不要求她们一定要考第一，一定要考上大学，只要尽到自己的最大努力，考不好也没有关系；如果没有尽到最大力量，考了100分我也照样要说她们。

孙：这样的教育原则对孩子的影响是否特别大？

张：尤其对我的第二个孩子影响比较大。她上大学后，第一次考试完了给我写信说，"妈妈我们考试结束了，我可能考得不太好。"在后面她还写了一句话："不过，我已经尽我的力量了！"这是因为她知道，只要她尽了努力，我就不会批评她。但实际上，她的分数下来发现考得很好，还被评为当年"上海市优秀大学生"。

孙：她毕业以后做什么工作？

张：毕业时上海某单位要留她，她还是留恋北京，就回来了，最后在马来西亚驻华使馆工作。工作过一段时间以后，她觉得自己还需要知识，就对我说要到国外去学习。在国外她仅用了两年的时间就拿下了硕士学位，她的老师对她非常满意。现在她在美国一个大的邮电公司工作，那个公司只有两个亚洲人，一个是越南人，一个就是她。她跟我说自己现在做事的原则也是这样的：做什么事情都要认真，尽最大努力。我认为这也是知足常乐吧，努力了就要知足，这样才能快乐生活。

孙：孩子现在都健康地长大成人，在孩子的成长中，您最深刻的感触是什么？

张：我认为，对于小孩子的第一次成功与第一次错误，父母要很严肃地去对待。女儿5岁多的时候和两个小伙伴在一起玩，女儿有两分钱，就在商店里买了一块糖。一个小伙伴想吃糖，但没有钱，他就让我女儿去商店里拿。我女儿就去拿了糖给那个小伙伴吃。售货员也没有看到这件事，可能她们当时正在聊天。后来，另一个小伙伴，一个小女孩就告诉了她的姥姥：小建（我女儿）今天在商店里偷了一块糖。等我下班回家的时候，女孩的姥姥就把这件事告诉了我。我对她说：谢谢您把这件事告诉我，希望您以后不要把这件事再告诉别人了，另外请您以后不要说"偷"，因为小孩子并不懂"偷"的概念。

孙：回家以后您怎样对待女儿的？

张：我回家首先问孩子是怎么回事，她就把经过跟我说了。我说你拿了糖不给钱是不对的，一定要跟阿姨去承认错误。我一说"是不对的"，我的小孩就哭了。她说"妈妈，我以后不做了"，她的意思是跟我承认了错误，就不用去跟阿姨承认错误了。我说"不行"！因为我认为父母要特别关注"第一次"，这可能对她一生都有影响。我对她说："你错了，是因为你不该拿糖。但是爸爸妈妈也有错，因为我们没有教育好你，爸爸妈妈陪你去，一起向阿姨承认错误，好不好？你只要承认了错误，妈妈相信阿姨一定会表扬你的。"

孙：后来您就带着孩子去承认错误了吗？您怎么那么肯定售货员会表扬她而不是批评她？

张：我自己先到售货员那里去了一次，做了一番导演。当我带着孩子去的时候，孩子拿出两分钱，叫了一声阿姨，眼泪就下来了。那位售货员赶紧说："你真是个好孩子！"这件事给我的印象特别深，我想我的孩子也会对这件事有深刻印象。她现在已经30岁了，做事、工作都很诚实、认真。

孙：人人都希望自己的生命历程能够潇洒走一回，记得您曾经给北京市的一些学校教师讲过心理卫生。从心理学的研究角度讲，您认为潇洒人生是由什么构成的？

张：潇洒人生应该是由三个方面组成的，就是要健康、快乐、成功。如果不具备这些，很难谈潇洒人生。快乐从哪儿来？就是要知足常乐。人在生活里总是有很多比较，我认为重要的是自身跟自身比。人要进取，也要平和。

父母对孩子的教育不在于长篇大论，而在于父母给孩子的影响。父母一直在做的事情，孩子自然会去模仿

孙：任何一对父母当然希望自己的孩子生活快乐，能够有个快乐的人生。但是父母往往把快乐建立在孩子有好的学习成绩上，而未必有那么多父母觉得助人为乐也是快乐人生的基础。可能父母会觉得助人为乐是道德范畴的事情。

张：在我看来，帮助别人很难说是一个人的品德有多高尚，当我帮助了别人的时候，心态会很好的；相反，如果我做了对不起别人的事情，尽管别人不说，我的心情也会很内疚。我有个同事患癌症已经去世了，虽然我也很难过，但是我想起一些事情的时候就会心里很安慰。记得她病得很重的时候，她爱人打电话来让我帮忙买一种药，但却不清楚北京哪里有这种药。我工作很忙，就请我爱人骑着自行车到处去打听哪里有那种药。后来我想，如果我没有买这种药，我的心里会一直不安的。

孙：在助人为乐方面，您是怎样教育您的孩子的？

张：我觉得父母对孩子的教育不在于长篇大论，而在于父母给孩子的影响。父母

一直在做的事情，孩子自然会去模仿。比如，我们家里一直都很忙，我现在仍然在全国做研究，我的大女儿在房地产公司工作，女婿在惠普公司工作，他们都很忙。有一次，我的外孙女就对我爱人说："姥爷，家里别人都很忙，您怎么每天就是跳舞、运动、睡觉，不去工作呀？"姥爷说："我已经退休了啊！"可外孙女却说："你可以去当男保姆啊！"可见，在孩子眼里，家人都在工作，她就认为姥爷也应该去工作。教孩子助人为乐也是一样的道理，如果父母总是在孩子跟前唠叨要助人为乐，也许未必能取得好的效果。相反，父母一直在好好做人，孩子自然在这些方面不会差。

孙：可是，当您帮助了别人而不被别人理解的时候，您是否会感到委屈？

张：生活中也的确常常碰到这样的事情。比如，我们所有一个乒乓球台，中午的时候一些年轻人就在那里排队玩乒乓球，有的年轻人就说："张老师，您能赞助我们一个台子吗？"我说："可以啊！"于是，我就买了一个台子放在那里。其实我当时并没有想什么，只是觉得我有能力，他们需要，就去做了。可是，有的人却说我是在收买人心。我听了以后也觉得很生气。但是我仔细想想以后就不生气了，我想我做许多事情不是为了听别人说什么。我只要自己做得正，对孩子有好的影响就可以了。

孙：在对待老人方面，您是怎么给孩子做榜样的？

张：我的母亲和我爱人的母亲都80多岁了，每个春节我们都会给她们钱，每次回去看她们的时候也会给她们钱，她们经常不要，但是我认为现在她们都活着，我们也有能力给就给了。我们在这些方面没有跟孩子说什么，但孩子对奶奶、姥姥都特别好。同样，我的外孙女也很懂得帮助别人。我女儿买房子的时候，我们帮助了女儿一些钱，外孙女说她也要帮助小姨一些钱。我特别肯定了她。我说："你做得很对，别人有需要的时候要帮助别人！"最后，她从压岁钱里拿出了一些钱。成年人见到别人有难处的时候能伸出援助的手，这其实就是无形的教育。

夫妻之间要互相欣赏，同样，父母也要学会欣赏自己的孩子，而不要改造孩子。在不违背大的原则的前提下，父母要尊重孩子的选择。在这方面我们也是有教训的

孙：您能解释一下您的自得其乐的生活原则吗？

张：许多人从谈恋爱开始就想着改造对方。人们建立家庭，一定要保持自我，不能全部都付出了，要学会留些时间、空间给自己。家庭中的成员也要有自己的个性，自我欣赏很重要。尽管我们没有明星那样美丽，但是我坚信我也有自己的长处。您可能已经注意到了，我是很注意穿戴的。我的衣服不见得都是名牌的，但我会搭配得很舒服，我认为这体现了我的一种追求。

孙：可是现在有太多的家庭都存在一方要改变另外一方的问题。

张：我比较喜欢互补性的家庭。我们家就是这样，我比较外向，我爱人比较内向；我的口才比他好，他的文笔比我好。夫妻之间互相承认对方的作用，就比较好一些。

孙：也有一些父母总想改变孩子，因此弄得家庭气氛很紧张，孩子不快乐，父母也不快乐。

张：夫妻之间要互相欣赏，同样，父母也要学会欣赏自己的孩子，而不要改造孩子。在不违背大原则的前提下，父母要尊重孩子的选择。在这方面我们也是有教训的。我们家的人都很喜欢运动，因此就想让我的外孙早点学会游泳。他6岁多的时候，我们给他报了名，他不是特别爱学，再加上教练教的也不是特别合适，第一次下水的时候腿就磨破了。从那以后，每次他都不想去，一个学期下来，他也没有合格。第二次再去学的时候，他还是没有学得很好。他不喜欢游泳，我们把大人的意志硬加在他身上，结果他两次都没有学好。

孙：许多父母都懂得这方面的道理，但是做起来却很困难。您作为心理学专家，也是非常明白儿童心理的，但在教育孩子方面也难免走进误区。

张：是啊。后来他自己喜欢上了滑旱冰，自己学得很好，还买了年卡，经常自己去滑冰。外孙游泳的失败和滑冰的成功两件事对比，一个是被逼迫的，一个是他自愿的。这件事说明，大人不要总是按照自己的意志去改造孩子，这样做孩子痛苦，大人也痛苦。后来，学校老师曾经给他报了个舞蹈班，他自己也没反对。但要去跳的时候，他又不想去了。我们觉得不想去就算了，也没有再强迫他。过了一段时间，他自己又去报了个美术班，学起来挺有兴趣的。父母要知道，勉强的事情是做不好的。

孙：上面您谈到的几"乐"是您多年来的生活感受吗？

张：是的。我想一些生活快乐的人都会有这样的感受。我是很重视家庭的，家庭的氛围很重要。我们家的生活气氛就很好，大家平时都很快乐，经常听到笑声。这就是天伦之乐。

孙：有的父母不太在意家庭的氛围，经常在孩子面前吵架。这样的环境对孩子的成长很不利。

张：和睦的家庭不仅对孩子的成长有很大影响，也绝对是快乐人生的重要组成部分。这要到人年龄大一些的时候才能有深切的体会。

孙：您的快乐人生原则给我很多启发，感谢您接受我的采访。

张梅玲 教育箴言 ....

在生活中我最大的体验是不要刻意，要顺其自然。

我对孩子的教育有个原则：做什么事情，都要尽到自己最大的努力。

对于小孩子的第一次成功与第一次错误，父母要很严肃地去对待。

父母要特别关注"第一次"，这可能对他一生都有影响。

潇洒人生应该是由三个方面组成的，就是要健康、快乐、成功。

人在生活里总是有很多比较，我认为重要的是自身跟自身比。人要进取，也要平和。

父母对孩子的教育不在于长篇大论，而在于父母给孩子的影响。

人们建立家庭，一定要保持自我，不能全部都付出了，要学会留些时间、空间给自己。

家庭中的成员也要有自己的个性，自我欣赏很重要。

夫妻之间要互相欣赏，同样，父母也要学会欣赏自己的孩子，而不要改造孩子。

大人不要总是按照自己的意志去改造孩子，这样做孩子痛苦，大人也痛苦。

有的父母非常重视孩子在少先队中是否当上了小队长、中队长，但孩子真的当上了队长以后，父母又怕孩子耽误学习。有的父母说，做一万件好事还不如多考0.5分。

沈功玲：让孩子在集体中成长

沈功玲老师从事了一辈子少先队工作，谈起少先队，她总是滔滔不绝，她的心中有无数少先队活动和故事。她曾经讲过一个很有启发的故事：一个班编队的时候发现，有五六个人没有小队愿意要，这时一个中队长跑出来，说她愿意做这几个落后学生的小队长，他们共同组成了"落后小队"，大家还一起抱头痛哭，下决心要赶上去。沈功玲谈到这个故事时说，集体具有伟大的教育力量，父母真的不应该关注孩子身上的杠杠有几条，而是应该关心孩子当上了干部以后怎样去履行他的责任。

被访人物　沈功玲，1963年开始从事少先队工作，先后任上海市虹口区第三中心小学少先队大队辅导员、副校长、共青团上海市委少年部部长、上海市少工委副主任及少先队总辅导员、《少先队研究》主编，曾多次被评为上海市劳动模范、全国优秀辅导员标兵、全国有突出贡献儿童少年工作者。现为上海市少先队名誉总辅导员。

少先队活动就是群育

孙宏艳（以下简称孙）：沈老师，您好！您从事少先队工作近40年，对少先队组织的性质、作用非常了解。我发现许多父母希望孩子尽快加入少先队的心情都很迫切，但是，当孩子加入了少先队以后，一些父母又开始担心孩子参加少先队活动耽误学习，又不希望孩子多参加这样的活动，请问您怎样看待这种现象？

沈功玲（以下简称沈）：我想主要还是因为父母们不了解这个组织的功能。父母们只认为加入少先队是个荣誉，却没有考虑到这个组织的教育功能。其实，少先队通过一些活动在启发和引导孩子学会服务、创造，让孩子学会自己管理自己等方面具有很好的教育作用。所以，父母们只有发现这个组织、了解这个组织，才能够真正支持孩子参加少先队组织的各项活动。

孙：尤其在城市的一些独生子女家庭里，往往存在很多教育方面的问题，这些问题的产生和独生子女的孤独有很大关系，比如，有的孩子自私霸道，有的孩子依赖性比较强等。请问少先队活动能够解决这方面的问题吗？

沈：对于一些独生子女问题，比较好的办法就是以群治独。独生子女难教育的问题，不仅许多父母感觉到了，我们做教育工作的人也深有感触。我们常常说，在外面我们培养了千百万的"四有"新人，但是自己家里的一个"四有"新人我们却培养不好。为什么会产生这种状况？主要就是因为孩子是独生子女。上海有一位著名的教育家谈家桢，他非常强调群育。从某个角度来说，少先队就是在进行群育，参加少先队的孩子可以在各种活动中找到哥哥姐姐、弟弟妹妹。为了达到这个目的，我们采取了很多措施。

孙：您能向父母们介绍一些有效的措施吗？

沈：在进行少先队建设中，我们很好地研究了群体理论，认为必须让孩子在群体中受到教育。少先队的组织主要分三个层级，大队、中队、小队，最基层的组织是小队。少先队集体建设中，最重要的也是小队。因为对于孩子来说，主要活动是在小队进行的。大队、中队人数多，小队则能使队员们发生更直接、更经常的接触和交往。这种交往有利于学生之间培养情感，建立友谊，同时也有利于集体自治。所以，在小队改革中，我们采取了优化组建的原则，让队员们自愿组合，合理编队。

孙：这样做有什么好处吗？

沈：过去我们往往采取行政编队的原则，一排就是一个小队。现在，我们让队员们自己编队，双向选择。这样，队员们一听可以自己组成小队，特别高兴。他们大多根据自己的兴趣、爱好、能力、性别进行组队，也有些队员会主动帮助后进队员。这样成立的小队，比按行政指令硬性凑合在一起的小队要好得多，它的凝聚力从编队后的第一天就产生了。

孙：难道在编队的过程中就没有"嫌弃儿"吗？

沈：在一所学校里，编队的时候就发现班里有五六个人没有小队愿要，这时一个中队长跑出来，说她愿意做这几个后进学生的小队长，他们共同组成了"后进小队"，大家还一起抱头痛哭，下决心要赶上去。还有的老师做法比较独特，遇到这种"嫌弃儿"，老师不动声色，带着这些孩子去看别的小队的活动。结果，这些孩子都非常难过。这位老师说，与其让他们长大以后被企业炒了鱿鱼，还不如现在让他们体会一下没人要的滋味。这些孩子看了别的小队的活动，心里非常难过，也非常着急。过了几天，有的孩子就去问小队长能不能接收他，还说可以先成为编外队员。

孙：孩子们在家里恐怕很难体会到这种没人要的滋味。

沈：是啊，孩子在家里大多是独生子女，父母和爷爷奶奶都手心里捧着，自然感受不到没人要的滋味。这些孩子一旦进入了小队，就会受到小队公约的制约，这些公约也是小队队员们自己定的。孩子们自己定公约实际上就是让他们自己管理自己，这些公约比大人对他们提的要求管用得多。

孙：看来，这也是一个自我教育、相互教育的过程。

沈：是的。上海北京东路小学有个"男子汉"小队，他们针对本小队的问题，共同制订了"不欺，不骗，不骄；多干，多超，多帮；一错三补"的小队公约。公约制订以后，队员们都自觉遵守，做出成绩的，小队会给予表扬；违背者，会受到小队的批评；严重违背者，会给予黄牌警告，甚至有可能被"辞退"。我们常说"儿时建好一个小队，长大才能够搞活一个企业"，这是有一定道理的。孩子们在小队的各种活动中产生不同的体验，实际上也是社会化。

孙：高年级队员和低年级队员之间是否有沟通？

沈：有的。我们还让高年级的孩子到低年级去当辅导员，这样，高年级的学生有了弟弟妹妹，他们在活动中培养了责任感；低年级的学生有了哥哥姐姐，他们在活动中发现了榜样，减少了孤独。

集体具有伟大的教育力量

孙：我们在研究中发现，父母们也非常关心孩子的合作精神的培养，请问少先队活动怎样培养队员们的团队精神？

沈：团队精神正在被越来越多的人重视。小队活动主要是把孩子们组织起来，这样的组织形式特别容易培养队员们的团队精神。比如说，有个小队叫"三头六臂小队"，这个小队队员们的心愿是"发挥队员特长，人人尽职尽责，小队强大无比"。

孙：这个小队的名字已经看出他们的团队精神。

沈：是啊，这些孩子都是二年级的学生，很小，但老师却很注重培养他们的团队精神。秋天时，操场上落满树叶，老师就启发"三头六臂小队"的队员们，问他们该怎样做。结果，小队长带着本小队的队员们，利用下课时间很快就把落叶捡光了。大家在活动中都感受到了"人心齐，泰山移"的力量。这些活动虽然很简单，但因为大家一起做，就有了乐趣，同时也培养了队员们的团队精神。这就是集体的作用，集体具有伟大的教育力量。同样，我们也组织队员们积极参加各种募捐活动。这些活动不仅能够培养团队精神，还能够培养队员们的爱心。

孙：可是，我们曾经收到过学生写来的稿件，说妈妈不支持自己参加募捐活动，怕贫穷地区的小朋友赖上自己；还有的学生说班级里组织捐花活动，妈妈只允许他把家里养不活的花带到学校，好的花一律不许带。

沈：父母们往往处于这种矛盾的教育状态，怕孩子没有责任心，当孩子体现出责任心的时候，父母们又不支持。这种教育与少先队的活动宗旨是相互违背的。

孙：有的父母非常重视孩子在少先队中是否当上了小队长、中队长，但孩子真的当上了队长以后，父母又怕孩子耽误学习。

沈：的确存在这样的现象，有的父母说，做一万件好事还不如多考0.5分。其实，父母的这种心态是不正确的。在少先队活动中担任一定的职务，对孩子来说有很大的好处。这是一个让孩子学服务、学管理的机会。在建小队、订目标、发挥队员积极性方面都可以锻炼自己。

孙：那么，您认为当孩子做了少先队干部以后，父母应该关注孩子的哪些问题呢？

沈：父母不应该关注孩子身上的杠杠有几条，而是应该关心孩子当上了干部以后怎样去履行他的责任。我们在小队中实行"人人有岗位"的原则，教育孩子"一条杠杠一份责任"。

孙：可是作为父母总希望自己的孩子身上杠杠越多越好。

沈：如果孩子身上的杠杠多了却不做事，会害了孩子，给孩子造成官本位的思想。虽然现在搞小干部轮流制，但如果不解决这方面的观念问题，轮流也是无法解决问题的，只能成为官僚主义的雏形。所以，在少先队活动中，我们主要是培养孩子学服务、学民主、学管理。我们对小干部的要求是："一当'火车头'，工作在前，积极带动；二当'孺子牛'，热心服务，任劳任怨；三当'水中鱼'，联系群众，打成一片；四当'智多星'，动手动脑，勇于创新；五当'小火箭'，自动向上，互助共进。"我想父母也可以在家庭中对孩子进行这方面的教育。

孙：学会管理对当今的孩子来说很重要。小队这个集体可以帮助队员们学会管理，是吗？

沈：是的，少先队完全可以提供这样的机会。我们曾经带着孩子去访问过上海南浦大桥、杨浦大桥的总负责人朱志豪先生，他说，少先队很重要的任务就是在小队里学会管理。他谈起了他生病的时候，还在上海做市长的朱镕基总理去看他，一方面对他说要好好养病，另一方面又对他说希望他早日返回工作岗位。为什么会这样？就是因为既懂专业又懂管理的复合型人才太少了。他还回忆说，当年在少先队组织中当过干部的人，现在在各行各业都干得不错。可见，少先队这个集体还是很锻炼人的。

个性只有在集体中才能得到充分发展

孙：也有的父母总觉得少先队搞的是集体活动，太浪费时间，限制了孩子个性的发挥，应该留点儿时间给孩子发展自己的个性和特长。

孙：有这种想法的父母很多。实际上，少先队并没有把孩子所有的时间都占用掉，而且，少先队活动的形式也是多种多样的，通过集体活动反而更容易发展孩子的个性。在我的工作实践中，就曾经遇到过这样的事情。上海市沪太一小的一位母亲，通过自己孩子的变化就悟出了这个道理。

孙：她的孩子有哪些变化？

沈：这位母亲是个律师，比较重视孩子的个性、特长的培养。她给孩子报了钢琴班，孩子特别恨母亲的这种做法。母亲见孩子不爱学也生气，觉得孩子没有出息。为此，母女两个人关系很紧张。但是，有一次，这位母亲发现女儿正在家里很用心地弹琴，一些同学围着她。等同学们走了，她还在弹。母亲觉得很奇怪，一问才知道，原来女儿受小队之托，正在创作"小队之歌"。从那以后，母亲改变了方法，总是想办法让女儿和伙伴们在一起练琴，多参加小队的活动。后来，这位母亲说自己"顿悟"，知道了集体对于孩子是多么重要，因此，她也开始关心这个集体了，主动要求做了女儿小队的课外辅导员。

孙：看来集体的确具有很重要的教育功能。队员们在一起的时候，互相有比较，有鼓励，有竞争，有合作……这样，各种特长都有可能得到展示和发展。

沈：是的，一些爱画画的孩子也是一样的，如果让他们在家里关上门自己练，他们可能觉得枯燥无聊，即使画得好也得不到群体的肯定。反之，如果把自己的画挂在黑板上，让大家评价，孩子的劲头就来了。当然，作为少先队组织，也要不断改革，不能只追求统一、规范，而要承认差异。而这种差异，其实就是个性。少先队的许多创造活动，也是发挥个性的活动。

🔊 帮助了少先队就是帮助了你自己

孙：看来，作为父母，不仅要关心孩子的成绩，还应该关心孩子的少先队活动。许多少先队活动往往对独生子女的教育起到了家庭教育无法替代的作用。父母们在关心少先队的同时也是帮助了自己。

沈：少先队的确非常需要父母们的帮助。双休日以来，孩子在家里的时间多了，自由支配的时间多了。有的孩子几乎一天都在看电视。这时，谁来组织孩子活动或休闲？学校主要是指导责任，父母应该成为重要的后援。

孙：我们中国人一般不太重视休假时间，实际上假期是具有高价值的，是社会进步的表现。法国已经每周休息三天了。

沈：为了更好地组织活动，我们采取自动加后援的办法。"自动"就是利用原有的自动化小队，组织起来，父母来做后援，一个父母带着十多个孩子搞活动。这样，既节约了资源，又充分利用了资源。如果孩子都在家里，那么每个父母都要花费精力带着自己的孩子，却又缺少很好的项目。通过自动加后援的活动，父母们可以把自己的资源利用起来，有的父母可以带孩子参观自己的单位，还有的父母可以把孩子请进来。所以，我们说，"请进来，户户是小队之家；带出去，处处是快乐天地"。

孙：根据您多年的少先队工作经验，您认为父母该怎样帮助少先队？

沈：我想父母主要应尊重孩子的自主创造，父母做课外辅导员，也不要做"包爸爸""包妈妈"；同时要拉近与孩子的距离，不要以道德的权威面孔来对孩子说话。

孙：父母做课外辅导员都是聘任的，是吗？

沈：是的，要么聘任，要么特邀，这种办法非常巧妙，给了孩子权利，让孩子来聘任，而且只请父母做一次课外辅导员。对父母来说，只做一次，不是负担；对孩子来说，如果父母做得好，可以再邀请，如果做得不好，就不再聘请了。有的父母成了最佳辅导员，有的父母先后做了六次辅导员。

孙：父母在家庭中怎样结合少先队活动教育孩子？

沈：父母做辅导员，也未必一定要辅导一个群体，也可以单独辅导自己的孩子。比如，少先队搞"雏鹰争章"活动，父母也可以结合家庭具体情况，在家里争"自锻章""孝敬章"等。同时，作为成年人，也可以和孩子一起争章，如"锻炼章""外语章"等，和孩子同学、同争、同乐、同进、同荣。这样，家庭成员之间的相互教育功能就发挥出来了。

孙：看来校园生活和家庭生活是密切相关的。父母们只有关心少先队的工作，支持孩子参加各种少先队活动，才能更好地教育好孩子。感谢您的谈话，相信它会给父母们一些启示。

沈功玲 教育箴言

> 对于一些独生子女问题，比较好的办法就是以群治独。少先队就是在进行群育。孩子们在小队的各种活动中产生不同的体验，实际上也是社会化。
>
> 父母不应该关注孩子身上的杠杠有几条，而是应该关心孩子当上了干部以后怎样去履行他的责任。
>
> 集体具有伟大的教育力量。
>
> 个性只有在集体中才能得到充分发展。

第 2 部分
爱学习也要会学习

一个人的精力是有限的，如果在分数上下功夫太多，就会影响了他的全面发展。全面发展不是非逼孩子学琴、学奥数等，家长逼得紧，孩子也可以学好，但万一家长的强迫力撤掉了，孩子就会立刻不学了。

臧铁军：协调发展——孩子考试制胜的法宝

分数和考试，是很多家长心头的痛。臧铁军，北京市教育考试院副院长这样说："对于一个小学生来说，情感培养是相当重要的。但是，我们过于重视分数，忽略对情感的培养。所以，我们培养出来的学生可能会考试，但不能算是一个全面发展的人。"

被访人物　臧铁军，现为北京市教育考试院副院长，曾任中央教育科学研究所研究员、教育部考试研究中心客座研究员等职务。主持多项教育部重点课题，曾担任全国教育科学"九五"规划教育部重点课题、教育部考试中心、高考改革研究课题组负责人。

考试只是诊断"学习病"的大夫

孙宏艳（以下简称孙）：在和家长的广泛接触中，我们发现，家长们最关心的问题莫过于孩子的考试了。您组织和参与了多项关于考试的课题研究，能否给家长们介绍一下当前中小学生面临的考试有什么变化？

臧铁军（以下简称臧）：今天的考试和过去相比有很大的不同，主要是考试的功能发生了变化。而考试功能的变化又取决于教育本身的变化。过去没有普及义务教育的时候，像19世纪末20世纪初，教育还没有发展起来，学校教育还是贵族化教育、精英教育的时候，教育是一件很奢侈的事情，并非每个人都能受到教育。现在的中小学教育是义务教育，因此考试的功能和过去是不一样的。

孙：请您谈谈考试的基本功能是什么？

臧：考试共有四种功能，一是选拔功能，即通过考试筛选出胜利者；二是诊断功能，即通过考试，诊断学生在学习方面的问题；三是鉴定功能，即鉴定一下学生的学习水平如何；四是导向功能，通过考试给学生一个方向性指导，使学生摸清自己在哪一方面更擅长一些，将来可以作为一个发展的方向去努力。现在，考试的功能在小学阶段已经有了变化，首先小学阶段是就近入学，因此考试不是以竞争和选拔作为目的。义务教育的目标是使得所有的学生都得到全面发展，这就决定了所有的学生都需要得到良好的教育，并在这种教育下获得良好的发展，所以，小学升初中是免试入学，但这并不等于要取消考试，而是要使考试更好地为这个目标服务。这就需要加强考试的诊断功能。

孙：诊断功能是不是说考试就像大夫一样，可以查出孩子的学习存在哪些问题？

臧：是的。诊断功能主要是指通过考试来检查学生在学习过程中存在的不足和困难，诊断出一个学生在某一科目的某一章或者某一部分学习中的困难是什么，产生困难的原因是什么，从而改变学生的思维方式，改变教师的教学方法，更有针对性地进行辅导。同时，通过诊断，也给学生提供一些信息，使学生学会自我评价，对自身有一个很好的认识，并最终发展起来。在义务教育阶段，考试的功能应该是以诊断功能为主的。

孙：现在一些老师和家长常常用考试成绩来判断一个孩子的好坏，成绩好的就是好孩子，成绩不好的就是坏孩子，这就是考试的鉴定功能吗？

臧：这种做法，事实上是鉴定功能的变异。鉴定功能也可以称为评价功能，即通过考试鉴定一下学生的学习水平怎样。目前，在应试教育中，考试的鉴定功能或者评价功能是最强的。对于中小学生来说，经历的最具有选拔功能和鉴定功能的考试就是中考了。但是，中考和高考相比，又没有高考预测性那么强。教育性质的转变决定了考试性质的转变。义务教育阶段教育的性质决定了考试不是为了选拔，而是让每一个人都受到教育。所以，在这一阶段，考试的鉴定功能也不应该很强。

按说，考试就是一个诊断学生学习障碍、学习困难的工具，它不该具有鉴定谁好谁差、谁比谁更好这样一种作用，学生在接受知识的过程中，很少有学生是百分之百地完成学业，由于主观和客观的原因，遇到学习困难是正常的。因此，这种诊断是必要的。如果学生都能发挥自己的潜能，愉快地完成学业，那么要考试和不要考试是一样的。一些有经验的教师不必非要通过考试来判断学生的学习问题，通过课堂提问、作业也可以发现问题。但是，目前我国各学校的班额都比较大，老师难以有足够的时间去发现学生的问题，所以，考试还是必要的。

然而，有些学校还没有认识到考试的具体功用是什么，常常对考试成绩进行大排队，家长和学生也特别关注排队的名次，把考试成绩当成判断孩子优劣的依据，其实这种做法是非常单一的。考试以后，在学校和家长方面，存在的主要问题往往是对分数的使用不够，就像做了一次大调查，得出了一些调查数据，但却没有对这些数据好好分析一样。

孙：通过分数可以分析出哪些问题？

臧：教师通过分析学生的分数，可以发现自己在教学方面存在哪些缺陷，还有哪些概念学生没有掌握好。如果在某些概念上，有相当一部分学生没有掌握，就说明教师的教学方法可能存在问题，教师可以通过对分数的分析来改变教学。另外，对考试分数的分析，教师可能还可以得出另外的信息，如有些题目全班没有一个做错的，这并不一定说明教师在这方面教得好，也可能说明教师在这方面重复训练过多。试想，班里的学生是有差异的，潜能不同，智力水平不同，有的人可能会准备不足，有的人或许会粗心，在这种情况下，出错才是正常的。如果让一个班级的学生都不出错，除非把学生训练得过于熟练，成为一种机械记忆。事实上，许多学生在应付考试的时候，大多用的是机械记忆、机械训练，自己思维的成分很少。有些小学95分才是及格，这是很没有道理的。尤其是低年级的孩子，他们的自我控制能力还很弱，个性也不稳定，这时要求学生达到一点儿也不出错，需要做多少强化训练才能达到这个结果？这种强化训练是否都有必要？

孙：过于看重分数会带来哪些弊端？

臧：如果把考试作为评价学生的最重要的内容，用分数来给学生排队，就等于强化了分数的作用，把一些不应有的功能也强加给了考试。考试分数的地位太重，使其他一些评价学生的体系被忽视，如对学生思想品德的评价、习惯态度的评价。一些学校也在做这些方面的评价，但和考试分数放在一起，就觉得考试分数才是最重要的，而另外的评价都是次要的。考试分数不应该有这么重要的地位，这是家长和学校强加给考试的。这种做法已经偏离了教育应有的评价目标了。说了这么多，说的都是考试改革的背景问题。我们一直在进行的考试改革，就是要扭转这些问题，使我们摆脱应试教育，更好地向素质教育迈进。

动口和动手是考试的重要内容

孙：现在的考试是否已经开始重视您所说的"思想品德、习惯态度的评价"？

臧：思想品德、习惯态度、心理素质等方面的评价，都属于人的情感评价范畴。目前的考试缺乏对人的情感的评价功能，实际上人的情感评价才是最重要的评价功能。人的情感支配行动，情感对人的行动的支配力远远大于机械记忆的作用。对于一个小学生来说，情感培养是相当重要的。但是，我们过于重视分数，忽略对情感的培养。所以，我们培养出来的学生可能会考试，但不能算是一个全面发展的人。因此，小学考试发生的主要变化就是"取消百分制，实行等级分评价"。

孙：等级分评价的特点是什么？

臧：等级分的首要特点就是淡化了分数的作用，这并不是说要淡化对学生的评价,而是要削弱分数对学生的评价作用,用一种模糊的方法(不斤斤计较分数)来评价学生,从而给学生一个良好的发展空间和环境;在一些等级分评价做得好的地区,更重视对学生进行情感评价,像上海闵行地区,把对学生的"态度评价"放在第一位,他们认为学生从小培养的良好习惯和态度会使学生终生受益。学生多得一分和少得一分不重要,更重要的是态度和习惯。这样,在判分标准上就发生了变化,评价学生是以等级为单位的,而不会因为一分或者半分的差异就给学生带来很大烦恼。等级分评价的第二个特点是重视学生操作技能的评价,这使考试的内容和形式也随着发生了变化,不再是"一张卷子一支笔",而是用多种形式进行考查。

孙:就您的研究范围来说,都有哪些考试形式是值得提倡的呢?

臧:在考试内容上,更重视学生的动手能力和实际操作能力,而不像以前注重记忆较多。以前的考试,经常要求学生一字不差地记住某些人物的生死年月、河流长度和宽度等。这种做法使学习、考试变成了繁重的负担。考试的形式也是多种多样的,如口试、笔试、调查、考核、实际操作、社会实践等形式都有可能被用到。鞍山地区的"三动考试"——动脑、动口、动手,就很有意思。在考试时,学生可以挑选一段课文朗读,也可以在某个教室里考唱歌。学生很喜欢这种考试。如果一次没考好,学生还可以考第二次,教师只把学生最好的成绩记录在成绩册里。过去的考试只考一次,不给学生第二次机会,好像给了机会学生就占了便宜一样。这样,学生很放松,也很努力,对发挥学生的学习积极性有很大作用。

孙:考试的内容、形式、判分标准都发生了变化,那么,反映学生成绩的报告单是否也和以前有所不同?

臧:对。考试的另一个变化就是成绩报告单。以前也有成绩报告单,虽然考查了很多方面,但只是给每科成绩一个分数,从这个分数上,家长和学生看不出自己存在哪些问题,哪些方面做得还可以。现在的成绩报告单,对学生的评价划分很细。如语文方面,可分出生词的记忆、阅读理解、作文等多方面评价,这样,学生和家长一看就对自己或者孩子了如指掌了。

在对学生的评语方面,许多家长其实已经看到了,评语和过去不一样了,不再是空洞的,而是更注重对学生进行情感评价了,词语更亲切一些,使学生容易接受,也比较个性化,不再是千篇一律的。

家长的任务是摸清孩子的长短

孙:初中和高中的考试将会怎样变化?您是否能预测一下?

臧:这是很难准确预测的。但有一点是可以肯定的,就是考试将越来越重视对学生的综合能力的测查。所以，想靠死记硬背获得好成绩是不可能的了。1999年高考的"3+X"改革就是一个很好的例证。

孙：从一定意义上说，会考试也是一种能力，对吗？

臧：是的。有的人，虽然学习很用功，无论什么科目，书本上的知识都背得滚瓜烂熟，但考试时一遇到活题就蒙了，这样的人不能算是会考试的人。不会考试，实际上是不会学习的表现。

孙：家长应该如何对待孩子的考试成绩？

臧：当孩子把成绩单拿回家的时候，家长不要因为孩子成绩不佳就暴跳如雷，而应该和老师一样帮助孩子分析不足。考试就是一次诊断的过程，发现了问题才是好事。面对一份考卷，每一个学生的表现是不一样的，家长没有理由要求自己的孩子每一次都考好，偶尔考砸是正常的。如果孩子成绩很好，家长也不能沾沾自喜，要分析孩子的成绩是否和实际能力相符，是机械记忆获得的分数还是真正考出了能力。

孙：考试正在发生着巨大的变化，以后还将不断改进，您认为作为家长怎样做才能帮助孩子成为一个会考试的人？

臧：孩子小时候，不一定要他成绩很突出，主要应对孩子进行多方面的培养，使孩子的兴趣能够更广泛，在各方面都能够协调发展。我想，如果孩子在各方面都发展得不错，那么，无论面对的是什么样的考试，孩子们都可以应对自如。家长不应只把眼睛盯在分数上，也不应该教育孩子那么做。一个人的精力是有限的，如果在分数上下功夫太多，就会影响了他的全面发展。全面发展不是非逼孩子学琴、学奥数等，家长逼得紧，孩子也可以学好，但万一家长的强迫力撤掉了，孩子就会立刻不学了。人的潜能有长有短，孩子可能在这方面长一些，在那方面短一些，家长的任务是了解清楚孩子的长短各是什么。具体到小学生，家长可以培养孩子多方面的爱好，孩子可以今天弹琴，明天打球，让他什么都尝试一下。虽然我们总是说要教育孩子有韧性，有毅力，但多尝试也未尝不好，只要孩子有兴趣。这样，培养出来的孩子大多综合能力较强，因为他发展比较全面。

孙：受益匪浅，谢谢您接受采访！

特别提醒

1. 现在的成绩报告单，对学生的评价划分很细。如语文方面，可分出生词的记忆、阅读理解、作文等多方面评价，这样，学生和家长一看就对自己或者孩子了如指掌了。

2．考试就是一个诊断学生学习障碍、学习困难的工具，它不该具有鉴定谁好谁差、谁比谁更好这样一种作用。

臧铁军 教育箴言

小学升初中是免试入学，但这并不等于要取消考试，而是要使考试更好地为这个目标服务。这就需要加强考试的诊断功能。

考试以后，在学校和家长方面存在的主要问题往往是对分数的使用不够，就像做了一次大调查，得出了一些调查数据，却没有对这些数据好好分析一样。

如果把考试作为评价学生的最重要内容，用分数来给学生排队，就等于强化了分数的作用，把一些不应有的功能强加给了考试。

考试分数的地位太重，使其他一些评价学生的体系被忽视，如对学生思想品德的评价、习惯态度的评价。

对于一个小学生来说，情感培养是相当重要的。但是我们过于重视分数，忽略对情感的培养。所以，我们培养出来的学生可能会考试，但不能算是一个全面发展的人。

学生多得一分和少得一分不重要，更重要的是态度和习惯。

我教语文很多年，发现那些语文素质好、水平高的学生，几乎都特别喜欢读课外书。这些孩子往往有很多积累：语词的积累、素材的积累、情感的积累等。这样的孩子在写作上往往有突出的构思、神奇的用词，在阅读理解方面有杰出的见地，在说话方面有超出他人的见识等。

韩军：对孩子语文学习的六个建议

　　韩军老师曾是山东省特级教师，被清华大学附中作为特殊人才引进。他曾经对我说过：带高三学生时，每天晚上要判200多份语文卷子，从很多卷子中一眼就能看出学生的语文功夫怎么样。他从事语文教育多年，对语文学习有着自己非常独特的见解："单凭课本是培养不出语文高手的，语文的学习是工夫在诗外。""孩子接触名著多，还是接触流行文化的东西多，在他们成年之后，精神根底和气质都会明显不一样。""让孩子生活在一个爱读书的家庭中，比父母整天唠叨着让孩子阅读更重要。"

被访人物　韩军，清华大学附中语文教师，从事语文教育多年。北京市特级教师、首都师范大学硕士研究生导师、享受国务院特殊津贴的教育专家、全国教育系统劳动模范、人民教师奖章获得者、全国曾宪梓教育基金一等奖获得者。在全国语文教育界首次提出"人文精神"的概念，并引发20世纪90年代关于"工具性"和"人文性"的语文教育大讨论。首次提出并论证了"新语文教育"概念。其著作《韩军与新语文教育》入选教育部师范司组织编写的"教育家成长丛书"。

根据我多年的观察，两耳不闻课外事，一心只读课内书的孩子，语文成绩是很难提高的。数理化等课程也许单凭课堂学习是可以培养出高手的，但语文学习却是工夫在诗外

　　孙宏艳（以下简称孙）：韩老师，您作为北京市特级教师，对语文教学既有研究又有实践经验，您还曾主持了全国最大的语文教学论坛。现在，一些父母比较重视孩子的英语学习，相比较而言，有些忽视母语学习。您怎么看这个问题？

　　韩军（以下简称韩）：的确是这样，短时期内英语在国际交往中第一语言的地位是不可替代的。父母们重视孩子的英语学习，多是从升学、谋职、出国等角度考虑的，父母们的观点是一种非常实用的观点。其实，学习汉语也可以从实用的观点来考虑。孩子的语文水平低，对数理化的应用题目的理解会有障碍，同时，理解某些原理也会感到困难。一个语文功底差的学生，外语也不可能学好。即使从考试角度看，初中升高中、高中升大学，都有三大主科，语文、数学、外语。所以，任何时候，都不要忽视语文学习。

孙：其实，学习母语不能仅仅局限于这些急功近利的想法。母语应该也是一个人的立身之本。

韩：我同意您的观点。一个母语不过关的人，理解事情、与人交往，都会受到影响。一个人整天生活在母语的环境中，如果母语基础不好，就会在交往、待人接物方面受到最直接的负面影响。母语本身还是一种文化，在这种文化氛围中，母语的熏陶作用、养育作用是最大的。

孙：也有很多父母非常重视孩子的语文学习，他们在咨询电话中往往很焦急地谈论孩子的语文学习，总认为自己费了很大劲，孩子的语文还是没学好。那么，应该怎样学好语文呢？您在教学中一定有许多切身感受。

韩：关于语文学习，我提几个建议，供父母们参考。第一，学习语文要眼光向外，单靠课内是很难学好语文的。很多父母都把语文课本当作孩子学习的唯一教材，认为只要把语文课本学好了，就是把语文学好了，因此，父母希望孩子总是手捧语文书，孩子一读课外书，父母就发火、干预，总是爱对孩子说，"课文背完了吗？作业做完了吗？先不要读课外书，读课外书浪费时间"。这样的教育方式使得孩子整天埋头在作业堆里，以至于两耳不闻课外事，一心只读课内书。根据我多年的观察，这样的孩子语文成绩是很难提高的。我还说一句可能有点偏颇的话，即在语文课堂内，单凭课本是培养不出语文高手的。数理化等课程，如果单凭在教室内，教师上课，单纯使用课本，是可能培养出高手的，而语文却根本不行，语文的学习是工夫在诗外。

孙：您认为那些经常阅读课外书的孩子和不经常读课外书的孩子有很大区别吗？

韩：我教语文很多年了，我发现那些语文素质好、水平高的学生，几乎都特别喜欢读课外书。这些孩子往往有很多积累：语词的积累、素材的积累、情感的积累，等等。这样的孩子在写作上往往有突出的构思、神奇的用词，在阅读理解方面有杰出的见地，在说话方面有超出他人的见识等。总之，他们由于见多识广而语文根底厚实。

孙：可是，有些老师总是给学生布置很多练习题，有的时候一个生字都要写十几遍，这样的教学对学生是不利的。

韩：如果语文老师布置了一些超量的练习题，依照我的意见，还是少做为佳——当然不是不做，而是要适量地做，应该腾出时间让孩子多读一些书。

培养写日记的习惯，要循序渐进，开始时可以写短些，间隔三五天写一篇，然后再逐步写长些，每天写一篇

孙：有的孩子虽然也很爱读课外书，却懒得记笔记，不爱动笔，您认为勤动笔是否很重要？

韩：让孩子养成良好的语文习惯很重要，这是我对语文学习的第二点建议。譬如，阅读的习惯、写日记的习惯、随时动笔的习惯等。当孩子看了一个好电视、好电影，听了一个好故事，碰到了一个有意思的场景时，父母就要鼓励孩子用笔记录下来，哪怕三言五语。记录的文字不怕简单，只要坚持，养成习惯，那么，就会对自己很有益。如果一个孩子只爱看书，但懒得写字，不爱把自己的想法记录下来，那么读书时的一些独特感受在放下书以后很快就会忘掉，再也无法整理起来。读书记笔记是个很好的习惯，可以事半功倍，帮助孩子进行思考。

此外，常常记日记也是很好的习惯。有些伟人，是日记伴随他们一生的。虽然他们都很忙，但他们还是一天不落地写日记。这是因为写日记可以帮助他们整理自己的思路，锻炼自己的文字功底，总结自己一天的得失。而且，写日记这个习惯本身，就是一种自我约束。想一想，一个人能够坚持常年天天写日记，那么，就证明这个人有着一般人所不具备的自我约束能力。培养写日记的习惯，要循序渐进，开始时可以写短些，间隔三五天写一篇，然后再逐步写长些，每天写一篇。

孙：有些父母往往偷看孩子的日记，这使得孩子对写日记失去了兴趣和信任感。有的孩子写两本日记，一本给父母看，一本给自己看，也有的孩子用密码写，或者给自己的日记上锁。您认为父母应该怎样对待孩子的日记？

韩：我们有些大人把孩子管得太严了，让孩子在精神上多一点独立的空间、自由的天地吧！给孩子多一点信任。

孙：也有一些教师总是让学生交日记本，这也使得学生不敢在日记里讲真话，而是在日记本上虚构一些故事，编造给老师看。

韩：关于这个问题，我讲几点。第一，实际上多数学生是比较信任老师的，大多数老师也是能够做学生的真心朋友，能够与学生真心交流，并且能够永远保守孩子的秘密。第二，老师坚决不能要求学生交日记，这是原则问题，但是如果学生出于信任老师，交来日记，老师也得接受，否则太伤学生的心。作为老师，你就要接受学生的这份真诚，对得起学生的真诚。语文老师要让学生交的是"随笔"，"随笔"就是练笔性质的小短文。第三，外界，尤其是新闻界，也不要把这件事炒作得那么对立、那么严重，据我了解，老师还是能够尊重学生的。

孙：生活毕竟平平淡淡，所以很多孩子感觉没什么可记的，遇到这种情况应该怎么办？

韩：告诉大家两个办法，第一，如果实在没有感觉，那就干脆不写。第二，如果连续几天停笔，日记快要变成"周记"了，快要间断了，习惯快要中止了，那就要坚决写，强迫自己写，哪怕写得少一点也好，写得"荒诞"一点——不合常规也好，文无定规嘛。必须写下去，是为了习惯的养成。终止了，就前功尽弃了。

孙：孩子们在看电视，阅读书报，听人谈话时会遇到不明白的字词、不熟悉的典故。这时，父母应该让孩子遇到困惑都查字典还是可以跳过去？或者说哪些可以跳过去，哪些一定要查字典？

韩：当然不要放弃阅读，不要打断欣赏。阅读和欣赏过程中，能猜的尽量去猜，大胆去猜，别胆怯，别心虚，有时一个词语或者典故一时不懂，一会儿根据情节的发展，说不定就又懂了。看完书报，欣赏完电影、电视之后，如果有时间的话，还是翻查一下字典才好，不要少了这道"工序"。那样，理解才扎实，积累才系统，天长日久，就是好习惯。如果欣赏完、阅读完之后，由于懒惰，不去"问"工具书，那么，就可能对一些字词一辈子似是而非。说句"夸张"点的话，有的人，就因为多了这道"工序"，终于成了学问家；不少人，因为丢了这道"工序"，一辈子就是平常人。

孙：您认为多大的孩子开始学习查字典比较好？

韩：只要他能够领会，能够掌握查字典的这种本领，当然还是早点好，早点学会查字典，只有好处吧，我想不出有什么坏处。一个经常查阅字典的人，一个经常请教别人的人，天长日久，他的语文水平能低吗？

语文无处不在，父母要根据孩子的特点，帮助孩子兴趣盎然地学习语文，如让孩子在看电视、看广告的时候学语文，也可以让孩子在玩游戏、发短信中学语文

孙：据我们的调查发现，很多孩子不爱学习语文，要记生字，要分析段落大意，要总结中心思想，孩子们觉得太枯燥。请问父母该怎样调动孩子学习语文的积极性？

韩：语文本来是情趣盎然的，但是现在为了应试，不少学校、不少老师、不少辅导教材把语文弄得单调乏味。有的父母在指导孩子学习语文时，也常常拘泥于一些语文作业，甚至只是让孩子做一些练习题目。如此下去，孩子就会失去对语文的兴趣。其实，语文无处不在，建议父母采取多种办法调动孩子的学习积极性，比如，可以通过看电视学语文。电视剧中有许多插曲，有的写得好，有的歌词特别差，可以让孩子评价一番。好的歌词，就让孩子背一背，不好的就让孩子改一改。还可以让孩子给电

视剧配上一段歌词。当然，感人的电视剧还可以让孩子看后写一个感想，或者写一篇短日记。

孙：有的父母反对孩子看电视，总认为孩子看电视耽误学习。电视里的广告也非常多，父母该怎样对孩子做很好的引导？

韩：现在广告无处不在，孩子也可以通过广告学语文。在大街上、电视里都有很多广告，父母可以在带孩子逛街，或者在孩子看电视的时候，鼓励孩子通过阅读，理解各种广告学习语文。有些广告方案设计得别出心裁，文雅、大气，而有些广告设计得低俗、粗劣。可以让孩子口头评价，也可以让孩子写成简短的评价文字。父母还可以通过玩游戏帮助他们学语文。

孙：很多孩子非常喜欢电脑游戏，大多数父母不喜欢孩子沉溺于游戏之中。

韩：父母的顾虑是有道理的。但是我建议父母可以利用孩子喜欢游戏的特点，让他提高语文能力。现在的游戏大都是有故事情节的，而且有的游戏是让孩子自我扮演其中的角色。为了锻炼孩子的口头能力，父母们可以让孩子把故事绘声绘色地讲述一遍。为了锻炼孩子的写作能力，可以让孩子把故事用文字写下来，而且要让孩子发挥想象，把其中的故事扩展开来，充实起来，把故事情节往神奇的地方发挥下去。另外，短信非常流行，青少年大都特别喜欢用短信表情达意。好的短信，实际是一首小诗、一段幽默，70个字体现的全是驾驭文字的功夫。在某个节日，父母可以让孩子给老师、朋友、同学或自己拟一段短信，孩子会觉得兴趣盎然。拟短信，锻炼的就是孩子的语言文字功夫。

孙：您说的这些做法很有趣，事实上，如果父母能够因势利导，孩子看电视、玩游戏、发短信都不是什么可怕的事情。

韩：是的，成年人的引导很重要，孩子的学习有他们的年龄特点，父母不要因为自己长大了，就忘记了小时候自己的爱好，关键在于发挥孩子的特长让他自主学习。比如，对那些爱较真的孩子，父母可以让孩子通过挑错学语文。现在电视、广播、报纸、期刊、网络非常发达，我们几乎天天都在接触它们，生活在它们的包围之中。但它们的问题也相当多，如果孩子稍微用心，就能找出它们在语言文字方面的错误。父母可以教育孩子别迷信它们，而是大胆给它们挑出错误。这样，不仅提高了孩子的语言文字功底，同时也多方面锻炼了孩子的能力。我只是举例说明，其实生活中让孩子兴趣盎然地学语文的事情还是非常多的。父母要充分调动孩子的积极性，根据孩子的特点帮助他们学习语文，这是我的第三点建议。

语文的学习，实事求是地说，没有背诵，很难管用！没有积累，很难管用！不要迷信这种那种花样翻新、名目繁多的语文学习方法，语文离开语言材料的背诵、积累，一般不可能有大的效果

孙：谈到阅读，现在存在的一个问题是，孩子们往往更喜欢阅读一些文化快餐，如卡通读物等，却不喜欢阅读名著。

韩：这恰恰谈到了我的第四点建议，我认为孩子们在成长的过程中一定不能远离名著。当今是一个快餐的文化时代，孩子们甚至包括大人们都跟着流行文化走，一会儿是什么大片成热点，一会儿是什么书籍流行，一会儿又是什么歌星当红等。流行文化牵着大人们的鼻子走，也就牵着孩子们的鼻子走。这是不可避免的现象。但是，这也是相当危险的。想一想，如果一个孩子从小就是在某种流行文化中长大的，那么，他的精神世界就不可避免地单薄甚至浅薄。孩子接触名著多，还是接触流行文化的东西多，在他们成年之后，精神根底和气质都会明显不一样。

孙：可是当今没有通读过四大名著的中学生太多了，连许多大学生都没有通读过。有些父母很苦恼地说，他们给孩子买了很多名著，但是孩子根本不爱读。

韩：这有学校老师的责任，有社会文化环境的责任，也有父母的责任。父母希望孩子阅读名著，但未必方法正确。有些父母很心急，在孩子很小的时候就给孩子买来了"大部头"，希望孩子能够一下子吞下很多文学名著。但实际上，培养孩子阅读经典名著要从小引导，循序渐进。譬如，在小学阶段，可以让孩子阅读根据名著改编的连环画，小学高年级，可以让孩子阅读一些专门给少年儿童看的名著简写本。进入初中，从二年级开始，学生就应该接触原著了。

孙：现在每个家庭尤其是城市家庭，很多家都有电视机、电脑，且已经相当普及。业余时间能够全家静下心来一块读书的家庭非常少。

韩：孩子是在环境中长大的，是在爸爸妈妈的熏陶中慢慢成人的。一个不热爱读书的家庭，一对不爱读书的父母，要培养下一代热爱读书，并且让下一代养成读书的良好习惯，很难。所以，我的第五个建议是让孩子生活在一个爱读书的家庭中，比父母整天唠叨着让孩子阅读更重要。

孙：目前，我们时常听到一些报道，说某个学龄前幼儿背诵唐诗宋词，或者别的什么文章。对这样的事情，有的人赞成，有的人反对，认为这完全是浪费时间，您怎么看待这个问题？

韩：如果不是强迫着让孩子背诵，如果孩子仍然每天生活得快快乐乐、特别愉快，这样的背诵我是赞成的。因为孩子非常轻松地背诵过那么多珍贵的语言材料、语言精华，这些东西是会影响孩子一生的。当然，我并不赞成逼迫孩子背诵。如果在孩子记忆的黄金时期——16岁之前，让孩子记诵大量的语言精华，那么，这个孩子从小就奠定了坚实的语言根底。所以，我对父母的第六个建议是：让孩子背诵一些经典文章。

语文的学习，实事求是地说，没有背诵，很难管用！没有积累，很难管用！不要迷信这种那种花样翻新、名目繁多的语文学习方法。语文离开语言材料的背诵、积累，一般不可能有大的效果。许多科目，要反对死记硬背，而语文学习却离不开背诵与积累，甚至是不求甚解地背诵。

孙：既然背诵重要，那么到底应该让孩子们背诵些什么呢？

韩：不要背诵语文知识——诸如什么是主语，作文如何开头，比喻有三种方式，孔乙己的命运说明什么，等等，但是一定要大量背诵课文、美文，背诵诗词、精短散文，是大有好处的。有一段时间，语文教育中特别反对背诵，至少是轻视背诵，这是不对的。我曾经设想，如果一个人能够背诵125首精美的文言诗词，25首精美的白话诗歌，40篇精美的文言散文（每篇300～500字），10篇精美的现代白话文（每篇800～1 000多字），那么，他的语文功底应该是不错的了。可是，现在的语文教学，仍然没有把背诵提到应有的高度。如果父母们能够让孩子在自愿的、感兴趣的基础上背诵一些东西，我相信对孩子会有更多好处。

特别提醒

1. 孩子的语文水平低，对数理化的应用题目的理解会有障碍，同时，理解某些原理也会感到困难。一个语文功底差的学生，外语也不可能学好。即使从考试角度看，初中升高中、高中升大学，都有三大主科，语文、数学、外语。所以，任何时候，都不要忽视语文学习。

2. 如果一个孩子只爱看书，但懒得写字，不爱把自己的想法记录下来，那么读书时的一些独特感受在放下书以后很快就会忘掉，再也无法整理起来。读书记笔记是个很好的习惯，可以事半功倍，帮助孩子进行思考。

3. 一个不热爱读书的家庭，一对不爱读书的父母，要培养下一代热爱读书，并且让下一代养成读书的良好习惯，很难。让孩子生活在一个爱读书的家庭中，比父母整天唠叨着让孩子阅读更重要。

4. 语文的学习，实事求是地说，没有背诵，很难管用！没有积累，很难管用！不要迷信这种那种花样翻新、名目繁多的语文学习方法。语文离开语言材料的背诵、积累，一般不可能有大的效果。

韩军 教育箴言 ••••••••••••••••••••••••••••••••••••

学习语文要眼光向外，单靠课内是很难学好语文的。

语文素质好、水平高的学生，几乎都特别喜欢读课外书。

孩子们在成长的过程中一定不能远离名著。

孩子接触名著多，还是接触流行文化的东西多，在他们成年之后，精神根底和气质都会明显不一样。

让孩子生活在一个爱读书的家庭中，比父母整天唠叨着让孩子阅读更重要。

有的父母给孩子报了小提琴班以后就问我："您能让我们的孩子达到几级啊？您能给我们什么样的承诺啊？"这就首先在父母心中形成了一个"坎儿"，似乎孩子学特长一定要得到什么，这样也会渐渐在孩子心中形成一个"坎儿"，如果他觉得自己无法达到预期目的，他就不想学了。

贾燕：消除特长学习中的"坎儿"

在中国儿童中心小提琴班执教20余年的贾燕，在我提起艺术教育、特长教育的话题时，她说自己有很多的话要讲："如果仅仅把艺术学习当成了技能训练，或者成为一种投资，过于期待回报，那么在学到一定程度的时候，你就会发现投入和产出成了不对等的价值。""在民主家庭中长大的孩子，对艺术学习的兴趣更持久。"

被访人物 贾燕，曾任中国儿童中心小提琴教师。毕业于中央音乐学院音乐教育系音乐教育学专业，在中国儿童中心小提琴班执教20余年，有着丰富的小提琴集体课管理和教学经验和30多年的演奏经验，并多次与学生一起在金帆音乐厅举办了"小提琴假日系列音乐会"。

"坎儿"一：把特长当作唯一的武器

孙宏艳（以下简称孙）：贾老师，您从事艺术教育多年，前不久又成功地举办了音乐会，您所教的学生如今也已经走进了各行各业。据了解，他们在工作、生活中都非常受益于音乐学习。我想请您谈谈艺术教育中的一些问题。比如生活中，多数父母都很热衷孩子学点艺术，孩子们往往开始的时候也对某个艺术项目很感兴趣，但学的时间久了就会形成一个难以逾越的"坎儿"：孩子觉得学不下去了，父母也觉得再逼孩子学也会很费劲了。是什么原因导致了这个"坎儿"的存在？

贾燕（以下简称贾）：这是个非常难解决的问题。当前中国已经进行了经济改革和体制改革，但教育改革却不够彻底。虽然素质教育已经提出了这么多年，但改革还是不够的。我认为目前我们所进行的教育是一种"将相式教育"。

孙："将相式教育"，也就是人们常说的"精英式教育"？

贾：是的。一个美国人要在中国办贵族幼儿园，他希望我能过去和他一起做。他这样安排幼儿园的课程：星期一带孩子去沙滩玩，星期二带孩子抓小鱼小虾等，星期三……我一听就跟他说，您这样的内容很难在中国推行。因为中国的父母大多希望把自己的孩子培养成为"将相"，中国父母更关心的是孩子能考上钢琴几级。还是在20年前，如果我到某个幼儿园去招生，一个小时就能招满100多个学生。现在，这样的状况更甚。

孙：现在，很多父母非常热衷于让孩子参加各种特长班学习。您觉得这样的学习有必要吗？

贾：艺术学习的确是人生中必不可少的。它可以提升个人价值，比如，有个学生跟我学小提琴，到上大学的时候，竞选学生会主席，他拉了一曲《梁祝》，吸引了很多女生的选票。这就是依靠艺术学习提高了自身价值和个人魅力。但是，这种价值又是最不稳定的，你不能把它作为唯一的武器。如果你把它当成做某件事情的唯一武器的话，势必要出现大问题。

孙：这说明在特长学习中目的性不能太强，是吧？

贾：是的。我曾经对想学小提琴的人说，如果你学小提琴到10级，我可以给你一双发明家的手，给你一个科学家的头脑，给你一个文学家的胸怀，但我不能保证你一定会怎样。学习特长是一个非常严格的过程，任何艺术教育最后都应该转化为感情教育。如果仅仅把艺术学习当成了技能训练，或者成为一种投资，过于期待回报，那么在学到一定程度的时候，你就会发现投入和产出成了不对等的价值。现在有些父母往往太注重目的性。有的父母给孩子报了小提琴班以后就问我："您能让我们孩子达到几级啊？您能给我们什么样的承诺啊？"这就首先在父母心中形成了一个"坎儿"，似乎孩子学特长一定要得到什么，这样就会渐渐在孩子心中形成一个"坎儿"，如果他觉得自己无法达到预期目的，他就不想学了。

孙：有的孩子学烦了，甚至想把琴砸了，或毁了自己的手指。为什么会产生这种现象？

贾：主要还是动机问题。因为目的性太强，而他又觉得自己无法达到目的，他自然不爱学了。许多孩子在刚开始学特长的时候，都是自己要去学的，这说明他对某种特长有兴趣。但学到后来，孩子却死活要退出来。产生这种现象的一个重要原因就是目的性太强，包括父母的目的或孩子的目的。

"坎儿"二：只重结果不重过程

孙：有的父母说自己的孩子节奏感特别好，一听音乐就跟着点儿扭起来。但是自从学了音乐一年以后，一听见音乐就烦，还直嚷嚷再也不想学了。父母生气地把责任归结于孩子，说孩子做事情没常性。您认为父母这样的想法对吗？

贾：其实兴趣有三个来源。一是来源于教师：教师要懂得授课艺术，让孩子觉得上特长课很好玩。二是来源于父母：教师在学校教一堂课，父母往往要在家陪孩子一周。这一周里父母怎样与孩子沟通的？有的父母只想着孩子要比别人强，要超过别人，孩子自然学起来不感兴趣。三是来源于成就感，就是要经常让孩子体验到有成就。比如，当孩子拉琴拉得很好时，教师和父母可以鼓励孩子站到椅子上拉，或者到台上去拉，这时孩子就体会到了一种成功。这样的成功要每天都能体会到才行。

孙：我们发现，多数父母好像更热衷让孩子学习艺术。在科技、体育、文艺等学习中，父母总是首选文艺。而在文艺中，父母又首选音乐。

贾：的确是这样的。这使我有机会接触到了更多的父母。这些父母大多分为三类，第一种是迁就型的，经常带着孩子出现在学习班中；第二种是严格型的，对孩子要求极其严格；第三种是民主型的，即对孩子进行说服教育为主。

孙：从学习效果来看，哪类父母对孩子起到的作用更大？

贾：从暂时学习效果来看，严格的父母是很有用的。但从后劲来看，还是民主的父母对孩子更有益。在民主家庭中长大的孩子，对艺术学习的兴趣更持久。

孙：据我了解，欧美国家的孩子多在9～10岁开始学特长，这些特长都是他们自己选择、自己去学的，而我们国家孩子学特长大多开始得很早，4～5岁就开始学习了。您认为特长学习早开始好还是晚开始好？

贾：欧美国家的父母对孩子是不怎么管的，孩子要学特长都是自己的事情，这种情况下还是9～10岁开始比较好，因为他们对音乐、美术中所表现的思想已经可以理解了。孩子太小是不能理解和体会的，如果一个孩子真的在很小的时候就能理解艺术作品中所表现的思想，那么这个孩子就是很有天赋的了。

孙：父母都特别重视孩子学了特长能考几级，这是不是目的性中的"太注重结果"？

贾：如果孩子学了特长，自己有考级的愿望是可以的，但不能把考级作为目的。有的父母就说："如果我们不考级的话，那钱不是白花了？"这就是只注重结果不注重过程了。

 ## "坎儿"三：重攀比的"透支消费"

孙：作为父母，给孩子报了各种特长班以后，自然希望孩子都能考级，而且考得越高越好。

贾：这种心态是不好的，很容易给孩子设置了又一个难以逾越的"坎儿"。因为父母的这种心态实际上是在攀比。有的父母就对我说："别的孩子学了两年都考级了，我的孩子也学两年了，你怎么不让我的孩子考级？"父母的这种心态实际上是在"透支消费"，让孩子做体力上和智力上的透支。也许孩子并不具备考到10级的能力，但父母偏要去攀比，这就是小提琴家盛中国所说的，孩子的学习一看就是在"花钱"而不是在"攒钱"。他所说的攒钱就是说，孩子在学习中积累了乐趣，而不是透支智力和体力。

孙：看来父母首先要弄明白孩子学习音乐的目的是什么。

贾：对。父母在给孩子报艺术班的时候，要弄清楚自己想让孩子通过学音乐获得些什么。是想让孩子欣赏音乐欣赏美，最后达到创造音乐创造美的目的，还是仅仅想让孩子去考级，去和别人攀比。很多父母在这方面都没有足够的认识。

孙：许多攀比也发生在学校里。比如，有的学校要看学生的获奖率、看教师的业绩等，以至于形成了一个恶性循环，领导逼着老师，老师逼着学生，父母也去逼着学生。

贾：这也是我一直以来思考的问题，就是教师到底应该做园丁还是做伯乐？你是去发现千里马，还是做个好园丁，搞百花齐放？父母也存在这样的心态，总希望自己的孩子是千里马，可这个世界上千里马毕竟是不多的。

孙：这也需要父母认识清楚自己的孩子与其他孩子的智力差异。

贾：才华在艺术学习中是非常重要的，有才华要比有学识重要得多。一些父母认为，只要对孩子严格管教，只要孩子刻苦努力就一定能获得成功，这是不现实的。如果父母不顾孩子的实际状况，一味地强调努力和刻苦，势必造成新的"坎儿"，就是要孩子超越自己的智力和天赋去做不太可能的事情。而根据我多年的教学经验发现，差不多只有1/12的孩子具有这种天赋。

孙：在学习艺术的过程中，真正具有天赋的人这么少，父母更不应该过于攀比，而应该让孩子在学习中慢慢体验艺术的魅力，感受生活的美好。那么，您认为父母该怎样培养孩子对艺术作品的理解，从而帮助孩子培养更浓厚的兴趣？

贾：还是应该带孩子多体验。如果孩子从来都没有听过小鸟的叫声，没有听过瀑布和小溪流水的声音，即使音乐中表现了这种声音，他也听不出来，或者感受不到那种美。

"坎儿"四：对艺术学习的周期认识不足

孙：记得您曾经说过，音乐是个时间的艺术，您能解释一下这个概念吗？

贾：音乐和美术完全不同，一幅画放在那里几百年，它可能具有更大的价值，这是因为美术是视觉艺术。而音乐更强调时间和空间，音乐如果断了，它的价值就没有了。比如，一个人在台上唱歌，如果唱错了或者中间断了，可能就得不到分了。通过对音乐的分析，我们可以认识到学习艺术的困难性。

孙：您的意思是音乐学习比美术更难吗？

贾：我们也可以从人的智力因素来分析。智力因素包括音乐、美术、运动、语言、人际、数学、悟性等，而仅小提琴这一项，就包含了五种智力因素。它不包含人际和语言两种智力因素。比如，在拉小提琴的过程中，要计算音阶，要算出中四度、大二度、小三度等，这些东西非常理性化、逻辑化。这说明音乐学习需要很长的周期，需要付出很多。

孙：应该说，音乐学习也使人受益很多。

贾：是的，爱因斯坦就是一个很好的例证。当记者问他为什么成功的时候，他说："如果我对科学界有些贡献的话，完全归功于音乐给我的帮助。"我们国家也有许多科学家对音乐是很精通的，学音乐对他们掌握一定的逻辑性及手指的协调能力有很大好处。同时，音乐学习还培养了人的感情，使人懂得了真善美。

孙：既然特长学习具有很长的周期，我想父母需要端正心态，对成功和成才要有很好的认识。

贾：这涉及一个评价标准问题。我有一个学生，特别爱玩游戏机，让他放下游戏来练琴特别困难。通过观察我发现，游戏为什么那么吸引孩子？因为游戏中有很多"关"，刚开始的时候大多数孩子都可以攻克一些简单的"关"，这给了他们成功感，使他们觉得越玩越好玩。孩子学琴也是一样的，我在课程设计方面，也尽量降低每个阶梯的难度，让孩子能够驾驭所学的内容。同样，如果父母一开始就给孩子提出很高的目标，孩子就会觉得"关"难过，刚过了一个大关又是一个大关，因此孩子也就越来越不想学。成功和成才的距离到底有多大？成功应该是一种心态，体现在每时每刻。教师和父母应帮助孩子不断感受到成功，慢慢引导他们成才。

孙：国外在这方面是怎么做的？

贾：美国在音乐教学方面的一个经验很值得我们思考。一位美国音乐老师是这样教学的：他让学生们每个人发挥自己的能力去弹奏一点音乐，然后他把大家弹奏的音乐合成起来，这个作品就属于大家了。教师在课堂上先要是个演员，在启发学生的过程中就变成了导演，然后还要变成学生，和大家一起学习。

孙：您教了那么多学生，那么成功的学生在学习音乐方面有哪些值得父母们借鉴的经验？

贾：这次我举办音乐会，来了三个学生的父母，他们的孩子都考过了10级。其中一位父亲对我说，他让孩子学琴，目的是为了培养孩子吃苦的精神，他认为孩子如果能吃苦，将来就没有克服不了的困难；还有一位父亲说，他让孩子学琴，就是为了培养孩子的好习惯。孩子出去爬山，摔了跤，鞋划破了，脚也流血了，但一回到家里，立刻就开始练琴；另外一位学生的母亲说，她让孩子学音乐是为了让孩子受到音乐的熏陶，让孩子学会做人做事。这些孩子的成功和他们的父母的动机有很大关系。

孙：如果孩子确实不想学了，父母应该怎么办？

贾：如果是孩子年龄比较小，父母最好坚持下去。因为孩子不懂得什么是音乐，什么是生活，他多半是为父母学的。尤其是前面说的那么多"坎儿"的存在，孩子不爱学是很正常的。如果孩子已经上初中了，他懂得了音乐的好处时，他还不想学，那父母就应允许孩子停下来。但父母一定要帮助孩子结束在一个成功的状态，如刚开完个人的音乐会，或者是刚考完某一级的时候，而不要结束在孩子哭闹之后。这样孩子会对艺术保留一个美好的记忆，而且不会认为哭闹是解决问题的办法。

贾燕 教育箴言

　　不能把艺术学习作为唯一的武器，否则要出大问题。

　　如果仅仅把艺术学习当成了技能训练，或者成为一种投资，过于期待回报，那么在学到一定程度的时候，你就会发现投入和产出成了不对等的价值。

　　在父母心中形成了一个"坎儿"，似乎孩子学特长一定要得到什么，这样就会渐渐在孩子心中形成一个"坎儿"，如果他觉得自己无法达到预期目的，他就不想学了。

　　在民主家庭中长大的孩子，对艺术学习的兴趣更持久。

　　如果父母一开始就给孩子提出很高的目标，孩子就会觉得"关"难过，刚过了一个大关又是一个大关，因此孩子也就越来越不想学。

　　成功应该是一种心态，体现在每时每刻。

　　如果孩子不想继续学习艺术，父母一定要帮助孩子结束在一个成功的状态，如刚开完个人的音乐会，或者是刚考完某一级的时候，而不要结束在孩子哭闹之后。

　　在小学期间排在前几名的"尖子生"在升入初中、大学或工作后，有相当一部分学生"淡出"了优秀的行列，而过去在学校里排在第10名乃至20名左右的学生，在后来的学习和工作中却表现得相当出色。我把这个现象称为"第十名现象"。

周武：您的孩子有后劲儿吗？

在杭州采访周武老师，对我来说是个享受。作为一名小学教师，周老师对教育有着极高的热情，他自己通过观察和分析，提出了"第十名现象"。在西子湖畔，周老师用杭州普通话向我介绍了他的很多观察和研究结果。他诚挚地建议：父母们要了解"第十名现象"，学会用孩子的优点克服他们的缺点，做到扬长避短。

被访人物 周武，浙江省杭州市天长小学高级教师，全国优秀指导教师，浙江省家庭教育学会会员，提出了耐人寻味的"第十名现象"。

他们为什么"淡出"优秀的行列？

孙宏艳（以下简称孙）：听说您发现了很有意思的"第十名现象"。您能解释一下这个"第十名现象"是什么意思吗？

周武（以下简称周）：我在教育第一线从事小学教学工作已经30多年了，这些年来我接触过许多学生，我发现，那些在小学期间排在前几名的"尖子生"在升入初中、大学或工作后，有相当一部分学生"淡出"了优秀的行列，而过去在学校里排在第10名乃至20名左右的学生，在后来的学习和工作中却表现得相当出色。我把这种现象称为"第十名现象"。

孙：您是从什么时候开始研究这一现象的？

周：准确地说，应该是从1989年真正开始研究的。那一年，我们杭州市天长小学72届一班的毕业生聚会，作为班主任，我被邀请参加了聚会。聚会时，我看着当年的小毛头、小丫头们个个出落得像模像样，心里很高兴。突然我发现，这些如今已经在各行各业做出成绩的学生，当年的学习成绩并不很出众。相反，当年那些成绩突出、被老师喜欢的"尖子生"却很平庸。这引起了我的思考：为什么尖子生没有按照当初的预想发展下去？为什么一些不起眼的学生长大以后却能脱颖而出呢？可以说，就是从那天起，我决定研究这一奇怪的现象。

孙：您所说的"前三名"或者"尖子生"，是否有所界定？因为在一般人眼里，尖子生就是那些成绩优秀的人。

周：当然。我在这里提到的前三名，大多是指小学、初中等基础教育阶段的学生，而不是指高中或者大学里的前三名。因为高中以后阶段的学生大多懂事了，对自己的行为能够控制。

孙：您最后发现这个耐人寻味的"第十名现象"，是从调查中得出的结论，还是根据您多年来的教学经验推断的？

周：我做了跟踪调查。我自制了一份很详细的学生成长过程调查表，里面包括学生的学科成绩、班级排名、兴趣爱好、所获得的奖项等。我的第一批调查对象是天长小学87、88两届毕业生，共151名学生。1993年，87届毕业生考大学；1994年，88届毕业生考大学。通过对他们的跟踪调查，我发现，学生的成长是一个动态的过程。

孙：如何理解"动态的过程"？

周：调查中我发现，那些在小学期间的"尖子生"，随着年级的升高，大多出现了学科成绩后移的现象，其中，前五名进入中学后名次后移的占43%，而6~15名的学生在进入中学后，名次前移的竟占81.2%。两个数字一比较，您就会发现还是后者进步比较快。

孙：那么，您只调查了这两届学生吗？

周：不是。有了那个初步结论后，我仍然在做跟踪。从87届到97届，我共调查了700多名学生。在对后几届学生的跟踪调查中，我仍然发现了类似的现象。为了增强说服力，我把调查的对象做了更细致的分组。例如，前3名的为一组，前4~10名的为一组，前11~20名的又为一组，21名以后为一组；或者我把前5名分为一组，前6~15名又为一组……我发现，不管怎样分组，小学时尖子生组的名次稳定性较差，而第十名前后的学生在后来的学习中则表现出了出人意料的潜力，相当一部分还蹿升为尖子生。我做这样的跟踪一直做了10年，结果几乎都是一样的。于是我提出了"第十名现象"。

孙：父母们大多都比较重视孩子的成绩排名。虽然现在大部分学校不排名了，但在教师或父母的眼里，仍然存在着潜在的排名现象。自己的孩子在班级里居于什么样的位置，自己的班级在全校是个什么水平，父母和教师都很在意。

周：的确是这样。过去，学生们老说"考考考，老师的法宝；分分分，学生的命根"。现在，学生们则说"考得好，肯德基；考不好，皮带炒肉丝"。从学生们的话中，您就可以感受到分数、排名在大家心目中有多么重要的地位。但事实上，尤其对于小学生来说，成绩真的不能特别反映出什么来，它的变数是很大的。所以，如果父母们过于关注孩子在小学时期的排名，对孩子的发展不见得有什么好处。

孙：您在实际的教学生涯中，是否也经常发现一些有意思的个案？

周：是的，这样的学生几乎比比皆是。比如说，某一届里有个学生，她当时的成绩很好，多数时候都是班里的前三名，她的学习成绩很好，很刻苦，是个用功听话的好孩子。小学毕业时，她的分数还是第3名。但到了初中以后，她的成绩开始倒退，渐渐地退出了尖子生的行列。等到了高中，她已经是个中下等的学生了。结果高考落榜。其实，这已经是预料中的结果。相反，我们班还有一个学生，他当时在小学里的成绩也就中等，大多是十一二名，他爱画画，爱动手做一些小工艺。有一回上课，我突然发现他不见了，原来他躺到了书桌下面，在想前一天一直没有想明白的一个问题。对于这样的学生，如果父母或老师没有看到他的潜力和长处，孩子的自信心可能早就没有了。正因为我们保护了他的自信心和上进心，他在初中一年级时成绩比较平稳，第二、三年则进步较快，到了高中已经跻身前五名，后来他考上了浙江大学。大学毕业以后，被很多公司聘请。

塞翁失马，焉知非福？

孙：看来，"第十名现象"的确是一个谜一样的现象。您认为这一现象的谜底是什么？

周：我对此也做了分析。首先，我们的排名不太科学，过去在小学里，老师一般单纯用语文、数学成绩给学生排名，现在虽然不排名了，但我们也还是主要看孩子的学习成绩，而很少关注他们学习以外的东西。但实际上，一个人的成才与否，不仅与成绩有关，更主要的还是与一些其他因素有关，如兴趣、人际交往、独立性等。但这些在排名的时候并没有被考虑进去。另外，我觉得由于不科学的排名导致了成年人对待学生的不同态度，这也使得"前三名"的孩子和第十名左右的孩子有了很大区别。

孙：具体区别是什么？为什么第十名左右的学生会更有后劲儿呢？

周：一是前三名的孩子虽然很聪明，但他们是花十分的力气得到了九分的收获，而第十名左右的学生则是花了八分的力气得到了九分的收获，比较而言，后者虽然成绩不如前者，但其潜力和能力却比前者要大很多；二是尖子生大多很在意老师的表扬，因此为了少犯错，他们的体验和尝试可能要少于第十名左右的学生，而第十名左右的学生则更有儿童味一些，什么都想试一试；三是尖子生或班干部犯了错，老师大多会袒护或宽容，而第十名左右的学生犯了错，常常会受到应有的批评和责罚，这样的孩子会更多一些挫折和体验，很少滋生优越感和特殊感；四是第十名左右的学生虽然也有机会担任小组长、课代表等小职务，也有管别人的机会，但他们还要常常被班长等顶尖的班干部管着，前三名的学生则更多的是管别人，而很少有被同龄人管着的体验，这使前者在人际关系方面更容易适应。

孙：过去，我们曾讨论过"警惕好孩子"的话题。我们发现一些好孩子身上的确存在很多问题。

周：对，父母们往往逼着孩子成为"最好"。其实，我发现好学生与第十名左右的学生还存在很多差别。比如，前三名学生很在意自己的名次，很愿意一直保持拔尖地位，这使他们具有很强的自制力，很服从老师或父母，不敢越雷池半步。而第十名左右的学生则不太在意做拔尖学生，父母和老师也很难刻意地去要求他们，他们可以更好地按照自己的兴趣去发展，或做一些自己喜欢的事情，这样的孩子在发展上比前三名的孩子更多了些自由，他们也更有个性一些，在心理上也更为健康。还有，前三名的学生大多都是听话的孩子，他们几乎全盘接受学校教育，这样做其实并不一定是好事，因为学校教育也有不合理的部分，这些孩子等于是做了教育"不当部分"的牺牲品，而那些成绩中等的学生则玩一玩、学一学，这使他们有更多自我发展的空间，他们的综合能力可能得到更好的锻炼。从这个角度来看，第十名左右的孩子也许"因祸得福"。

孙：看来，这个问题非常值得父母和教师们反思。父母们总希望孩子保持好名次，其实这种心态非常不利于孩子成长。在这种心态下培养出来的孩子也不会有后劲儿。

周：这里有一个成功观的问题。过去，我们一直把成绩好看作成功的标准，把学科成绩作为衡量是否能够成才的唯一指标。应该说，这样的成功观是片面的。我认为，成功观不是分数观，父母们除了关注孩子的成绩外，更应关注孩子其他方面能力的培养，如动手能力、交际能力等。只有具有综合素质和全面发展的孩子，将来走上社会才能成为有实力的人。

孙：许多成功人士的成长经历，都说明了分数和人才是两个截然不同的概念。但父母们往往爱把两者混为一谈。

周：学历、学位的确是目前衡量一个人受教育程度和水平的标志，是一个人进入社会的主要通行证。但是，父母们必须弄明白，分数、学历不能代替经历，文凭不能代替文化、经验和智慧。

什么样的孩子有后劲儿？

孙：根据您的观察，有后劲儿的孩子都有哪些表现呢？

周：有后劲儿的孩子在小学时学习都不是很吃力，他们也没有花很大力气去学习，他们爱玩，爱动手，爱思考，爱提问题。另外，这些孩子大多精力比较旺盛，身体基础比较好。这些孩子可能是老师、父母眼里的淘气孩子，但如果好好引导，他们发展起来的速度是惊人的。

孙：父母们常常会觉得孩子运动好和成绩没有很大的联系，也很少有父母会鼓励孩子多运动。您认为一个人的身体基础和是否有后劲儿有很大关系吗？

周：关系相当大。我曾经教过一个女学生，成绩一般，但身体素质很好，特别爱运动，跳高成绩全区第一名。她在小学的时候很少花那么多的时间在课本上，但到了初中和高中以后，她的潜力一下子就发挥出来了。她精力很旺盛，爱探索，成绩上升很快。

孙：要看一个孩子是否有后劲儿，父母用怎样的眼光来看待孩子是否也很重要？

周：对。其实主要是个观念问题。观念不改变，说什么也没有用。在这方面，父母们尤其要注意不能用分数来评价孩子的好坏。以分数作为衡量一个人好坏的标准，势必使教育走上歧途，使人人为分数奔忙。

孙：父母们在家庭教育中怎样培养孩子的后劲儿呢？

周：我觉得家长首先要保护孩子智慧的火花。就像我前面说的，上课时躺到课桌下面的那个学生，他妈妈曾经在家里发现孩子的床下面摆满了火柴盒，上面贴着"蜗牛之家"的字条，打开一看，里面全是滑溜溜的蜗牛。试想，如果他妈妈当时把他打一顿、骂一顿，孩子还敢再做什么观察吗？其次父母们要学会用孩子的优点克服他们的缺点，做到扬长避短。

孙：请您具体解释一下怎样能够用一个人的优点克服缺点？

周：主要是尊重孩子的个性和特长。我班里有一个学生，不爱写周记，本来我要求学生们每个星期写三篇日记的，但他不爱写，他和我商量说："老师，我只写一篇行吗？另外两篇我给您画画！"如果用常规的眼光来看，画画跟写日记有什么关系？但在当时，我考虑到这个孩子酷爱画画的特点，就同意了。我和他商量说，写一篇也可以，但最好能认真写，写到300字以上。他同意了。两年以来，他一直用绘画与我交流。后来，他的语文成绩一直没有下降，画也画得更好了，还获得了"亚太地区少儿绘画金奖"。父母在培养孩子方面要尊重孩子的兴趣选择，孩子爱玩钳子、铲子也不一定是什么坏事，也许孩子将来就可以成为一个很好的劳动模范。

孙：可是现在有些父母望子成龙心切，对孩子往往要求太高、太急，总希望孩子好上加好。

周：父母望子成龙是在所难免的，但父母不要老是拿自己的孩子和别人比。这也就是我要说的第三点，父母要少横向比较，多纵向比较。因为父母只面对一个孩子，所以容易把注意力集中在孩子身上，这样越比较就越心急。我认为最好的办法是要孩子和他自己比较。父母要注意观察孩子最近又有了什么进步，最近又做了哪些值得赞扬的事情。也许这个孩子很普通，但和他自己比，他有了很大进步。这就是值得父母欣慰的。

第四，父母要给孩子创造一些发问的环境。这并不是说要给孩子出一些语文、数学题目让孩子回答，而是说要创设一些供孩子思考的环境。有的父母常常爱说，"孩子大了，我已经辅导不了他了"。其实，父母不需要给孩子辅导，不需要陪读，只需要经常把一些事情讲给孩子听，让孩子想一想该怎样处理，包括做人的道理。

孙：非常感谢您接受我的采访！

特别提醒

1. 过去，我们一直把成绩好看作成功的标准，把学科成绩作为衡量是否能够成才的唯一指标，这是片面的成功观。

2. 好学生与第十名左右的学生还存在很多差别。比如，前三名儿童很在意自己的名次，很愿意一直保持拔尖地位，这使他们具有很强的自制力，很服从老师或父母，不敢越雷池半步。而第十名左右的学生则不太在意做拔尖学生，父母和老师也很难刻意地去要求他们，他们可以更好地按照自己的兴趣去发展，或做一些自己喜欢的事情，这样的孩子在发展上比前三名的孩子更多了些自由，他们也更有个性一些，在心理上也更为健康。

周武 教育箴言

分数、学历不能代替经历，文凭不能代替文化、经验和智慧。

以分数作为衡量一个人好坏的标准，势必使教育走上歧途，使人人为分数奔忙。

父母们要学会用孩子的优点克服他们的缺点，做到扬长避短。

父母要少横向比较，多纵向比较。不要老是拿孩子和别人比。

过去人们总是说，刻苦、认真就一定能掌握世界上所有的知识，但研究却发现，每个人的智力组合是不同的，一个人很难拥有所有的能力。因此，选择就显得很重要。怎样选择范围和重点，怎样选择适合自己的发展道路呢？

沈致隆：多元智能帮助孩子成功

曾经在霍华德·加德纳教授的邀请下到哈佛大学教育研究生院"零点项目"研究所进行访问、讲学的沈致隆，多年来对多元智能理论和艺术教育深有探究。他认为，"发现和培育多元智能，不仅是教育专家的事，更应该是老师和父母的事。""智商测试本身并没有错，关键是别让它泛滥。"

被访人物 沈致隆，北京工商大学化学与环境工程学院化学系主任、教授，兼任中国人民大学艺术教育中心客座教授，教育部《全国学校艺术教育发展规划（2001—2010）》课题组成员，中国高等教育美育研究会理事。主要研究方向为多元智能理论和艺术教育。出版有《加德纳·艺术·多元智能》《多元智能》《大师的创造力：成就人生的七种智能》等。

人有八种不同的智能，分别是语言智能、数学逻辑智能、音乐智能、身体运动智能、空间智能、人际关系智能和自我认识智能、自然智能

孙宏艳（以下简称孙）：沈老师，您好！您曾经翻译了一本非常著名的著作，就是霍华德·加德纳教授的《多元智能》一书，而且您曾经在霍华德·加德纳教授的邀请下到哈佛大学教育研究生院"零点项目"研究所进行访问、讲学。在访问期间，您与霍华德·加德纳教授和"零点项目"的专家们多次讨论多元智能理论及其实践的有关问题。因此，我特别希望能向您请教多元智能的相关问题。

沈致隆（以下简称沈）：经过几年的研究与实践，我的确深刻感受到"零点项目"的巨大魅力，以及其对于人类教育理论和实践的深刻影响。因此我在从事高等工科院校化学和音乐两个不同学科的教学与科研之外，几乎将其他所有时间都投入到这一理论的研究中去。

孙：您能先介绍一下霍华德·加德纳教授的"零点项目"吗？

沈："零点项目"研究所是1967年建立的，创始人是一位名叫尼尔森·古的著名哲学家，他认为人类过去对艺术作品的理解是错误的，以为一个艺术家只要有灵感就够了，艺术就是灵感的产物，和认知无关。过去人们花了大量的精力和金钱去改进逻辑思维和科学教育，但是对形象思维和艺术教育的认识几乎等于零。所以，他立志从零开始，弥补科学教育研究和艺术教育研究之间的不平衡，因此他将这个项目命名为"零点项目"。这个项目就相当于我们国家的一个课题组，但这却是美国和世界教育界持续时间最长、规模最大的课题组，最多时有上百位科学家参与研究，已经投入了数亿美元的研究资金。这个项目在心理学、教育学、艺术教育等方面取得了很多研究成果，仅霍华德·加德纳教授自己就出版了18本专著。

孙：这真是一个很大的研究项目。要做这样的研究需要很大的勇气。霍华德·加德纳教授的多元智能理论是其中的一个成果吧？

沈：是的。"零点项目"到目前为止已经进行了35年，多元智能理论是"零点项目"的重要成果之一。霍华德·加德纳教授于1983年提出了这一理论，并经过10多年的研究出版了《多元智能》一书。可以说，这本书是他的理论的精华部分。这里要先介绍一下他。霍华德·加德纳教授是世界著名发展心理学家，他在美国哈佛大学担任教育研究生院认知教授和教育学教授、心理学教授，在波士顿大学担任过医学院精神病学教授和哈佛大学"零点项目"研究所所长。1983年，他提出了著名的"多元智能"理论，引起世界范围内的广泛关注，得到各国教育界人士的高度评价。美国《纽约时报》称他为"美国当今最有影响力的发展心理学家和教育学家"。

孙：我阅读过您翻译的这本书，霍华德·加德纳教授认为，人有七种不同的智能，您能向读者详细介绍一下这几种智能吗？

沈：好的。这里先要强调一下霍华德·加德纳教授所说的智能是怎样定义的。他认为智能就是解决问题或制造产品的能力。因此，只要一个人具有某方面的解决问题、制造产品的能力，他的这些能力就可以被称为智能。

孙：对，我记得霍华德·加德纳教授在他的书中写道："人们应该从测试和测试的数据中彻底解放出来，注意一些另外一种更自然的信息来源……在水手的群体中，智慧就意味着航海的能力。"

沈：正因为对智能有了新的看法，他才能提出多元智能理论来。语言智能是指那些口头语言和文字语言能力很强的人，比如诗人、作家的文字语言能力往往很强，推销员、主持人的口头语言能力则更强一些；数学逻辑智能是指那些对数字、逻辑很敏感的人，如数学家、电脑程序员、律师、法官等；音乐智能是指那些对音阶、音高辨别能力很强的人，如莫扎特、施特劳斯等人；身体运动智能是指运用整个身体或身体的一部分解决问题或制造产品的能力，如舞蹈家、运动员、外科医生、手工艺大师等；空间智能是指对空间世界有很好的了解和驾驭能力，如水手、画家等人；人际关系智能是指能很好地理解他人和了解他人内心世界的能力，如管理者、政治家、心理医生、教师等人的这种智能多比较突出；自我认识智能是一种能够了解自己内心世界、对自己的认识比较准确。事实上，现在霍华德·加德纳教授又提出了一种智能，即自然智能，也就是对自然界有很好的观察力和了解力，如达尔文、哥伦布等人。因此，到目前的研究为止，人一共有八种不同的智能了，它们分别是语言智能、数学逻辑智能、音乐智能、身体运动智能、空间智能、人际关系智能和自我认识智能、自然智能。这个课题还在研究，也许以后还会发现新的智能。

人类的多元智能是先天就有的，但发现和培育是很重要的方面。多元智能的发现、培育不仅仅是教育专家的事情，更应该是老师和父母的事情

孙：在您提到的八种智能中，您认为每个人是只具有其中的一种智能，还是同时具备这八种智能？

沈：每个人都与生俱来在某种程度上拥有这八种智能，它们既是独立的又是相互影响的。而且，当人们运用智能解决问题的时候，往往需要多种智能的合作。例如，音乐家既需要音乐智能，也需要身体运动智能，同时还需要人际关系智能等。只不过某方面的智能可能更强一些。

孙：多元智能理论仅仅是一种理论，还是有着严密的实验过程？

沈：霍华德·加德纳教授12岁就是当地很有名的一个小钢琴家了，后来他崇拜弗洛伊德，就学了心理学。他在哈佛大学攻读了心理学博士，在波士顿大学医学院攻读神经心理学博士后。因此，他有心理学的背景，也有艺术的背景。这样的综合学术背景使他了解到，皮亚杰研究的心理学是从逻辑思维出发的，是培养科学家的思维。但培养艺术家的思维这一方面没有人研究。另外，他是犹太人，小的时候很穷，逃离到美国以后，他发现智商理论是有偏见的：有钱人智商高，穷人智商低；白人智商高，黑人智商低。

孙：据说在美国智商高低与邮政编码有关系，这是因为有钱人都住在富人区，穷人住贫困区。

沈：是的。霍华德·加德纳先生在医学院的时候研究过4 000多例脑伤病人，结果发现脑部受伤位置不同的人心理变化也不同。这说明人的大脑不同的区域所掌管的

位置也有所不同。"白痴天才"的存在也说明了人类的智力是独立的，如自闭症儿童等，虽然他们在某些方面要比一些人差，但是在某一方面却又特别突出。如《阿甘正传》中的阿甘，演奏《二泉映月》的阿炳就是很典型的例子。脑伤病人、自闭症儿童、白痴天才的存在都证明了人的不同智力是独立存在的。还有"一心二用"。例如，当人朗诵的时候，可以配音乐；这是因为朗诵和音乐使用的是两种不同的智能。但如果你朗诵的时候别人也在播放朗诵，你就觉得是干扰了。因为两种朗诵是同一种智能。因此我们说，这个理论不是靠炒作出来的，它有严密的实验过程，是经过大量心理学实验的。

孙：根据您的了解和研究，多元智能是可以培养的吗，还是先天就有的，人们的任务仅仅是发现？

沈：人类的多元智能是先天就有的，但发现和培育是很重要的方面。多元智能的发现、培育不仅仅是教育专家的事情，更应该是老师和父母的事情。多元智能理论于1983年被提出，1993年被写进了美国中小学教材，被美国心理学界看作经典理论。在中国的一些学校里，也开始推行多元智能理论。

 ## 智商测试本身并没有错，关键是别让它泛滥

孙：我认为这个理论很伟大的地方是对智商测试提出了挑战。

沈：的确是这样。智商测试曾经风靡了全世界。我们大家都知道，智商测试是法国一位名叫比奈的心理学家在1900年发明的。当时有很多学生的父母提出要测试一下，低年级的学生中哪些人将来会很有出息，哪些人会很平庸。于是，比奈就发明了"智商测验"。测验的形式就是出一些题目给学生做，然后算出他们的智力商数，也就是我们今天所说的智商。当时，这种测验是很有效果的，测验结果往往和后来学生的发展很吻合。也就是说，智商高的学生后来在学校里的确学习很好，智商低的孩子在学校里的学习成绩就要差一些。因此这种测试很快传到了美国。

孙：据说美国测试智商是很普遍的，甚至夸大了智商的作用？

沈：在美国，找工作要测智商，当兵要测智商，婚姻介绍所也要先测智商。测智商就像我们测量身高一样普遍。而且，测试的方法也越来越发达，只要一个人点头或摇头，就可以测试出他的智商。他们甚至给20世纪的几个总统都测试了智商，这当然不是美国总统们自己要求测试的，而是他们根据总统们的讲话、举止言行等测试的。美国的一则广告中写道："你想通过一种快速的测试，从而准确地、可靠地测出一个人的智能吗？共需进行三组测试，每组4分钟到5分钟。这种测试不依靠语言表达和主观性的评分，即使是严重的残疾人（甚至瘫痪），只要能表达肯定或否定，即可使

用。无论是2岁的幼儿还是优秀的成人，均使用同样简短的一组题目和相同的方式。全部花费只需16美元。"在西方社会，几乎没有人能摆脱智商的影响，它已经成为一种产业了。

孙：可是，现实中人们却会发现，智商测试的确是有一定局限性的。一些在智商测试中获得很高分数的人，在学校学习中未必一定能获胜。同样，一些在学校里学习成绩很好的人，到了工作岗位上以后却出现了问题，甚至缺乏基本的生活技能。

沈：在我们国家，一些人也很推崇智商测试。记得以前有篇报道说，国家队体操运动员集训，要先测智商，然后才比体操。智商测试本身并没有错，关键是别让它泛滥。泛滥导致的一个后果就如霍华德·加德纳教授所说，一个人可能智商很高，但对社会贡献并不大。

孙：其实智商测试还有可能导致教育上的偏差，使教师用同样一种方法教育学生，父母用同样的标准来判断孩子的未来是否能成功。

沈：霍华德·加德纳教授把这样的教育称之为"统一观点"。他认为由于判断人的智能的片面性，会使学校也变得统一规划，每个学生在学校里都要学习相同的课程，学生几乎没有选择性。这样做，可能会培养出学习成绩很好的学生，但他们将来的发展却未必很好。

孙：记得霍华德·加德纳教授在他的《多元智能》一书中说："智能多元化的观点，即承认存在不同的、相互独立的认知能力，承认不同的人具有不同的认知能力和认知方式。"我认为这个提法非常好，它肯定了人成功的多面性，用这样的方法去衡量人，会使很多人成为成功者，而不是像智商测试、英才教育那样，使很多人成为失败者。

沈：智商测试的主要是两种能力，一种是逻辑智能，一种是语言智能。这两种智能确实能够测出来。而且，当前学校里的确非常需要这两种智能。应试教育往往特别重视这两种能力，把它们放在很重要的位置上。事实也的确如此，如果你的语言和数学都很好，你的智商测试得分会很高，也比较容易进入好的大学里去。但是，当你一旦离开了学校，能不能有良好的表现，往往在很大程度上取决于你是否拥有其他的几项智能，并能很好地运用它们。

孙：目前的许多事实证明，社会对一个人才的需要，也的确是多方面的，光有两种智能是不够的。

沈：智商测试可以比较准确地测试儿童在学校的成绩，但却很难预测儿童走出学校以后的实际工作情况以及未来的发展。

父母的任务是辨认、发现和培育孩子的多元智能

孙：依据多元智能理论，您认为应该怎样改变我们的教育？

沈：我想首先就是要承认差异。这个差异包括两个方面，一方面，虽然每个人都具有八种智能因素，但是由于教育、环境等因素，每个人在一生的不同阶段所表现出来的智能是不同的；另一方面，要承认一个人与另一个人的心理智能也是有差异的。当我们承认差异以后，父母对待孩子、老师对待学生的态度就会有所改变。因此，霍华德·加德纳教授提出了"以个人为中心的学校"，就是说学校教育要以人为中心，根据每个学生的特点，选择最适合学生的方法去教学。

孙：您在前面说，多元智能的培养也是父母的事情。那么，您认为父母应该做些什么呢？

沈：父母的重要任务是辨认、发现和培育孩子的多元智能。辨认就是要根据孩子日常的一些表现，发现孩子到底在哪些方面表现得更突出一些，并尊重孩子的兴趣爱好，鼓励孩子表达自己的意见。通过孩子的展示，了解孩子的智能倾向。同时，父母要改变看孩子的眼光。过去一些父母可能觉得孩子爱学习就是好孩子，坐不住就是坏孩子；数学、语文好就是好学生，爱唱爱跳就是不务正业。但现在要尊重孩子的选择。

孙：一些父母往往会对孩子说，只要你认真学习，就一定能成为什么样的人。这样的语言好像就没有考虑人与人之间的差异。

沈：多元智能理论给人们提供的另外一个依据就是，人不可能精通所有的事物。过去人们总是说，刻苦、认真就一定能掌握世界上所有的知识，但研究却发现，每个人的智力组合是不同的，一个人很难拥有所有的能力。因此，选择就显得很重要。怎样选择范围和重点，怎样选择适合自己的发展道路？父母可以多给孩子一些建议。

孙：也许父母们并不觉得其他智能有多大用处，他们也许更希望孩子只要数学和语文好就行了。况且数学和语文好的孩子真的可以考个很好的大学。

沈：这样的人的确对社会有益，他们可以为社会做很多事情，但对个人却未必有益，至少他不是一个完美和谐的人。教育的最好目标应该是使人一生的生活更有趣、更和谐，对社会、个人都有益。而且，如果全社会的人都擅长语言智能和数学逻辑智能，那么整个社会也是很单调、很畸形的。承认差异，帮助孩子选择适合自己智能的发展方向，帮助孩子做完美和谐的人，是父母和教师的重要职责。

孙：您认为多元智能理论对今天的成功有怎样的新的启发？

沈：这恰恰是我想谈的问题。我认为多元智能理论还为人们新的成功观奠定了新的基础。因为每个人都有不同的智能因素，所以就需要选择最适合自己的路；也因为

每个人的智能组合都不同，人不可能精通所有的技能，所以成功也就是多元的，只要在八种智能中的一方面取得成绩，都是成功的。我们不能要求所有人都获得一样的成功。因此，建议父母们多注意开发和培育孩子的多元智能，帮助孩子成功。

　　孙：谢谢您接受访谈！

特别提醒

1. 智商测试本身并没有错，关键是别让它泛滥。
2. 学校教育要以人为中心，根据每个学生的特点，选择最适合学生的方法去教学。

沈致隆 教育箴言

　　人类的多元智能是先天就有的，但发现和培育是很重要的方面。

　　发现和培育多元智能，不仅是教育专家的事，更应该是老师和父母的事。

　　人的不同智力是独立存在的。

　　父母的重要任务是辨认、发现和培育孩子的多元智能。

　　教育的最好目标应该是使人一生的生活更有趣、更和谐，对社会、个人都有益。

　　人不可能精通所有的技能，所以成功就是多元的。

上海有一个孩子，小时候喜欢拆卸、安装各种各样的玩具或用具。有一次他把家里的一个旧门铃拆开，想了解为什么会响，不小心把里面的弹簧丢了，要是别的父母也可能会责怪他，他的爸爸给他讲道理，告诉他没有弹簧门铃就没用了，没想到他却说不要弹簧不行吗？

查子秀：发掘孩子的超常潜能

查子秀是我国最早对超常儿童进行研究的专家之一，她指出，"测量之后的智商并不是固定不变的。年龄越小，智商变化越大，不能凭借一次测量预测孩子的一生。超常发展从兴趣开始，兴趣是超常发展的基础"。接下来我和她的一席对话，特别是她的研究结论，定会给家长带来一些启示！

被访人物 查子秀，中国科学院心理研究所研究员，中国超常儿童研究协作组发起人，超常儿童研究中心主任，著名超常儿童研究专家，是中国最早对超常儿童进行研究的专家之一。主编过《鉴别超常儿童认知能力测验》《中国超常教育20年回顾》等著作。

智商只是教育的参考

孙宏艳（以下简称孙）：查老师好，您对超常儿童很有研究。现在很多父母都望子成龙，特别希望孩子的智商超常。请您从专业的角度谈一谈，什么是正常儿童？怎样从智商、情商及心理健康方面做出判断？父母如何确定自己的孩子是否正常？

查子秀（以下简称查）：人是有个体差异的，19世纪，国外已有研究者从智力方面来测量人的差异。从量表来看，不同年龄的儿童智力是不同的。根据测量所得的分数，同一年龄的儿童智商呈常态曲线。智商分数在100分上下一个标准差范围内为正常智力，也称常态。智商115分以上为中上，130分以上是天才（智力超常）。我们研究发现，天才儿童的比例占1%～3%。我国自古就有选拔和培养神童的传统，在科举制度中设立童子科，对神童的年龄、考核科目、录取标准等都有具体的规定。

孙：测量出来的指标就是平常所说的智商吧？

查：对。但不同的智力测验有不同的测量标准。总体来说，130分以上的是超常，占1%～3%，中上的占15%～20%，中等智商属于正常的占多数，而80分是边缘，如果分数在50多分、60多分就是弱智，外国叫智力落后。所以，处于两端的较少。

孙：这种测量方法是否在家庭里很少使用，主要在专业机构里应用吧？

查：是的。在国外，这种测量方法控制很严格。做这种测量工作的人要接受培训，经过教育、拿到证书，才有资格做这个工作。这种工作最早就是测智商。随着科学的发展，人们对超常儿童的认识逐渐提高，认识到天才儿童不只是高智商。天才儿童有各种类型，他们的水平高度也不一样。拿智商来说，有130分以上，也有180分以上，甚至200分以上的，外国叫天才，我国叫超常儿童。之所以叫他们超常儿童，是因为他们的一般智力或某方面的特殊才能明显地超出了同一年龄的儿童。我国主要由相关研究单位到学校组织测量，这项工作开展得还不普及。

孙：您认为哪种测验方法最好？

查：对不同类型的超常儿童要用不同的测验方法，所以我们是采取多指标，运用多种测验方法来进行鉴别。我国研究者编制了一套鉴别超常儿童认知能力的测验，主要有下面几方面的测验：一是类比推理测验；二是创造性思维测验；三是观察力测验；四是记忆力测验。通过这四方面测查超常儿童认知能力的大小。

孙：在什么年龄段做这个工作有意义？

查：年龄太小不行。孩子成长发育最快的年龄主要在幼儿和小学初期，也就是8岁以下。如果在孩子5岁以下的时候测量，预测性就不高。各个年龄段都可以测量，但测量只是作为教育的参考，测量之后的智商并不是固定不变的。年龄越小，变化就越大，不能凭借一次测量就预测他的一生。

用综合素质评价孩子更合理

孙：从专业角度来讲，什么是超常儿童？具备什么特点？现在超常儿童的标准与以往有哪些不同？

查：超常儿童有很多种类型，包括智力超常或某方面特殊才能超常发展，俗话说"三百六十行，行行出状元"。在智力超常的儿童中还有不同侧重，有的抽象思维能力强，偏爱数学；有的形象思维突出，偏爱文学；还有艺术方面、科技操作方面等。以往测量超常儿童只是根据智商，智商分数主要反映的是儿童在学校范围内的学习能力、接受能力，这只能了解超常儿童中很少的一部分。所以，不能只依靠智商来判断一个孩子。现在测量超常儿童要运用多指标、多种方法来考察。比如一个孩子可能智商一般或中上，但他的音乐听觉特别灵敏，节奏感强，他在音乐方面特别有天赋；还有些孩子可能组织能力特强，或者动手能力很强等。另外，孩子能否超常，能否继续超常发展，不仅仅取决于智力高低，也取决于非智力因素。因此，要根据综合素质来判断、评价孩子。

查：人的智力是发展变化的，超常儿童以后的发展会受到多种因素的制约。

孙：听说有"白痴天才"的说法，这样的人是否在一些方面弱智，在另一些方面则智商很高？

查：白痴天才一般智力属于低下，但有某方面的特殊才能。这反映出一个人的智力是多方面的。一般智力受损伤，某方面特殊智力如果教育得好，挖掘出潜力，可以得到很好发展。人脑可以有代偿功能，有一些聋哑孩子在学业上很成功，他们听不见，但充分发挥自己的视力，从小就识字、读书，发挥视力长处，弥补听觉不足。现实生活中，有许多例子可以说明人脑是有这种代偿功能的，例如，南京的聋哑女孩周婷婷，在她父亲的精心指导下，变成了一个比听力正常孩子还优秀的大学毕业生。

孙：您前面所说的那些判断方法比较复杂，一般的父母不容易懂，有没有简单的方法来判断孩子是否正常？

查：主要是看孩子的发展情况。不同年龄有不同的指标，父母应该多了解，并经常和别的孩子做比较。比如在动作上，几个月能坐，几个月能走，几个月说话，有的孩子发育早，有的则发育较晚，但不一定有问题。父母可以观察孩子的语言、行为，了解他在幼儿园、学校里的表现，参考老师的反映，这样就会发现孩子是否特别聪明，或者有什么问题。

孙：测智商这种方法是什么时候开始使用的？

查：外国是20世纪初。我国30年代有人使用过，不久就中断。1978年百废待兴，需要大量人才，中国科学院心理所和一些大学才开始研究，同时编制或修订了各种测验。

孙：根据您们的追踪研究，得出了什么样的结果？

查：从1978年开始，我们联系全国心理界的一些单位和学校对超常儿童的心理和教育进行研究，对超常儿童和常态儿童在认知能力、创造力方面有哪些相同与差异，在非智力等方面有哪些特点进行了比较研究。我们发现，超常儿童作为群体，在上述方面不同于常态儿童，有着比较突出的优点。我们还发现，智力因素和非智力因素是相互影响的。孩子的成长不是一帆风顺的。多数孩子小时候超常发展，后来超常发展也很顺利，这和学校的教育有关，也得益于较好的家庭教育，孩子遇到困难可以自己独立解决，继续超常发展。但也有的孩子小时候发展超常，大学表现也可以，后来就不行了，也就是所谓"小时了了，大未必佳"。超常儿童也是有弱点的，所以，家长应该了解，及时给他们帮助，防止出现不测。总的来说，超常儿童的发展是受到各种因素的影响的。

孙：听说一些大城市的重点中学有的成立了"超常班"，您们有没有对他们进行跟踪研究？

查：对，这些超常儿童实验班，选拔智力超常的儿童，对他们进行适合他们潜力和特点的教育。在中国科技大学等大学开设了少年班，十二三岁（16岁以下）上大学。我们对百余名超常儿童进行了长期的追踪研究。有一个孩子，我们从他两岁多就进行跟踪研究。这个孩子喜欢认字，每天下午从幼儿园回家，就让爸爸妈妈教他认字。孩子对某方面有兴趣，如饥似渴，父母就应该因势利导。这个孩子的父母做得很好，孩子后来发展很顺利。孩子对某方面的学习有兴趣，如果教得好，对孩子发展很有好处，但父母要清楚，这只是强化了孩子某一方面，还应关心孩子的全面发展。如果孩子对学习没兴趣，父母教育方法又不得当，就容易让孩子在学习上倒胃口。

超常发展从兴趣开始

孙：父母怎样才能发现自己的孩子有超常特性？然后怎样有意识地引导或培养呢？

查：简单地说，就是发现孩子的兴趣，因势利导。孩子小时候都喜欢探究，父母就应该引导他，长大后就有可能喜欢搞发明创造。上海有一个孩子，小时候喜欢拆卸、安装各种各样的玩具或用具。一次他把家里的一个旧门铃拆开，想了解为什么会响，不小心把里面的弹簧丢了，要是别的父母也可能会责怪他，他的爸爸给他讲道理，告诉他没有弹簧门铃就没用了，没想到他却说不要弹簧不行吗？他的爸爸就鼓励他去想用什么可以代替。上小学后，他参加了学校的小发明、小创造等活动，学习了许多科普知识，他了解到磁铁不仅相吸还有相斥的特性，经过多次试验，他终于在小学四年级发明了"磁斥开关"，并获得了专利。现在中小学有创造发明的孩子不少，但比起学钢琴、音乐、绘画方面来说，百分比就显得很少了。这与一些父母的认识有关，有些父母不鼓励、不善于从小引导孩子锻炼动手能力，发挥科技方面的天赋。

孙：父母应该怎样避免扼杀或压制孩子的天性或超常性？有没有这方面的例子？

查：每个孩子都有自己的潜能，只是表现方面不同，父母要善于发现，促进孩子潜能的发展，不应强迫孩子在某一方面发展，才能避免扼杀孩子的天赋。对于小的孩子，可以通过玩的形式，让他学会遵守一些规则，这样能很容易地掌握一些东西。如果让他坐着纹丝不动，然后滔滔不绝地给他讲，这样孩子就很难掌握。孩子发展有特点，对一些抽象的东西不容易弄懂，而通过游戏，就比较容易做到。

孙：您能介绍一下孩子的思维发展特点吗？

查：孩子思维的发展是有规律性的。3岁前的孩子，思维是直觉行动性的，是从动作开始的，一边行动一边思考。然后到具体形象思维，再发展到抽象思维。一般数学才能要求抽象思维的发展，比较高的数学能力要到以后才有表现。孩子的有些才能表现较早，如音乐才能，孩子很小就对音乐很感兴趣、很敏感。有些才能要到孩子长大后才能看出来。

孙：有的父母忙于工作，忽略了孩子的才能发现，有的孩子就这样被埋没了。

查：是的。孩子很需要父母的鼓励、帮助。父母看到孩子的弱点，要一点点地提出要求，这样对孩子的发展就比较好。有的孩子因为一次课堂表现不好，被老师批评了，如果父母对孩子也不理解，回家就打或罚，孩子就有可能给毁掉了。孩子对自己的评价，主要是根据别人对他的评价发展起来的，别人对他的态度影响着他的发展。如果老师或父母说话不恰当，让他难以接受，他就不服气，就容易产生对立情绪，于是就厌学、逃学，甚至逃出家门。这都是由于教育不当造成的悲剧。

孙：有一些孩子非常聪明，但老师、父母却只按一般的标准去要求他，就是所谓的"批量生产"，这很打击孩子，以至于他自暴自弃。孩子的发展应是多元化的，但我们的教育有问题，是大锅饭，较少关注个性人才。但也有另外一个问题，有的孩子很普通，而父母却拔苗助长。怎样才能避免机械化地培养孩子呢？

查：是的，有的孩子没有某方面的才能，家长一定要他们去学，会学得非常苦。父母应该根据孩子的兴趣去引导，一般讲儿童对某方面兴趣突出，往往显示了他在这方面的天赋。可以说，超常发展从兴趣开始。

孙：根据您的了解和研究，父母们一般容易在哪些方面忽略了孩子的天性或儿童心理？

查：一方面是灌输知识，另一方面是方法简单，方式不当。这些做法都不适合孩子，都是忽略了孩子的天性或儿童心理的年龄特征。

孙：从儿童心理学的角度讲，父母应重视哪些问题？与以前的孩子相比，现在的儿童已经大不一样了，他们有什么特点？

查：不同的孩子有不同的特点。孩子都有潜力和优势，只是显示早晚不同，表现的方面也不一样，家长要善于发现，给他们创造条件，因势利导地促进他们充分发展。还要帮助孩子既看到自己的优点，也要看到自己的缺点，不断改正缺点，这样才能不断前进。现在的孩子比起以往的孩子知道的东西要多得多，能力也比较强，要加以引导，充分利用好条件。

孙：现在孩子大都比较好动，您怎么看待？

查：好动的孩子一般比较活泼，对新的东西有兴趣，要加以引导。有多动症的孩子是很少的，这两者的区别很大。

孙：希望您能给当今的父母提一些建议。

查：超常儿童是人才资源的富矿，蕴藏着巨大的能量，需要投入一定的人力资源，使他们顺利发展。对于发展较慢的孩子，不要拔苗助长，应发挥他们的特殊潜能。总结一下就是：因人而异，因势利导，因材施教。

特别提醒

1. 如果孩子在5岁以下测量智商，预测性就不高。各个年龄段都可以测量，但测量只是作为教育的参考，测量之后的智商并不是固定不变的。年龄越小，变化就越大。

2. 白痴天才一般是指智力低下，但有某方面的特殊才能的人。若智力受损伤，某方面特殊智力教育得好，挖掘出潜力，也可以得到很好的发展。因为人脑可以有代偿功能，例如，一些聋哑孩子在学业上很成功，他们听不见，但充分发挥自己的视力，识字、读书，从而弥补了听觉的不足。

3. 有一些孩子非常聪明，但老师、父母却只按一般的标准去要求他，就是所谓的"批量生产"，这很打击孩子。有的孩子很普通，有的孩子没有某方面的才能，家长一定要他们去学，拔苗助长，孩子会学得非常苦。超常发展应从兴趣开始。

查子秀 教育箴言

测量只是作为教育的参考，测量之后的智商并不是固定不变的。

年龄越小，智商变化越大，不能凭借一次测量预测孩子的一生。

孩子都有潜力和优势，显示的早晚不同，表现的方面也不一样，家长要善于发现，给他们创造条件，因势利导地促进他们发展。

不能只依靠智商来判断一个孩子。要根据综合素质来判断、评价孩子。

智力因素和非智力因素是相互影响的，超常儿童的发展受到各种因素的影响。

每个孩子都有自己的潜能，只是表现方面不同，父母要善于发现、促进孩子潜能的发展，不应强迫孩子在某一方面发展，才能避免扼杀孩子的天赋。

孩子对自己的评价，主要是根据别人对他的评价发展起来的，别人对他的态度影响着他的发展。

超常发展从兴趣开始，兴趣是超常发展的基础。

最可怜、最值得同情的孩子不是那些调皮的、不学的孩子，也不是那些学习好的孩子，而是那些很听话、在父母的逼迫下非常用功，但是成绩又老提高不了的孩子。看起来像个小可怜虫似的。这样的孩子在家里、学校经常受到指责，自己特别想把成绩提高，但又实在提高不了，他们的心理压力非常大。时间久了，心理上就容易变态。

李金海：真正的爱是处处为孩子着想

　　李金海，身为重点高中校长，他执意让女儿初中毕业后选择了职业高中。因为他说，"没有爱就没有教育，而真正的爱就是要处处为孩子着想，让孩子做他喜欢的事情。不顾孩子自身条件对其进行高标准严要求，就是对孩子的一种摧残。"

　　被访人物　李金海，原北京市广渠门中学校长，全国五一劳动奖章获得者，全国教育系统先进个人，全国人大代表，"宏志班"创建人。身为重点高中校长，他执意让女儿初中毕业后选择了职业高中。

退一步海阔天空

　　孙宏艳（以下简称孙）： 当前，许多父母都在和孩子一起挤高考这座独木桥，但我听说您的女儿在初中毕业以后，在您的帮助下选择了职业高中。您在女儿考学方面的做法比较独特，请问您当时是怎么想的？

　　李金海（以下简称李）： 我女儿性格比较外向，爱唱歌、跳舞，爱打架子鼓，有些坐不住。她小学的时候读的是重点小学，初中是在我们广渠门中学读的，也是重点。教育条件应当算是很好的。可以说，在学习条件上我们没有耽误她。但是她的成绩却不太好。而且越到临近初中毕业的时候，我发现她的压力越大。

　　孙： 您是否想过帮助她把成绩提高呢？比如陪读、请家教、补课等。

　　李： 刚开始，我和所有的父母一样，生气、着急、上火，也和大家一样逼着她学习，不许她看电视，不许她弹琴，不许她玩儿。我还拉下脸来请了家教给孩子补课，当然也陪读过，但我发现效果并不好，孩子的成绩顶多也就是一个及格。而且，更令我感到痛苦的是，全家都因此生活得很难受。

　　孙： 请谈谈具体情形。

　　李： 由于学习不好，孩子自己很压抑，不爱唱了，不爱跳了，也不敢唱了，笑容也少了。我也很压抑，整天都生活得很疲惫，本来工作就忙，还要盯着孩子的学习，还要去求人给孩子补课。这样过了一段时间，全家都像被关在笼子里的小鸟，爱发脾气，烦躁，矛盾也比以前多了。

孙：这么说，您也曾经望子成龙了？

李：父母都希望自己的孩子好，能够有个好职业。但现实和理想总是有差别的。

孙：对于您一家来说，做出放弃孩子读高中的决定是不是很不容易？

李：是的。很有压力，这份压力到现在还有。许多人都说我，对我的行为不理解。有人说，您是重点学校的校长，让孩子留在本校是名正言顺的。

孙：那么您最终是怎样转变观念的？

李：通过冷静的分析，还经过一番思想斗争。因为我觉得孩子成绩好与差，大多不是因为智力上的差别，而在很大程度上是由于行为规范或性格决定的。但孩子的性格和行为规范基本上已经比较固定了，如果我再让她整天熬夜，星期天也不许她出去玩，非要她读重点高中、考大学，对她来说可能会很痛苦。而且，对我们父母来说也是件痛苦不堪的事情。所以，最后我们一起选择了她喜欢的职业高中，读会计专业。

孙：您觉得令您转变的关键原因是什么？

李：我仔细地分析，作为父母，培养孩子的第一个任务是什么？我认为，我们的第一个任务应该是把孩子培养成为身心健康的人，同时要教会孩子做人。如果孩子身心不健康，她有再高的学历都是多余的。所以，我觉得还是要勇于"退一步"，"退一步海阔天空"。

孙：其实父母们都希望孩子身心健康，但在和高等学府的魅力相抗衡的情况下，要做到"退一步"很不容易。

李：的确不容易。我在这方面有深刻体会。但一个孩子成长的过程不可能和老师、父母的意愿完全一样。一个好的父母，应该善于发现孩子的个性特长，在这个基础上尽量创造条件，让孩子更好地发挥特长。我认为教育上有一个颠扑不破的真理，就是没有爱就没有教育，而真正的爱就是要处处为孩子着想，让孩子做他喜欢的事情。孩子并不是父母的资本，父母不要通过塑造孩子来补偿自己。有些父母总希望孩子比别人强，其根本目的是把孩子当成了筹码，当孩子比街坊邻居、亲戚朋友的孩子强时，父母们也好像有了地位。我想这不是我们培养孩子成才的根本目的。

龙有不同的规格

孙：您女儿从学校毕业以后，她的工作是否很愉快？

李：她在一家银行做小职员。每天都很快乐。为了参加银行系统的比赛，她参加了一些集训，很累也很苦，但她一点儿也不觉得辛苦，打算盘、数钞票、用计算机，手指都要磨出泡了，但这种苦不是一种无奈的苦，她觉得是在做自己愿意做的事情。

孙：据说您的女儿很优秀，她曾在北京市银行系统技能竞赛中取得了第六名的好成绩，她还获得过"银行技术能手"的称号？

李：她工作的第一年就获得了好成绩，自己也很激动，当时拿到那个第六名的成绩以后，她激动得都哭了。在学校的时候，她没有获得过这么高的荣誉。这使她感受到成功。

孙：那么您觉得她现在是不是您心目中的"龙"？

李：我想我们首先要明白什么是"龙"。"龙"有几种不同的规格。

孙：这个说法很有意思，您能详细解释一下吗？

李：我觉得雷锋是龙，张秉贵是龙，陈景润也是龙，中国不能没有像陈景润这样的大科学家，但是也不能没有像雷锋、张秉贵那样的普通劳动者。社会是一部大机器，只要一个人的劳动得到了社会的尊重和认可，我认为这样的人都是"龙"。现在一些人认为，只有科学家、企业家、政治家是龙，但普通劳动者就不是龙了，我觉得这是因为他们对"龙"的概念的理解过于偏颇。

孙：您是否拿自己的孩子和北大清华的学生比过？

李：将来她的发展、前途也许不如清华、北大毕业的学生赚钱多、地位高，但我觉得中国有十几亿人呢，真正考上清华、北大的人才有多少？所以我们必须现实一些。每个人只要在社会这部大机器里找到自己的位置，能够正常地运转，只要孩子成长为一个正直的人、善良的人，有益于社会的人就足够了。如果真是一块金子，在哪儿也很难被掩盖。可以大言不惭地说，我在中学时期也是一个很平庸的学生，我所从事的职业也非常平凡，从学校毕业以后我就一直做中学教师。

孙：可您今天也是非常成功的。看来，父母们要用发展的眼光看待自己的孩子。

铁杵不能磨成针

孙：一位心理学家曾经对人的智力做过分析，他说人有七种智力，每个人所擅长的能力是不一样的，所以，要根据孩子的具体情况进行培养。您在36年的教育生涯中，是否发现过这方面的问题？

李：过去我们常说"只要功夫深，铁杵磨成针"。但我认为教育上使用这种理论是不太合适的。尤其在培养孩子、塑造孩子方面，并非只要功夫深，就什么目标都能达到。人的智力、能力、性格特点都是不一样的。有的孩子动手能力就强，心灵手巧，这样的孩子就适合做一些具体的操作性工作；也有的孩子抽象思维比较好，这样的孩子考试成绩就比较好；还有的孩子想象力比较丰富，更适合做一些研究工作。父母或教师不能刻意地按照自己规定的目标去要求他，不能你想让他成为什么人他就成为什么人。用俗话说，他就不是这块材料，你即使把他"磨成了针"，他也还是当不了科学家。

孙：这样的孩子在身心方面也会受到一些影响。

李：是的，孩子不但成不了科学家，由于他长期经受失败的打击，他的自信心、自尊心有可能已经消耗殆尽，一个没有自信心、自尊心的人什么事情也做不好。这样就容易形成一种恶性循环。而且，这种恶性循环有可能扩散的范围更广。整个家庭都陷入一种不可名状的压抑的气氛中。比如，朱建华跳高能跳2.31米，但如果把你、我或者其他的一些人都"磨成了针"，我们就能够跳2.1米吗？那是绝对不可能的事情。一个健康的年轻人，经过努力跳1.2米、1.3米是有可能的，但若跳2米以上却是做不到的。做运动员，需要一些先天的、好的身体条件和素质，还需要有很好的教练、机遇以及严格的训练。其成功的前提条件是这个人的身体条件不同于常人。

孙：可我觉得，和父母们讲道理的时候，父母们往往都认可这种因材施教的说法，但具体到自己孩子身上，一些父母就钻进了牛角尖。有的父母说，"我就不信我的孩子考不上重点大学，我就不信我的孩子不能考第一，我哪怕把工作辞了天天看着他都行。"

李：这么多年的教学中我发现，最可怜、最值得同情的孩子不是那些调皮的、不学习的孩子，也不是那些学习好的孩子，而是那些很听话、在父母的逼迫下非常用功，但是成绩又老提高不了的孩子。有些孩子老挨批，但满不在乎，照吃照玩，这样的孩子其实也挺幸福的，他的承受能力比较好。就是那些大清早就到学校，花的时间一点儿也不比别人少的孩子，看起来像个小可怜虫似的。这样的孩子在家里、学校经常受到指责，自己特别想把成绩提高，但又实在提高不了，他们的心理压力都非常大。时间久了，心理上就容易变态。

孙：造成这种结果的原因是什么？

李：我认为，这不是孩子主观上造成的，原因是多方面的，是老师、父母甚至社会共同造成的。

教育要算大账

孙：当您给女儿选择了职高以后，您发现女儿和以前比有哪些变化？

李：她后来到了计划统计学校，在那里，学校的课程和她的能力很匹配，她的学习也因此轻松了不少，那时她真的很快乐，天天都是唱着歌走，又唱着歌回家。而且，她活泼的性格也得到"松绑"，她还参加了很多社团活动。更重要的是，她的自信心也开始恢复。以前，她老觉得自己不如别人，但在职业高中，她被评为"三好学生"，还入了团，那时我真的觉得她就像变了一个人似的。

孙：您的家庭是否也因此而发生了变化？

李：的确是这样。孩子上了职业高中以后，我觉得我们家的生活质量都发生了变化，可以说是上了一个层次。这个层次当然不是物质上的，而是指精神上的。我们家也因为"退了一步"而整天充满了快乐。

孙：看来，没有特别差的孩子，更没有不可救药的孩子。关键还看父母或教师持一种什么样的心态去引导孩子。

李：其实每个孩子都有自己的闪光点。如果能够及时发现，并顺其自然地去引导，我觉得每个孩子都可以成长为幸福的人、愉快的人、对社会有贡献的人。如果不顾孩子的自身条件，对其进行高标准、严要求，就是对孩子的一种摧残。而丧失了自信心、自尊心的人，很可能变成社会或家庭的包袱、累赘。

孙：有些父母可能觉得自己的孩子读个一般的学校太亏，于是硬要逼孩子读个好学校。其实这样做也未必就能够赚到什么。

李：是的，如果算大账的话，我建议父母或老师不要对孩子过于强求。懂教育的父母要会算大账，您说孩子有自信心、自尊心，生活幸福愉快重要呢，还是孩子赚了很多的钱，但他活得很累呢？我始终有一个观点，只要孩子努力了，我们就应该肯定，不管他的成绩好还是差。而且，成年人还要经常发现孩子的优点，给孩子创造条件，让孩子展现其他方面的才华。

孙：父母们注意发现孩子的兴趣和优点，其实比陪读、唠叨、给孩子开小灶要重要100倍。

李：兴趣在一个人的学习过程中太重要了。不管是成年人还是孩子，在这方面都是一样的。如果让我们去做一件没有兴趣的事情，我们也会感到很乏味。当听一个没有意思的报告时，哪怕台上坐的是一个多么了不起的人物，我们不也是同样在打瞌睡吗？如果我们对报告很感兴趣，我们就能坐得住。这些道理父母们都明白，但由于望子成龙心切，所以常常"牛不喝水强按头"。但这样做效果并不好。

孙：可有些父母总觉得孩子的兴趣和学习没什么关系，父母大多希望孩子爱好语文、外语、数学等能和成绩挂钩的科目。

李：兴趣是多方面的，父母们应该尽量发掘孩子的兴趣，可以看看孩子是喜欢文学，还是喜欢手工、实验、体育等，并不一定非和学习挂钩。一旦孩子在一方面有所突破，那么他在其他方面也会有所突破。比如，有的孩子非常喜欢计算机，但他的数

学特别不好，英语也特别不好。但在玩计算机的过程中，他会发现，数学、英语特别
重要，没有这两门课做基础，他很难深入下去。这时，为了把计算机玩好，孩子就会
很自觉地去学英语和数学。这样，从一个科目的学习就带动了其他科目的学习。在这
里，计算机起到了引子的作用。如果你就让他去学习数学或英语，他对此毫无兴趣，
他也不知道这种学习对自己有什么用。

孙：您的女儿出现过这样的情况吗？

李：有过这种情况。上学的时候，她的英语就不好，她也不喜欢英语。但到银行
工作以后，由于经常要接触一些外国人，要做一些涉外的工作，她就开始觉得不会英
语不行了。虽然她现在工作非常忙，每天晚上下班都要七点半，但她还是要抽出时间
来学英语，因为学习已经变成了她的需要。过去，她总觉得学习是父母叫我学的，至
于学习为了什么、有什么用她不知道，在学习方面是很被动的。被动的学习和主动的
学习完全是两回事。当孩子对学习有了兴趣以后，她会觉得学习是件很快乐的事情。

宁当鸡头，不当凤尾

孙：您作为重点中学的校长，感觉目前父母们在帮助孩子成才方面存在什么
问题？

李：我觉得父母应为孩子创造一个他力所能及的学习环境。

孙：怎样解释"力所能及"？

李：每年我都要接触很多焦虑的父母，他们的孩子也许学习成绩很一般，但父母
们都哭着喊着要让孩子上重点中学。可这些孩子进了重点学校以后往往适得其反，要
知道重点学校不是保险柜。如果孩子不是那个档次的，你又非让他上重点学校，那
么孩子就容易长时间处于一个"尾巴"的状态。这个科目的老师也找他，那个科目
的老师也找他，孩子自己就会很着急。但往往又怎么也上不去。最后孩子就没有自信
心了。

孙：那您认为应该怎么办呢？

李：中国有句俗话叫"宁当鸡头，不当凤尾"。虽然做鸡头，但孩子可以经常感
受到成功。而做凤尾，孩子则比较压抑，老要看别人的眼色行事，胆子也会越来越
小。他的创造性和各方面的能力也会越来越下降。清华大学好不好？很好，可要把父
母们放在那里，恐怕你连一个星期也待不下去。

孙：可许多父母会觉得自己辛辛苦苦赚钱，不就是为了给孩子一个好的条件吗？
如果不让孩子上最好的学校，心里会感到有些对不起孩子的。

李：这是一种畸形的爱。不要因为你有钱、有地位就要违背孩子的意愿。对孩子

的教育不是花钱越多越好，爱、沟通、理解才是最重要的。

孙：谢谢您的指点。

特别提醒

1. 雷锋是龙，张秉贵是龙，陈景润也是龙，中国不能没有像陈景润这样的大科学家，但是也不能没有像雷锋、张秉贵那样的普通劳动者。

2. 懂教育的父母要会算大账，您说孩子有自信心、自尊心，生活幸福愉快重要呢，还是孩子赚了很多的钱，但他活得太累好？我始终有一个观点，只要孩子努力了，我们就应该肯定，不管他的成绩好还是差。而且，成年人还要经常发现孩子的优点，给孩子创造条件，让孩子展现其他方面的才华。

3. 被动的学习和主动的学习完全是两回事。当孩子对学习有了兴趣以后，他会觉得学习是件很快乐的事情。

李金海 教育箴言

培养孩子的第一个任务应该是把孩子培养成为身心健康的人，同时要教会孩子做人。

没有爱就没有教育，而真正的爱就是要处处为孩子着想，让孩子做他喜欢的事情。

孩子并不是父母的资本，父母不要通过塑造孩子来补偿自己。

社会是一部大机器，只要一个人的劳动得到了社会的尊重和认可，这样的人都是"龙"。

不顾孩子的自身条件，对其进行高标准、严要求，就是对孩子的一种摧残。

对孩子的教育不是花钱越多越好，爱、沟通、理解才是最重要的。

在使用计算机和互联网方面，儿童往往走在了许多成年人的前面，这让成年人感到恐慌。在信息时代，年轻人可能成为知识的富有者，而老年人则可能是知识的匮乏者。在这种情况下，传统的师生关系、亲子关系有可能发生巨大的变化。

卜卫：计算机教育要忽略教孩子知识

和卜卫研究员合作多年，她在媒介研究方面可谓站在国际前沿。当计算机、互联网大量进入家庭和教室，给"望子成龙，望女成凤"的家长带来更多困扰时，卜卫说："其实，家长给孩子买计算机应该不是为了让孩子掌握一门知识，而是让孩子喜欢探索未知的世界，增长探索的经验，让孩子有一个准备接受新知识、新技术的心理状态。因为儿童的发展，不在于现在能学多少知识，而在于将来学习的潜力有多大。"

被访人物 卜卫，中国社会科学院研究员，博士生导师，媒介传播与青少年研究中心主任，国家社科基金项目"大众媒介对青少年的影响"主持人。《进入地球村——大众传播与中国儿童》被誉为我国第一本有关儿童与传播的研究专著。此外出版《大众媒介对儿童的影响》《媒介与儿童教育》等多部作品。

新媒介改变了儿童的学习方式

孙宏艳（以下简称孙）：卜卫，您好！多年来您一直在进行媒介研究，今天我很想和您探讨一下父母和学校如何面对新媒介的问题。我们知道，过去虽然有许多父母、教师在探讨电视等媒介给孩子们带来的影响。可这些媒介并没有进入学校，也没有进入教室，因此它的影响再大也还未动摇学校教育。但是，现在计算机、互联网已经大量进入家庭和教室，您认为它们是否会对学校教育或者家庭教育构成威胁？

卜卫（以下简称卜）：威胁谈不上，但它们确实给教育带来了挑战。我们把电视、广播、报纸等媒介称为传统媒介，而把计算机、互联网等媒介称为新媒介。根据我的研究，来自新媒介的挑战至少要有三个方面，这就需要教师和父母及时调整自己的教育方式。

孙：您认为新媒介给家庭和学校带来的三个挑战是什么？请具体解释一下。

卜：第一个是对学习方式的挑战。过去我们谈到学习，大多是指学生在教师的指导下进行课堂学习。但是当我们面对互联网和计算机的时候，这种学习方式就显得很狭隘了。因为孩子可以从互联网上获得大量的教育资源，也可以与机器、网络进行交互学习。因此，他们几乎可以不用花很多力气，就了解了世界上每个角落发生的事情。这样，就对教师和父母提出了挑战，即成年人应该教会孩子怎样使用互联网？或者说使用互联网来做什么？怎样处理信息？等等。

孙：我们发现在使用计算机和互联网方面，儿童往往走在了许多成年人的前面，这让成年人感到恐慌。

卜：这是新媒介带来的第二个挑战。在信息时代，年轻人可能成为知识的富有者，而老年人则可能是知识的匮乏者。在这种情况下，传统的师生关系、亲子关系有可能发生巨大的变化。

孙：因此我们曾经提出过要"向孩子学习"。信息时代不仅改变了儿童的学习方式，也改变了成年人的教育方式。

卜：是的。在信息时代，学生们可以互教互学，教师的概念可能会发生根本的变化，过去以教师为中心、以课堂为中心的教育方式将发生改变。同样，互联网进入家庭以后，父母在孩子面前的"家庭教师"角色也将发生变化。孩子开始要求与父母平等相处、共同参与，一起探索和学习。同时，教育还面临着另外一个挑战，那就是接触了计算机和互联网的孩子将变得越来越个性化和国际化。

孙：请举例说明，为什么在互联网上儿童的个性和国际化更能得到体现呢？

卜：人的个性化是有条件的，其中最重要的条件，就是有权利和机会选择自己的生活。在互联网上，儿童有越来越多的可选择的机会。比如，他们想看报纸，可以在网上自由选择各种报纸，而不必再等待父母给他们订几份报纸。他们还可以在网上搜索到许多感兴趣的信息，或者自己去发布他们认为很重要的新闻或信息。这些活动都可以帮助儿童认识到自己的重要性，在这样的条件下，他们可以按照自己的意图生活，而不是按照别人的意图安排生活。同样，孩子上了互联网，他们可以跨越国家、民族、种族的界限，寻找所需要的东西，他们创造的作品也可以发给世界上各国的朋友。这样就会帮助孩子越来越国际化，帮助他们理解世界上不同国家的文化。

🅠 重要的是培养电脑素养

孙：那么您认为父母和教师面对这些挑战应该做些什么呢？请给大家一些建议。

卜：根据我们的研究，很多成年人鼓励孩子学习计算机或进入互联网主要是看中了它们具有强大的知识学习功能。按照传统的教育观念，父母和教师总认为孩子学习知识越多就越成功。但学习知识只是互联网学习的功能之一。对于儿童和青少年来说，更重要的是要学会如何处理信息，如何有效地进行交流与培养电脑素养和科技熟练度。

孙：的确是这样。信息时代，每个人都要面临无数信息的选择。

卜：是的，人要依赖信息，但又不能被动地和信息生活在一起，而应该学会选择，即应具有批判、选择和处理信息的能力，这样才能有效地利用信息。而这种能力恰恰是要父母和教师教会孩子的。

孙：也就是说，要教会孩子学会学习？

卜：对。应该说是新时代意义上的"学习"。计算机和互联网只是为我们提供了一种学会学习的可能。如果成年人不破除传统的学习定义，计算机就有可能变成压迫儿童的工具。多年以来，我国的计算机教育者不断地演练教学法，把电脑用在一对一的教学上，由使用者来控制进度。实质上，这是以更高的效率向孩子头脑里灌输更多的信息。但成年人却很少想过这个问题：信息不是知识，也不是思想。

孙：可是我们长期以来一直在进行远程教育，比如使用一些视听设备或者电视等。

卜：有些教学方式，更加强化了教师的主动性和学生的被动性。因此，我建议父母和教师，首先要树立新的儿童计算机教育观念，即买计算机不是为了让孩子掌握一门知识，而是让孩子喜欢探索未知的世界，增长探索的经验，让孩子有一个准备接受新知识、新技术的心理状态。

孙：这好像是当前许多父母和教师欠缺的地方。许多人一提起买计算机，或让孩子上互联网，总是更注重孩子学了多少知识。

卜：计算机教育要忽略知识，将注意力集中在孩子的科学兴趣、探索精神方面。儿童的发展，不在于现在能学多少知识，而在于将来学习的潜力有多大。

孙：我们知道，和互联网相比，阅读是一种独享式的活动，电视是一种被动的观看，这些媒介缺少参与、交流和探索。刚刚您谈到有效交流，我认为面对新媒介，这种能力是很重要的。请问该怎样培养儿童有效交流的能力？

卜：儿童交流能力的培养，主要表现在两个方面：一是"访问"；二是"表达"。使用新媒介进行"访问"和"表达"，是孩子学会发现问题、主动提问、积极寻找答案的过程。它需要儿童的创造性、平等意识、参与和探索精神。网络上的交流是自由的，成年人在鼓励他们交流的同时，也要帮助他们充分认识社会和自我。

孙：您所说的电脑素养是指媒介素养吗？

卜：可以这么说。电脑素养，是指一个人是否真正能从计算机中获益的能力。这种能力与科技熟练度有关，科技熟练度是指一个人在多大程度上勇于尝试他不会的东西。不具有科技熟练度的人，怕出错，怕向人求援；相反，具备科技熟练度的人习惯在键盘上做各种尝试，直到问题解决为止。这是教育者积极引导孩子的一个方面。

 ## 成功的教师将是一个教练

孙：前面我们说到，面临新媒介的挑战，以教师为中心、以课堂为中心的教育方式将发生改变。您认为在新的挑战面前，教师的重要职责是什么？

卜：新媒体时代的好教师，将不仅仅向孩子指出在信息高速公路上的哪个地方可以找到信息，还要会艺术地向学生提问、启发和鼓励学生。教师的主要任务，不是去传授知识，而是帮助学生去发现、组织和管理知识。在未来社会，成功的教师将是一个"教练"、学生的伙伴和具有创造性的人。

孙：我相信，在这种情况下，师生的关系也会发生很大变化。

卜：对，教师会更加尊重学生的自主精神，更加尊重学生的人格。

孙：教育方式的改变也会进而改变亲子关系。过去孩子一直处于被教育者的地位，但随着计算机和互联网进入家庭，父母与孩子的关系会发生很大的改变。

卜：当父母和孩子坐在计算机前面的时候，或者当他们一起在互联网上冲浪的时候，他们是真正需要相互学习的朋友。美国麻省理工学院媒介实验室的帕博特教授说："我们从来没有像现在这样需要以孩子为师。"

孙：对于父母来说，这是新媒介带来的挑战，也是来自孩子的挑战。您认为这时父母最应该做的是什么？

卜：重要的是建立新的家庭学习文化。其实每个家庭都有着自己的学习文化，只是我们常常没有机会去意识它、检讨它或者改进它。计算机或网络进入家庭，给我们带来的是个好的机会，可以帮助我们认识、反省自己的家庭学习文化，同时改变不适宜的家庭文化。

孙：既然成功的教师应该是一个教练，那么成功的父母，是否也应该非常尊重孩子的个性呢？

卜：其实，互联时代的到来、新媒介的出现，最重要的就是需要人们改变过去的思维方式以及教育观念，要真正把孩子当成一个教育的主体。《学会生存——教育世界的今天和明天》一书中曾经说过："未来学校必须把教育的对象变成自己教育自己的主体""受教育的人必须成为教育他自己的人。"要改变这样的教育关系，其内涵就是尊重。

孙：这的确是新媒介对教育提出的新挑战，需要所有的教育者好好反省。

卜：是的，新媒介在向不合理的教育体制提出了挑战，教育不可能不回应这种挑战。在我看来，目前的教育工作者还对此准备不足，人们更多是排斥大众传媒，认为大众传媒应该承担"败坏道德"和"导致学习成绩下降"的责任，却缺少对传统教育模式的反思。西方学术界早在20世纪20年代就开始研究电影对青少年的影响了，以后又研究了广播、卡通漫画、电视、流行音乐、电子游戏，最近又开始研究计算机和互联网。而我们的一些教育者却很少关注这些。更让人感到遗憾的是，一些教育者还想徒劳无功地把大众传媒纳入传统教育模式的轨道。所以，从这个意义上说，我认为我们的教育需要一场新的革命。

特别提醒

1. 互联网进入家庭以后，父母在孩子面前的"家庭教师"角色也将发生变化。孩子开始要求与父母平等相处、共同参与，一起探索和学习。同时，教育还面临着另外一个挑战，那就是接触了计算机和互联网的孩子将变得越来越个性化和国际化。

2. 父母和教师总认为孩子学习知识越多就越成功。但学习知识只是互联网学习的功能之一。对于儿童和青少年来说，更重要的是要学会如何处理信息、如何有效地进行交流和培养电脑素养和科技熟练度。

3. 每个家庭都有着自己的学习文化，只是我们常常没有机会去意识它、检讨它或者改进它。计算机或网络进入家庭，给我们带来的是个好的机会，可以帮助我们认识、反省自己的家庭学习文化，同时改变不适宜的家庭文化。

卜卫 教育箴言

计算机教育要忽略知识，将注意力集中在孩子的科学兴趣、探索精神方面。
儿童的发展，不在于现在能学多少知识，而在于将来学习的潜力有多大。
教师的主要任务不是去传授知识，而是帮助学生去发现、组织和管理知识。
成功的教师将是一个"教练"、学生的伙伴和具有创造性的人。

一些孩子沉迷网络游戏，并不是因为游戏使他们流连忘返，而是因为他们在学习、生活中感到很失败，因此将注意力集中到了游戏上，用游戏来弥补生活上的不如意。

吴文虎："因噎废食"不如"接种疫苗"

　　吴文虎，曾作为国际信息学奥林匹克中国队总教练，带领中国队在信息学国际大赛中取得多块金牌。一次偶然的机会，我非常荣幸地采访到了他，听到了他的很多经验和感受。他特别坚持，隔离肯定不是办法，孩子需要经风雨、见世面；"因噎废食"不可取，及时给孩子打点"预防针"是很有必要的。

　　被访人物　　吴文虎，清华大学计算机系教授、博士生导师，现任高校计算机基础教育研究会副理事长。从1984年开始参加计算机普及活动，曾任中国计算机学会普及委员会主任。担任国际信息学奥林匹克中国队总教练，带领中国队在信息学国际大赛中取得多块金牌，使中国队届届名列前茅。

对孩子来说，第一重要的是自信心。计算机虽然是门技术，但它需要自信做支持，如果一个人缺乏自信，对学习不感兴趣，要学好计算机也是比较困难的

　　孙宏艳（以下简称孙）：吴老师，您好！您从事计算机教育多年，在计算机基础教育方面，您有很多经验和感受。作为国际信息学奥林匹克中国队总教练，您也曾经接触过很多计算机学习方面非常优秀的孩子。目前，计算机教育已经走进了学校，有的学校小学一年级就有了计算机课。对计算机，很多孩子很感兴趣，但是父母和教师往往存在忧虑，尤其是一些父母，不知道该怎样引导孩子，也不知道该用什么样的态度对待孩子的计算机学习，他们既怕孩子不懂计算机，将来跟不上科技发展的速度，又怕孩子沉迷网络和游戏不能自拔。因此，我很想听听您的建议。在计算机教育方面，什么才是孩子学习过程中最重要的？

　　吴文虎（以下简称吴）：无论是课堂学习，还是家庭学习，对孩子来说，第一重要的是自信心。要让孩子把学习计算机作为很愉快的事情去做。计算机虽然是门技

术，但它需要自信做支持，如果一个人缺乏自信，对学习不感兴趣，要学好计算机也是比较困难的。儿童感兴趣的东西，他才能钻进去，钻进去才会有成就感。一个人要成才，他必须对他所从事的事业有兴趣，没有兴趣的事情，被强迫去做的时候是比较难成功的。因此，无论老师还是父母，都要给孩子鼓励，让孩子感受到学习的乐趣，不要吓住了孩子。我曾对我的学生们说，我都给你讲会了，其实我并没有尽到责任，如果我讲完以后，你觉得很有信心了，感到计算机并不难学，那我才真正尽到了责任。

孙：父母应该怎样帮助孩子学习计算机？从哪些地方下手比较好？

吴：我认为不同的年龄段应该有不同的切入方式，因为孩子在不同年龄有不同的认知规律和心理特点。比如，很小的孩子，可以让他先玩一些益智的、能帮助孩子长知识、长见识、动脑筋的游戏。

孙：可是，有些父母一提游戏就害怕，生怕孩子沉迷进去，不能自拔。在我们所接触的父母当中，有很多父母不想让孩子接触计算机，就是怕孩子学会了玩游戏而耽误学习。

吴：其实关键还是在于引导。一些父母对孩子的好奇心不是采取疏导的办法，而是堵截，强迫命令。这不是好办法，孩子不在家里玩，还会跑到外面的网吧或者地下游戏厅去玩。父母可以和孩子一起玩，玩的过程中有启发，有引导。而且，根据有的专家研究发现，一些孩子沉迷游戏，并不是因为游戏使他们流连忘返，而是因为他们在学习、生活中感到很失败，因此将注意力集中到了游戏上，用游戏来弥补生活上的不如意。

孙：以前您曾说过，计算机启蒙教育应该是先学上网，然后才是学习使用一些应用软件？

吴：是的，当孩子到了小学三年级以后，就应该鼓励他学点本事了，这时可以让孩子上网去看看，学发邮件，学做贺卡等，也可以让孩子利用计算机帮助班级编墙报等。当孩子用网络给亲戚发封信，或者寄个贺卡什么的，孩子的兴趣自然就上来了。这时的切入点和幼儿时期、小学低年级又有所不同了。等孩子再大一些，就可以学习一些计算机语言，利用网络查资料，进行某些小研究等。

孙：为什么要把网络作为计算机启蒙教育的基础？

吴：要熟悉计算机操作，上网是最容易上手的，最能够引起孩子兴趣。网上资源很多，孩子可以浏览，还可以和同学、亲戚通邮件。发邮件孩子就会想学Word，碰到不认识的字就用网络上的字典。这是让孩子接触计算机的好办法。

隔离肯定不是办法，孩子需要经风雨、见世面，及时给孩子打点"预防针"是很有必要的。父母应想办法让孩子"接种"网络"疫苗"

孙：网络是把"双刃剑"，在一些父母看来，让孩子上网太不安全，网上有很多不健康的内容，该如何防范？

吴：这的确是个社会难题。网络上存在着很多很有用的东西，但也有糟粕，怎样区分有用的信息和无用的信息，识别香花与毒草的能力，也是现代人的一种基本能力。在上网这件事上，隔离肯定不是办法，孩子需要经风雨、见世面，"因噎废食"不可取，及时给孩子打点"预防针"是很有必要的。父母应想办法让孩子"接种"网络的"疫苗"。因此，父母首先要了解计算机和网络，也可以在计算机里安装过滤软件。

孙：在学习计算机的过程中，父母和孩子一起学更好一些吧？

吴：要鼓励父母和孩子一起玩，一起学。这样，也可以培养父母与孩子之间的一种亲和力。

孙：现在许多父母愿意给孩子买一些实用的软件，根据您对目前出版的各种软件的了解，您认为好软件的标准是什么？

吴：选择软件的标准首先是科学性和趣味性，孩子学习这些软件可以长知识、长能力；软件内容真实可信是很重要的；内容的表达要深入浅出；操作上要容易上手；界面美观，能引起孩子的兴趣；软件功能要具有益智性；价钱合适。我认为这是目前父母选择软件的时候要考虑的问题。

孙：计算机学习是自学更好，还是课堂学习更好？

吴：我们常说："师傅领进门，修行在个人"。对于初学者，老师引进门很重要，但以后就要靠自学，尤其是年龄大一些的孩子。自学能力对于计算机学习尤为重要，原因就是计算机发展奇快，掌握了自学方法，具备了自学能力，才能应付计算机日新月异的发展形势。别的学科自学可能较难，而计算机则比较容易自学。为什么这样说呢？因为计算机本身既是学习的内容，又是我们学习的环境。自学者的学习内容和进度自己可以掌握，自学当中有弄不懂的东西，也可以通过上机加以解决。计算机很"平易近人"，让人能够看得见、摸得着。能够让人动的东西就好学，比如，几岁的娃娃就敢去开电视机和调台，能够去控制DVD等，难道电视机和DVD机不是高科技产品吗？因此，我说它易于自学、便于自学。一直以来我们都提倡终身学习，终身学习就需要人们掌握自学的能力，如果缺乏自学的能力，做什么事情都很容易落后。而且，对于计算机来说，越到层次高的时候越需要自学。

孙：您认为计算机学习应该作为像数学、语文那样的学科来学习，还是应该作为一门技术来学习？

吴：它还是一门学科，但是对于不同年龄的孩子，要学的内容深浅是不同的，而且学习方法也应该不同。教师或父母不能像教语文和数学那样去教孩子，应当精讲多练，鼓励孩子多动手。

人们常说"熟能生巧"，泛指学用一般工具，对学用计算机这种智力工具，就不仅仅是"生巧"了，而且还"益智"。计算机这门学科实践性特别强，不动手是学不会的

孙：为什么在计算机学习中，多动手特别重要？

吴：因为每门课有每门课的特点。计算机的学科实践性特别强，不动手是学不会的。计算机从诞生那天起就被人蒙上了神秘的面纱，许多专著像"天书"，让初学者望而生畏。但是，很多小孩子为什么能把计算机用得那么好呢？窍门在哪儿呢？就是爱动手！一动手就会感到"原来如此""没有什么了不起的"！这样，就会越学越轻松、越学越有兴趣。边动手边动脑是计算机学习的基本模式，可以自然而然地摒弃那种死记硬背、"纸上谈兵"的学习模式，形成生动活泼的学习氛围。爱动手的孩子往往聪明，父母和教师还要通过计算机学习，养成孩子勇于动手、敢于动手的习惯和精神境界。

孙：一些家长常认为动手的孩子虽然聪明，但他的成绩未必好啊。

吴：这也和我们的评价体系有关系，评价体系不变，要改变观念是很难的。我们往往过于注重分数，很少考察孩子的动手能力。实际上，考试就是指挥棒，考什么，人家就会注重什么。在学习计算机知识与技能的过程中，要特别注重学用结合，"用"到自己的学习、工作和生活中。参加信息学奥林匹克活动的孩子们，为什么能在国际大赛中摘取金牌？就是他们学以致用，在"用"中加深理解，把计算机变成了得心应手的工具。人们常说"熟能生巧"，泛指学用一般工具，对学用计算机这种智力工具，就不仅仅是"生巧"了，而且还"益智"，即有利于开发智力。

孙：一些学音乐的孩子纷纷考级，现在少儿计算机也有了考级证书，父母们也很热衷让孩子参加这样的考试。您认为这样的活动是否应该提倡？

吴：我不大赞成孩子去考级，没有特别大的用处，而且没有什么意义。等级考试的知识不太实用，不太适应计算机的快速发展。要考计算机二级，看一两个星期书就够了，当然，前提是实用的知识学得足够扎实。今后面向中小学生的等级认证，对孩子的学习只能起一个参照作用。如果孩子精力旺盛，可以参加一些网页制作竞赛或者

大奖赛。

孙：记得您曾经提出，计算机教育不仅是学科教育，更重要的还是一种文化教育，该如何理解这句话？

吴：计算机是通用的智力工具，而不是一般手工劳动的工具。它有下面五个特点：（1）它是现代化、先进的高科技产品；（2）它不仅是可直接面对的机器，而且是可潜心进行研究探索的学科；（3）它不仅可以让人摆布，还能与人交流，给人忠告与建议；（4）如果将它连在网络上，它还能营造一种新的全球网络文化氛围；（5）它发展速度极快，无论是硬件还是软件，新东西层出不穷，让人感到常学常新。因为上面这些特点，人与计算机的关系就更加紧密了。我们看报纸、到图书馆找资料是文化，喝茶有茶文化，喝酒有酒文化，那么我不喝酒，也不喝茶，我们使用计算机到网络上去找资料、做很多事情，这不是文化吗？

父母们的鼓励本身就是贡献。他们不是用功利主义的态度来看待孩子的计算机学习

孙：计算机和网络的应用的确对人的生活有着非常重要的影响，人们可以通过网络抒发情感，可以购买物品，可以进行互动游戏。但是，联合国教科文组织21世纪教育委员会曾经在提交给联合国的报告《教育的四大支柱》中提出，要警惕非人化倾向，也就是说，要避免人过度沉迷、依赖计算机和网络，而忽略了人与人之间的交往，您怎么看待这个问题？

吴：这的确是个要警惕的问题。人要有集体，有亲情，如果离开了集体，人的生存将没有快乐。父母和老师要注意这个问题，要想办法帮助孩子养成合作的习惯和意识。一个人如果不善于和人交往，不愿意合作，那么我可以说，他将来没有什么大用处。我带学生做一些项目，或者带领奥林匹克中国队进行比赛，我们从来不把成绩算在一个人的头上。

孙：您作为国际信息学奥林匹克中国队总教练，一定接触过很多在计算机学习方面非常出类拔萃的孩子。国际信息学奥林匹克中国队对这些孩子的选拔标准是什么？

吴：这些孩子大多在15～17岁，他们都很热爱计算机，品学兼优，有很扎实的数理化、文史地基础，他们学习态度很认真，具有钻研精神，善于将理论和实践相联系，喜欢探索性学习。这些孩子并非只是计算机成绩好。在考察的过程中，我们不仅仅看他们的计算机能力，更重要的是看他们与人交互的能力、协作和表达的能力。知识和技能是考察的重要方面，但还要上升到素质上去考察。

孙：您接触过他们的父母吗？在这些孩子学习计算机的过程中，他们的父母给孩

子的最大贡献是什么?

吴: 他们的父母很多都是教师, 在计算机学习方面, 他们很支持孩子, 不是用功利主义的态度来看待孩子的计算机学习。我认为父母们的鼓励本身就是贡献。高考目前是不考计算机的, 如果父母用功利的态度去看待学习, 就不会让孩子学计算机, 怕耽误了学习时间。实际上, 计算机学习是触类旁通的, 一些思维方式是可以发散到其他课程学习上的。毛子清是一个奥林匹克竞赛的金牌获得者, 他后来说, 他在学校的时候功课不是最好的, 自己在计算机学习上获得了很多启发, 这使他的其他科目成绩也上去了。

孙: 您曾提出"信息素养"这个概念, 认为应该把信息素养放在学生的科学素养中, 该如何理解信息素养?

吴: 我们现在要提高全民族的科学素养, 科学包含的概念很广, 信息也是科学的一种, 将影响到整个社会的进步。道德的、法制的、文化的、技能的、知识的修养都是素养, 这是一个很广泛的概念。现在我们应该把信息素养列在学生的科学素养之中来。有的人在聊天的时候骗人, 有的人设计一些黑客程序干扰人们的正常生活, 这是不道德的。如果不对孩子进行信息素养方面的教育, 孩子便有可能具有非人化倾向。

孙: 刚刚我们谈论了很多孩子在家庭中学习计算机的事情, 但是, 计算机进学校毕竟已经是现实了。学校毕竟还是计算机教育的主体, 学校在计算机教育方面应该做些什么? 您是否能够给些建议?

吴: 计算机知识的更新换代速度快, 孩子的自学能力很重要。学校要多引导学生自学。教育大纲是针对所有孩子的要求, 对于有特长和兴趣的孩子, 应该因材施教, 培养其积极的自学能力。计算机教学还要整合其他学科, 使其成为一个教与学的平台。老师用计算机教各类课程, 学生用计算机学各类课程。

孙: 谢谢您, 相信您的观念会给父母们一些启发!

吴文虎 教育箴言

一些孩子沉迷游戏, 并不是因为游戏使他们流连忘返, 而是因为他们在学习、生活中感到很失败, 因此将注意力集中到了游戏上, 用游戏来弥补生活上的不如意。

隔离肯定不是办法, 孩子需要经风雨、见世面, "因噎废食"不可取, 及时给孩子打点"预防针"是很有必要的。父母应想办法让孩子"接种"网络的"疫苗"。

爱动手的孩子往往聪明, 父母和教师还要通过计算机学习, 养成孩子勇于动手、敢于动手的习惯和精神境界。

第3部分
健康人生从细节做起

她是人们眼中的好孩子。她的父亲也很得意自己的教育以及对孩子成长的策划，当记者问孩子做小明星有意思吗？累不累？结果，那个孩子竟然文不对题地答了一句："我听我爸的。"

陆小娅：关注孩子的"可持续发展"

　　小娅老师曾数次参加我们的课题论证。每次开会，小娅老师总是谈起她的"青春热线"，谈起热线那头的困扰。很多青少年的问题，不是来自孩子本身，而是家人以爱的名义伤害了孩子。尤其是她谈到父母对孩子的过度开采，让我不能不动容。她说："拿自己的孩子和别人的孩子比，很容易给孩子传递失败的信息。""不关心孩子的身心健康、逼着孩子达到成年人设定的目标，都是在预支孩子的可持续发展资源，这比森林过度开采还可怕。"

　　被访人物　陆小娅，原《中国青年报》"青春热线"创始人，《中国青年报》副刊中心主任。曾获得"邹韬奋新闻奖"。主要著作有《活出新感觉——"青春热线"咨询手记》《横渡"死亡之海"》等。

　　孙宏艳（以下简称孙）：您是在怎样的情况下提出"人的可持续发展"这一概念的？

　　陆小娅（以下简称陆）：有一次，我看到中央电视台《东方时空》栏目播出了一个题为"孩子"的节目。那个孩子小学四年级，胳膊上戴着"三道杠"，是个小记者，9岁的她就能只身旅行数公里了。她的学习成绩也很好，总之很不一般。按照常规想法，她是人们眼中的好孩子。她的父亲也很得意自己的教育以及对孩子成长的策划，他不仅让孩子参加许多他指定的社会活动，还让孩子读《世界哲学史》等书籍。但是，当记者问孩子，"这几年来你做得最得意的事情是什么？哪件事让你特别感动？"出人意料的是，孩子竟然回答不上来。记者又问她："做小明星有意思吗？累不累？"结果，那个孩子竟然文不对题地答了一句："我听我爸的。"这件事使我感触很深，使我想到：为什么同样是一个学校、一个班级毕业的学生，却分化很明显？为什么有的人虽然名牌大学毕业，却处处感受到危机？为什么有的孩子小时候出类拔萃，长大以后却平平庸庸？

孙：您在《中国青年报》主持"青春热线"八年，这期间是否也遇到过许多类似的事情？

陆：在"青春热线"咨询的人非常多。在咨询中我发现，许多大学生、研究生，他们当初都是老师眼里的好孩子，但是，当他们上了大学或者走上工作岗位以后，却出现了种种心理问题，有的人突然没有了奋斗目标，有的人对学习厌恶了，不想再学了，也有的人缺乏社会适应能力，要么自卑、要么狂妄自大，甚至出现这样或那样的问题。比如，前一段时间，我在郑州讲课的时候，一位女孩子向我咨询，她说，自己刚刚考上了大学，但她突然发现自己特别不想学习，问我该怎么办。其实，这样的孩子就很难做到持续发展。

这几年来，大家都在讲经济的可持续发展、社会的可持续发展，我就想，人是否也存在一个可持续发展的问题？经济的发展需要有可持续的资源以及良好的生态环境，人是否也需要有可持续发展的资源和一定的生态环境？所以，我就提出了这样一个概念。

孙：看来，一个人的确很有必要保持可持续发展的状态。

陆：是的。人的生命是一个动态的过程，只要人活着，就应该是不断发展的，这样的人生活起来才非常有活力。人的发展不是说到了大学毕业，或者到了老年就停止了，而是应该到死亡的时候发展才真正停止。

孙：那么，在家庭教育中，家长应该给孩子提供哪些可持续发展的资源？

陆：我曾经很认真地想过这个问题。我觉得一个人的可持续资源，至少应包括以下几个方面：健康的身体、求知欲、自主性、自尊和自信、人际交往的能力。

孙：请您详细介绍一下这几点对一个人可持续发展的意义。

陆：首先，健康的身体是一个人保持可持续发展状态的最根本资源。这是显而易见的道理，如果一个人都没有健康的体魄，就无从谈发展。身体健康可以说是一个人一生的资本。那些英年早逝的科学家们，他们即使成就再大，但他们已经无法做到持续发展。这不仅是自身资源的极大浪费，也是社会资源的极大浪费。

孙：这个道理家长当然很明白。但是，现实生活中，家长常常忍不住犯一些克扣孩子身体资源的错误。比如，由于学业压力，孩子的学习时间过长，睡眠时间不足，有的孩子因为长期的压力导致了胃不好、近视眼、驼背等身体疾病。

陆：是的。从表面看，家长是为了让孩子学习好，将来有个好工作、好前途，但是事实上，让孩子睡眠不足，缺乏锻炼，长期压力大，是在预支孩子一生的资源。如果小小年纪就累坏了身体，还谈什么发展呢？第二种可持续发展的资源应该算是求知欲了。在20世纪70年代的时候，联合国教科文组织就提出了"终身学习"的概念，所以，学习不仅是小学、中学、大学的事情，更应该是一生的事情。而且，社会竞争激烈，如果你不学习，很快就会落后的。要一个人一生都热爱学习，最关键的是求知欲、是兴趣，这是学习的内在动力。

孙：现在许多孩子在学习上，由于大量的重复性的练习，使他们对学习缺乏兴趣。我们曾经做过调查，孩子的认知需要是很低的。许多孩子是在为报答父母而学习，为将来找个好工作而学习。这种学习目的很难作为一个人热爱学习的永久动力。

陆：重复练习本身是必要的，但任何事情都有一个临界点，如果超过了临界点，就必然导致孩子对学习的厌倦、畏惧。学习是很有美感和快感的。当你解出了一道题目的时候，你应该感觉到很快乐；当你读着古诗词或者看着化学公式的时候，你应该感受到其中的美。但现在，孩子们已经感受不到学习快乐在哪里、美在哪里，只剩下了厌烦。

孙：家长在这方面应该注意些什么？

陆：家长应该着重培养孩子对学习的热爱，使孩子具有好奇心，敢于去探索新事物，愿意去尝试新事物。尤其不要把眼睛盯在学习成绩上。考场上没有永远的赢家，如果过分关注分数，势必使大多数的孩子成为失败者，这样，孩子就不会热爱学习，而会讨厌学习、害怕学习。

孙：像您刚刚讲到的那个"三道杠"，很缺乏自主性，什么都是父母给她安排好了。生活中这样的家长特别多，家长们也特别愿意安排孩子的一切，总觉得这样才是称职的家长、优秀的家长。

陆：所以，我把自主性列为人的第三个可持续发展的资源。所谓自主性，就是一个人对自己的生活有一种想法，可自主地去探索，并能够控制、把握自己的生活，同时对自己很有信心。如果孩子们从小就生活在一种被规定、被控制的状态下，成年人告诉孩子你只能干什么、必须干什么，而不是告诉孩子你想干什么、可以干什么，那么孩子就没有了选择的自由。如果孩子小时候从没有自己选择过、探索过，这样的孩子大多对自己没有自信心，不信任自己的能力。当孩子长大了，上了大学以后，当他们需要自己选择课程，或者自己选择恋人、职业的时候，他们就会很被动，就很容易出问题。有的父母对孩子包办一切，但是，这种包办总有一天要结束的，家长可曾想过，那时候孩子该怎么办？

孙：许多家长在孩子小的时候不给他们选择的机会，等孩子到了成年期，很多事物都需要自己去选择，那时再培养自主性就太晚了。因此，家长应该给孩子锻炼的机会，让孩子多独立、多体验，不要给孩子策划一切。

陆：是呀，没有自主性也就没有自尊和自信。一个人成为什么样的人，关键是他如何看待自己。如果一个人很不自信，没有自尊，他就会感觉自己是没有价值的，那么，在遇到各种挑战的时候他就会趋利避害，逃避挑战。相反，那些自信的人，会注意抓各种机遇，什么都想去试试。即使在试过之后自己没有成功，他也不会责怪自己。而且，许多敢于去试的人大多更容易获得成功，越是不敢试的人越是屡屡失败。但是，一些孩子在青少年时期自尊和自信已经被损害了，他们哪里还有勇气去追求成功？

孙：也有的父母在这方面做得很好。我的一位朋友的孩子，嫌自己的眼睛长得小，她的爸爸妈妈没有和她一样泄气，而是安慰孩子说："对，你的小眼睛和爸爸一样，这说明你就是我们的孩子，当初我们把你从医院里抱回来时，没有抱错。"这样，那位女孩从父母那里得到的是肯定、鼓励，她的自信心也因此得到了提升。

陆：对。也有的孩子，本身资质不错，但由于有些家长总是贬低孩子，拿自己的孩子和别人的孩子比，很容易给孩子传递失败的信息。有一位家长很有趣，她的孩子考试成绩一般，但家长却称赞孩子是"百里挑一"的，孩子很不解，问妈妈为什么说自己是"百里挑一"的？妈妈给孩子分析说，全国有多少人考上了大学，有多少人考上了重点高中，女儿虽然考的是普通中学，但全国100多个人里才有一个能考上高中的，这还不是"百里挑一"吗？这样的家长就是聪明的家长，她为孩子一生的可持续发展提供了很好的资源。

孙：人际交往也是一个人可持续发展的资源之一，但有些家长还没有意识到这一点，他们不许孩子出去玩，也不许孩子的朋友到家里来，怕把家里弄脏了，怕家里的东西丢了。还有的家长，很少给孩子自己解决矛盾的机会，当孩子与同伴发生冲突的时候，家长总爱出面帮孩子解决，而不让孩子自己去学习解决。

陆：人际交往中必然是要有矛盾的，孩子现在没有学会解决冲突和矛盾，等他走上社会、走上工作岗位以后，家长还能代替孩子解决矛盾吗？我就认识这样一位家长，她的孩子上了大学以后，和同宿舍的人相处不好，于是，这位母亲通过关系，找到学校，给女儿调了宿舍。但女儿到了新宿舍没多久，又跟妈妈说宿舍不好，没办法，妈妈又找人给孩子换宿舍。其实，许多时候，人与人之间的矛盾不是因为哪个人不好，而是因为各自的文化背景不同，因此，冲突主要是文化背景上的冲突。家长应该教会孩子与不同的人相处，宽容别人，求同存异。

孙：如果家长让孩子在学校的时候就学会与人交往，当孩子日后走上社会，就会减少许多痛苦，增加许多可持续发展的资源。

陆：是的。现代社会是一个人与人互相依赖的社会，每个人的成功，都是他与周围环境互动的结果。过去，一个老农可能一辈子都没有走出自己的村子，因为他不太需要和更多的人联系。而现在是市场经济，全球化的概念已经深入人心。如果一个人很内向、很封闭、攻击性很强，他就很难与他人交往。所以，当孩子在幼儿园、小学时，家长不要以为只要孩子读书好就行了，不用交朋友。在"青春热线"咨询中我们发现，许多中学生、大学生来咨询，主要不是因为学习上的困难，而是人际交往上的困难。

孙：还有的家长过于担心，怕孩子交朋友，跟别人学坏了。

陆：家长总想给孩子一个超纯净的环境，这样做其实恰恰破坏了孩子的可持续发展资源。

孙：经济的可持续发展不仅需要节约资源，还需要环境保护，人的可持续发展同样需要一个好的生态环境。那么，家长应该为孩子的成长提供一个什么样的生态环境呢？

陆：我想，家长应重点培养孩子对生活的热情和快乐的心境，让孩子有一个快乐的性情、性格。

孙：可是，家长怎样培养孩子的这种性情呢？

陆：一个小孩子生下来，如果不去压抑他，他的身上一定具有这种性情。但是由于经受的压抑太多，孩子身上的这种性情就会被磨灭。记得我曾经看过一篇文章《我家有台碎纸机》，说的是一位家长发现两岁的孩子很爱撕纸，并且经常撕出各种图形来，这位家长没有责怪孩子破坏家里的东西，而是找许多纸给孩子撕。孩子看见姥姥用剪刀，也闹着要剪刀。家长果真给孩子买了儿童剪刀，让小小的孩子学着用。如果这事儿搁在别的家长身上，也许就会因为怕孩子伤了手阻止孩子。

孙：许多人，也许一生都没有什么杰出的成就，但是，他们却生活得很愉快，他们始终对生活充满了热爱，甚至一直到生命终止前夕还对生活保持着极大的热情，这样的人，非常令人羡慕。

陆：这样的人生命质量就很高。现代社会充满竞争，每个人在生活和工作中一定会遇到挫折，谁也不可能永远不败。因此，我强调一个人对生活的热情以及保持快乐的心境。这样，家长应该培养孩子对生活的热情，使他们时时看到生活中的美。如果孩子对生活缺乏热情，做什么都不快乐，看一切事物都是灰色的、黑色的，这样的人生就很没有乐趣，生命质量很低。我想，家长的责任是给孩子建立一个轻松愉快的生态环境，让孩子很好地发展自己。这样的孩子在走上社会之后，才不会因为名誉、地位、权力的丧失而不快乐。每个家长都希望孩子成功、幸福，但成功到底是什么？成功并不意味着更快、更多、更好，而是意味着一个有意义的人生。

孙：您在前面曾提到家长预支孩子的可持续发展资源。您能否概括一下预支的表现有哪些?

陆:比如,不关心孩子的身心健康、逼着孩子达到成年人设定的目标、用沉重的学习压力剥夺孩子的学习兴趣、不给孩子自我探索的机会、不让孩子去寻找自己的目标、不允许孩子有家长所不喜欢的理想等,都是在预支孩子可持续发展所需要的资源。这比森林的过度开采还要可怕。

孙:家长怎样才能保护孩子的可持续发展资源?

陆:关键问题是家长要把眼光放远一些,要从孩子的一生着眼,不要把考大学作为培养孩子的唯一目标,那样势必过度开采孩子的可持续发展资源。如果家长能够在上面所说的几个资源方面做一些调整,教育适度,那么孩子反而更容易成才。这也许就是"无心插柳柳成荫"的道理吧。

特别提醒

1. 现在许多孩子在学习上,由于大量的重复性的练习,使他们对学习缺乏兴趣。重复练习本身是必要的,但任何事情都有一个临界点,如果超过了临界点,就必然导致孩子对学习的厌倦、畏惧。

2. 学习是很有美感和快感的。当你解出了一道题目的时候,你应该感觉到很快乐;当你读着古诗词或者看着化学公式的时候,你应该感受到其中的美。但现在,孩子们已经感受不到学习快乐在哪里、美在哪里,只剩下了厌烦。

陆小娅 教育箴言 ....

健康的身体、求知欲、自主性、自尊和自信、人际交往的能力是人的可持续资源。

拿自己的孩子和别人的孩子比,很容易给孩子传递失败的信息。

家长的责任是给孩子建立一个轻松愉快的生态环境。

成年人要把眼光放远一些,不要过度开采孩子的可持续发展资源。

中国青少年研究中心的调查发现，竟然有80%的少年儿童具有攻击性。究其原因，和他们的生长环境有很大关系。当然，也不排除遗传基因的作用。可是我们目前对遗传基因还不能完全控制，我们能有所作为的就是后天的环境，如家庭的环境、学校的氛围等。而家庭教育又是更重要的方面。

郑日昌：性格情绪比考试成绩更重要

  采访郑日昌老师，起因是当时出现了一系列以青少年为主角的恶性案件。例如，徐力杀母案、刘海洋给熊泼硫酸、蓝极速网吧少年纵火案等。许多恶性事件的发生非常令人心痛。为什么这些孩子会采取那么多极端的行动？除了家庭环境和教育问题，还有哪些心理问题是我们平时忽略的？为此，我走访了长期以来从事心理咨询、心理辅导和心理健康教育的郑日昌老师。他谈到了"性格"这个常常被我们认为是天生注定的因素。他认为：在一个人生命的早期，环境对他们的影响比较深刻。特别是在性格和情绪方面，家庭环境对孩子的影响更大。

  被访人物 郑日昌，北京师范大学心理学院博士生导师、教授，国家教育部中小学心理健康教育咨询委员会副主任，长期以来从事心理咨询、心理辅导、心理健康教育和心理测量等教学和研究工作。著有《心理学》《心理测量》《怎样测试您和孩子的智力》《怎样控制你的情绪》等。

性格与情绪不良易产生攻击性

  孙宏艳（以下简称孙）：一段时间以来，发生了许多恶性事件。比如，有的人和同学相处不好就起了杀心，有的人因为网络上的游戏就到现实生活中打架，甚至造成死亡，这些事件的发生非常令人心痛。我想了解的是，为什么这些孩子会采取那么多极端的行动？在这些极端行为的背后，是否有一些普遍的心理原因？这些孩子的攻击性是怎么产生的？您作为著名的心理学家，能否解释一下这些现象？

  郑日昌（以下简称郑）：对频繁出现的事件，父母和教育工作者的确应该引起重视。这些事件发生的原因都很复杂，不同的事件也各有不同。但它们也有一些共同的成因。在一个人生命的早期，环境对他们的影响比较深刻。特别是在性格和情绪方面，家庭环境对孩子的影响更大。从表面看，父母们都特别重视孩子的教育，但是重视的角度有偏颇、有误区。

孙：父母们好像更重视孩子的身体健康和成绩。我们的调查发现，在学习、交友、情绪、身体健康等方面，父母最关心成绩，其次是心理健康，第三是交友，最后一个才是情绪。

郑：是的，父母们更重视学习成绩和身体健康，很多人忽视心理健康；重视智力开发而忽视了人格的培养。即使在人格培养方面，父母们可能更多地去考虑社会的需要，而更重视品德而忽视了性格和情绪的培养。

孙：所以我们会看到，许多青少年出现问题，往往不是智力问题，也不是身体方面的问题。

郑：仔细分析一些事件的产生，我们会发现，这些事件中，一部分是孩子的品德问题造成的，还有一部分既存在品德问题，又存在性格和情绪问题，也有些问题则纯粹是性格、情绪方面出现了问题。性格和情绪对人的影响是非常大的。首先，性格、情绪不好可以使人的免疫功能下降，使人得一些疾病。某些心因性疾病，或纯粹的躯体病变，都可能和人的情绪有关。比如，国际上现在公认的A型性格的人，就是性格、情绪方面存在问题的人。这些人爱着急上火、争强好胜、追求完美、怕失败、生怕别人超过自己、易嫉妒、成就动机很强，这样的人容易得心脏病；情绪经常紧张也会得溃疡、过敏等病症。

孙：这是人们常说的亚健康状态吗？

郑：已经不是亚健康状态了，是不健康的状态。有的人虽然没有体现为躯体上的疾病，却表现为心理上的不健康，如焦虑症、强迫症、抑郁症、恐惧症等。很多心理上的疾病都和性格、情绪有关。一个人的性格、情绪不好，不但影响到人的身体健康，也影响到学习效率、工作效率，甚至影响到人际关系、事业前程、家庭幸福，更有可能影响到社会安定。社会上的自杀、杀人、暴力、恐怖等恶性案件，有些是政治原因，有些是品德问题，但也有一些则属于个性不良导致的，和性格、情绪有关。那些人大多数难以控制自己的情绪，他们会用扭曲的形式来发泄自己的情绪，这样的人更容易产生攻击性。有攻击性的人，并不一定都是攻击他人和社会。也有的时候，他们会把矛头指向自己，如自残、自虐、自杀等。

高压环境导致情绪饥饿

孙：一项调查发现，当前竟然有80%的少年儿童具有攻击性。为什么会有这么多孩子产生攻击倾向呢？

郑：这和他们的生长环境有很大关系。当然，也不排除遗传基因的作用。可是我们目前对遗传基因还不能完全控制，我们能有所作为的就是后天的环境，如家庭的环境、学校的氛围等。而家庭教育又是更重要的方面。

孙：现在的父母过于看重教育，对孩子过度关注。

郑：是啊，但他们对自己的事业、学业、前程却可以马马虎虎。相当一部分父母把孩子放在第一位，当作生活的重心，而对自己的工作却晚来早走，不求上进。在经济上也是一样，对自己省吃俭用，却对孩子充分满足。父母对孩子这种过多的关心、过度的关注，往往使孩子并不舒服。因为他们总要从早到晚盯着孩子，看孩子吃得如何、穿得如何、写得如何、考得如何。

孙：其实对成年人也一样，如果有人从早到晚都被盯着，都处于公开化状态，也会很难受的。

郑：是啊，肯定会不自在。不仅如此，父母在过度关注孩子的时候，还会轻易去满足孩子的各种需求。这样会使孩子养成以自我为中心的心态，使孩子不会为别人着想，只知道让所有的人都为自己服务。在这样的环境里长大，孩子往往养成为所欲为的性格。等他长大一些以后，上学了，这时父母对孩子的期望开始高起来。父母过去给孩子那么多关心和溺爱，是需要回报的，这种回报就是希望孩子将来上大学、上名牌大学、成名成家等。

孙：父母的爱也是一种投资，是需要孩子报答的。因此父母才特别关注孩子的分数和名次。

郑：有的孩子能满足父母的要求，有的孩子就无法满足。如果小孩子的表现不能让父母满意，父母就会对孩子打骂、指责、训斥、唠叨。而且，过多的关注必然导致过多的限制。这时反差就形成了：小时候那么多的溺爱，长大学习不能如父母意的时候，父母的脸就变了，过去给孩子的是胡萝卜，现在就会给孩子大棒。这样的变化使孩子承受不了，亲子关系开始紧张。一方面，孩子要反抗，要摆脱父母的控制；另一方面，父母又要格外加紧控制，因为在父母看来，这是学习的关键时候。这种作用力与反作用力的关系，容易导致高压的家庭氛围。

孙：曾经发生的徐力杀母案就是他要摆脱母亲控制的结果。

郑：高压下的、不宽松、不民主的家庭氛围，有两种典型状况：一种是打骂、训斥，另一种就是唠叨。无论哪一种，对孩子性格、情绪的培养都是不利的，会导致孩子性格不良、情绪不好。即使那些学习还不错、能满足父母期望的孩子，虽然他们的成绩不错，但他们的性格、情绪却不好，他们可能会活得很压抑、很累，这种累不是身体上的，而是心理上的、精神上的。心理学上把这种状况叫作"情绪饥饿"。

孙：根据您的分析，高压环境更容易使孩子情绪和性格不良。可是，也有的孩子好像并没有生活在高压环境里，他们是被父母忽略了教育。

郑：有的孩子生活在单亲家庭，父母离异的状况使他们容易产生自卑感，容易被同伴嘲笑；父母的不和、吵架给他们的心理也造成了很大的压力。另外，忽略的教育也使他们长期处于没有人管的状态，他们在家庭得不到温暖，不被亲人和社会所接纳，甚至受到排斥和歧视。这样的生活环境同样是一种高压环境，在这样的环境里生活的人，会产生报复社会的心态。凡是这种有问题的孩子，大都处于情绪饥饿状态中。

孙：情绪饥饿的人有哪些症状？

郑：这些人生理上的需要能够得到满足，但心理上和情感上的需要得不到满足，被爱、被接纳、被尊重的感觉找不到。他们需要成就感，需要快乐，但他们却很少有时间玩，或者不能尽兴地玩，他们的情感无法得到抒发和表达。另外，如果孩子能有更多和伙伴交往的机会，也会让他们找到表达情感的渠道。但现在，这些快乐的东西经常被父母剥夺，一些负面的刺激，如父母的唠叨、打骂等又包围着他们，而在学校里，老师也对他们很严厉，学习时间安排得很紧。这时，孩子们紧张的心理就无法得到调节，正常的情感也无法得到表达。时间长了，会导致性格与情绪不良。因此，这里形成了一个循环，高压环境导致情感饥饿，情感饥饿又导致性格与情绪不良，性格与情绪不良又会导致攻击性行为。

中国的孩子没玩好

孙：从心理学角度来讲，性格、情绪不良会导致哪些攻击性行为？

郑：一般情况下会有三个极端，第一个是攻击性较强，出现暴力倾向。这种倾向多来自对父母的模仿，父母打骂他们，他们到外面去也学会了抬手就打、张嘴就骂。这样的孩子被称为外向性行为障碍。这种不良情绪都是暴露在外的，比如爱打架、爱骂人、不守纪律、顶撞老师、欺负小同学等。这种孩子的行为问题都表现出来了，在学校里容易被重视。第二个极端是孩子更加压抑，表现为胆小、退缩、唯唯诺诺、不敢说话、不敢做事、不敢与人交往。这样的孩子比较容易被忽视，在他人看来，他比较听话，蔫蔫的，不言不语的。实际上，这种孩子更容易出问题。这种孩子如果到了忍无可忍的时候，就会爆发出来，那种攻击性有时要远远超过前面一种孩子。像有的孩子，突然把父母杀了，或者把同学杀了，或到社会上放火、伤害动物、搞恐怖活动等，大多属于这种情况。

孙：是的，一些事件经常给人强烈的震撼，也是因为人们没有估计到这些极端的行为，总觉得不可思议。

郑：这些孩子大多长期压抑，一旦爆发，就会有很强的攻击性。如果他们成年后，也可能就成了一个反社会的人，会采取一些行为来报复社会。一般来说，打爹骂娘的孩子，大多是外向型行为障碍的人；而那些杀父母的孩子，则大多是内向型行为障碍的人。像徐力杀母和刘海洋硫酸泼熊的事件，基本属于后面这种情况。人们平时很难看出他们的暴力行为，但长期压抑后的发泄，却是令人震惊的。也有的小孩子，在童年时期就表现出一种暴力行为，如折磨小动物等。

孙：我们在调查中也发现，有的孩子缺乏同情心，对小动物特别残忍，喜欢把小猫烧死、把小青蛙的腿扯掉、用烟头烧小狗的皮毛等。

郑：这都是一种发泄，但都是把攻击性指向外界的。这种情绪不良还是属于前两种极端情况。也有第三种极端的行为，如自残、自虐、自杀等。我们常看到的孩子用刀子割自己的腕部，或者在自己身上划口子，这都是把攻击性冲动指向自己的。这三种极端行为都非常危险，但还是第二种最需要引起我们的高度注意，他们更需要关照。

孙：您认为应该怎样关注有极端行为倾向的孩子？

郑：多让孩子玩一玩还是很重要的。一般来说，孩子在外面多玩玩闹闹，对他们的性格发育很有好处。父母和老师不要阻止孩子的淘气行为，也不要只关注孩子的学习成绩，我特别想对父母和老师说的是，考试分数不是最重要的，孩子的性格、情绪才是最重要的。其实父母可以注意观察一下，如果在孩子小时候逼着他们学习，也许他们的分数是上来了，也考上了重点大学，但他们的性格却未必好。有的孩子虽然上了大学，却想退学，或者在学校里人际关系紧张；还有的孩子虽然大学也毕业了，但到了单位以后，却不适应，看什么都别扭。这时父母后悔已经来不及了。

孙：总是有一种不良的东西生长在孩子的身心中，不仅影响到自己的快乐和幸福，也会影响到整个家庭的幸福和社会的安宁。

郑：性格、情绪不良的孩子虽然可能拿到高学历，但他的一生都可能生活得很沉重、很压抑，和领导、同事、下级，和妻子、丈夫、老人、邻居、小孩子的关系都很紧张，这样的人生有什么幸福可言？

孙：记得一位教授曾说过，"现在的孩子上知天文，下知地理，就不知道中间的一块，也就是该怎样做人这一块"，这是否是我们教育的一个盲区？

郑：这其中的确有一些属于德育的内容，比如，应该教育孩子爱父母、遵守学校纪律和社会公德等，但我觉得更容易被父母忽略的是孩子的性格和情绪。那些冷酷的孩子，很多是因为他们情绪不好，心里烦，他们用冷酷的方法去发泄自己的不良情绪。另外，性格不良的孩子承受能力也很低，他们不开朗、不乐观，常用攻击性、破坏性作为一种宣泄。德育是其中的一个方面，性格、情绪不良导致了一些违反社会公德或违法乱纪等行为，这就上升到德育范畴，但原因却有很多，有的就是因为这个层面的问题没有解决好，而不能单纯靠德育来解决。

孙：郑教授，请您给父母们一些建议好吗？

郑：我想主要有下面几点：一是爱孩子但不溺爱，关心孩子但不过度。掌握好"度"是很重要的。二是要重视孩子性格和情绪方面的培养。我一直觉得中国孩子没玩好，尤其是低龄的孩子，缺少户外的游戏和娱乐。衡量一个家庭的教育是否成功、孩子的性格和情绪是否健康，一个重要的标准就是看孩子是否每天都高高兴兴，见到邻居、父母、老师、同学是否很友善、很高兴，而分数则不是很重要的。三是要多让孩子进行群体游戏，让他有很好的伙伴。

孙：谢谢您接受我的采访！

特别提醒

1. 有的孩子，小时候那么多的溺爱，长大学习不能如父母意的时候，父母的脸就变了，过去给孩子的是胡萝卜，现在就会给孩子大棒。这样的变化使孩子承受不了，亲子关系开始紧张。

2. 外向型行为障碍的人，其倾向多来自对父母的模仿，父母打骂他们，他们到外面去也学会了抬手就打、张嘴就骂。内向型行为障碍的人，孩子更加压抑，表现为胆小、退缩、唯唯诺诺、不敢说话、不敢做事、不敢与人交往。这样的孩子比较容易被忽视，在他人看来，他比较听话，蔫蔫的，不言不语的。实际上，这种孩子更容易出问题。这种孩子如果到了忍无可忍的时候，就会爆发出来，那种攻击性有时要远远超过前面一种孩子。

3. 一般来说，打爹骂娘的孩子，大多是外向型行为障碍的人；而那些杀父母的孩子，则大多是内向型行为障碍的人，人们平时很难看出他们的暴力行为，但长期压抑后的发泄，却是令人震惊的。

郑日昌 教育箴言

在一个人生命的早期，环境对他们的影响比较深刻。特别是在性格和情绪方面，家庭环境对孩子的影响更大。

孩子活得很累、很压抑，或者长期处于没有人管的状态，在家庭得不到温暖，不被亲人和社会所接纳，甚至受到排斥和歧视。这样的孩子都容易产生情绪饥饿。

情感饥饿容易导致性格与情绪不良，而性格与情绪不良又会导致攻击性行为。

考试分数不是最重要的，孩子的性格情绪才是最重要的。

爱孩子但不溺爱，关心孩子但不过度。掌握好"度"是很重要的。

中国孩子没玩好，尤其是低龄的孩子，缺少户外的游戏和娱乐。

1968年，美国哈佛大学一位叫罗森塔尔的教授主持了一项实验。他们随机选择了8个班的一至六年级的小学生，运用智力测验的方法对他们进行鉴定，然后，专家们给这些学生的老师一份名单，告诉老师说，名单上的孩子智力很好，他们将来在学业上会有迅猛发展。但实际上，这份名单只是随意写出来的，并不是智力测验的真正结果。老师们信以为真，对名单上的孩子印象好、态度好、期望高。8个月后，专家们对实验的8个班进行复测，结果发现，初测结果与复测结果有明显不同：被列入名单的学生比没列入名单的学生智力有明显提高，而且，在六个年级中，一、二年级的学生变化最大，有近一半的学生智商提高达到10分以上。

金盛华：给孩子一个好的起点

　　一个人无论多么优秀，其通向成功的路途如果没有别人的支撑，就必定风雨飘摇。对于一个孩子而言，没有别人的支撑，就连高智慧的目标也不可能达到。这是我在采访金盛华老师中听到的最有冲击的话，而他娓娓道来的故事，可能会吸引我们每一位家长……

被访人物　　金盛华，北京师范大学教授，博士生导师。先后担任北京市社会心理学会副理事长兼秘书长、美国国家心理健康研究院（NIMH）项目研究员和项目顾问、世界卫生组织项目顾问和北京市社会心理学会理事长、中国社会心理学会常务理事兼理论与教学研究专业委员会主任、中国心理学会社会心理学专业委员会副主任、北京市社会心理学会副理事长、《北京师范大学学报》社会科学版编委、《心理学探新》杂志编委、《社会心理研究》杂志编委等学术职位。曾主持"十一五"国家教育科学规划哲学社会科学重点项目、教育部人文社会科学重大项目等科研课题多项。

访谈实录

　　孙宏艳（以下简称孙）：金老师，在研究中我们发现，许多家长都特别希望孩子能上个好学校，但是，令家长们苦恼的是，孩子们到了好学校，并没有学出好成绩，相反非常不招老师喜欢。为此，一些家长忧心忡忡，希望我们能给出一些好办法。请问，为什么孩子们同时进了好学校，有的孩子学习好，老师也喜欢；有的孩子却学习不好，老师还特别讨厌这些孩子呢？

　　金盛华（以下简称金）：一个孩子成绩如何，与许多因素密切相关。但如果单纯从学校因素来看，从老师是否喜欢这个角度讲，就和学校社会心理处境分化有很大关系。

　　孙：请您详细解释一下"学校社会心理处境分化"。

　　金：比如说，一些孩子同在一个很好的学校里，大家都吃一样的饭，上一样的课，但是，并不意味着在这样的环境里，每一个孩子都能够处于有利的位置，都能够发展得很好。每一个社会情境里面，都有位置分化。就像一个组织里面，有的是干部，有的是普通群众一样。学校社会心理处境分化，是指孩子在学校里面，是否在社会心理方面处于比较有利的、更利于发展的位置。事实上，有些孩子是处于有利地位的，而有些孩子就处于不利发展的位置。这其中最重要的因素就是老师对待学生的态度。

孙：也就是说，在学校这样的环境里，教师的态度对孩子的成长是最重要的？

金：是的，对于从幼儿园后期到小学三、四年级的孩子们来说尤其是这样。因为他们还小，他们不知道自己是谁，他们对自己的判断都来自于"重要他人"。

孙：什么是"重要他人"？

金：这是心理学中的一个概念，就是说对人影响最大的人。对于小学生来说，教师和家长就是他们的重要他人，特别是教师。如果老师对孩子的态度是积极的、高期望的，那么孩子就会发展得好一些。假如说一个孩子不被教师喜欢、被轻看，那么孩子的社会心理处境就会处于不利的地位。

孙：教师的好印象，对孩子的成长有哪些积极的影响？

金：有一个著名的实验，叫"皮格马利翁效应"。1968年，美国哈佛大学一位叫罗森塔尔的教授主持了这项实验。他们随机选择了8个班的一至六年级的小学生，运用智力测验的方法对他们进行鉴定，然后，专家们给这些学生的老师一份名单，告诉老师说，名单上的孩子智力很好，他们将来在学业上会有迅猛发展。但实际上，这份名单只是随意写出来的，并不是智力测验的真正结果。老师们信以为真，对名单上的孩子印象好、态度好、期望高。8个月后，专家们对实验的8个班进行复测，结果发现，初测结果与复测结果有明显不同：被列入名单的学生比没列入名单的学生智力有明显提高，而且，在六个年级中，一、二年级的学生变化最大，有近一半的学生智商提高达到10分以上。这说明，教师的态度可以直接影响到学生的智力水平。学生的学校社会心理处境分化正是从教师的态度开始的。

孙：教师对孩子的态度和家庭教育有很重要的关系吗？

金：这个实验早就有了，已被介绍到我国，但人们并没有注意到这和家长的教育方式也有很大关系。一些家长不惜金钱，希望通过送礼能在老师那里获得一些特别的关怀。但这样做只能变成恶性循环。如果一个孩子并不那么优秀，而教师一味地鼓励，这并不能构成真正的社会心理处境分化的有利地位。如果孩子的社会心理处于不利的地位，首先会影响他的性格发展，同时，性格作为一种成长的背景，又间接地影响了智力的发展。很多家长潜意识里都有一个假定，即孩子聪明将来就会有出息。其实是错的，很多聪明的人并不一定有成就。科学研究表明，天才只有一半是有成就的。为什么另外一半没有成功，甚至还混得不如一般人？主要是因为其他的因素使他们偏离了成功的轨迹。

孙：其他因素是指情商吗？

金：这并不是一个简单的情商问题，而是社会智力问题。这个概念是和智力相对应的，它是指人的社会性发展。例如，人的社会适应性、社会理解力、自我调整等。也就是说，当一个人在自己与社会环境之间找到了最佳的匹配能力时，他就更容易获得成功。

孙：什么因素最能够影响教师对学生的印象？

金：教师对学生的态度，是由印象决定的。一般情况下，学生的心理学鉴定结果、成绩、性别、身体特征、家庭的社会背景、经济背景、学生在老师面前的表现，都会影响到老师对学生的印象。但是，中国的传统是高度强调做人，所以，学生的行为状况对老师的影响才最大。

孙：家长们都希望自己的孩子能遇到一个素质高的老师，但现实未必那么顺心如意。那么，家长在家庭教育中如何帮助孩子在老师那里获得很好的印象？

金：表面上看，贿赂或许能够买来一些教师的支持，但人与人之间的接受是存在普遍性的，如果硬装出来一种喜欢的情感，那并不能给孩子真正的鼓励。家长希望教师喜欢自己的孩子，就应该意识到自己的新责任，即通过自己的努力，使孩子在进入学校的开初，有一个好的起点，帮助孩子做一个社会人，从而在学校社会心理处境分化中处于有利地位。

孙：怎样才能给孩子一个好的起点？

金：第一是要让孩子有一个好的性格，能够很好地适应，能够很好地与别人相处。现在，由于家家都是独生子女，家长害怕孩子吃亏，于是许多家长私下里教育孩子不要吃亏，结果孩子把这种自私的观念带到学校里、带到群体环境中，这样的人，在社会心理处境分化的意义上，无法为自己赢得一个有利的地位。这样的家庭教育就是失败的教育。假定现在有一个什么机会，我想人人都不会把机会给予一个自私的人。这样，你就可能失去机会，就不利于自己的发展。现在许多家长还没有很好地认识到这一点。

孙：除了教育孩子不要自私以外，是否还要告诉孩子学会关心别人？

金：是的。独生子女大多只有被关怀的经历，而没有关怀别人的经历。家长应给孩子创造关怀别人的经历。在关怀过程中，孩子会获得一种愉快的体验。在美国，家长们给孩子较多的是"危险警告教育"，也就是我们现在所说的自我保护教育。但我们所进行的更多的是自私教育，有的家长告诉孩子不要去帮助别人，鼓励孩子攻击。

相反，我们在自我保护教育方面却很差。家长教育孩子，实际上是把自己的人生观和生活方式在孩子身上延续，现在这种延续更多的时候需要进行调整。

孙：在学校社会心理处境分化方面，还有哪些因素起到重要作用？

金：同伴的态度也很重要。一个孩子如果不被同伴接受，对他的发展也会有很大影响。而且，随着孩子年龄的增长，这种影响作用会越来越大。

孙：那么，怎样使孩子获得同伴的好印象呢？

金：除了刚刚所说的不要自私、关怀别人以外，家长还要教育孩子懂得交往、懂得分享、从别人的视角去考虑问题。在美国，家长们是鼓励孩子进行交往的，而且交往方式非常规范。比如，当我的孩子被同学邀请去做客时，我会收到同学家长亲笔签名的信件，告诉我我的孩子放学时将一起被接回家中做客，请我晚上几点钟准时来接孩子回家。现在我们虽然经常提到竞争与合作，但到底怎样竞争、怎样合作，在家庭教育方面可以说是一个空白。人是社会的，在走向成功的路途中，有很多原因来自于他人。一个人无论多么优秀，其通向成功的路途如果没有别人的支撑，就必定风雨飘摇。对于一个孩子而言，没有别人的支撑，就连高智慧的目标也不可能达到。许多事实证明，谁采用了合理的、健康的方式与人交往，谁就有可能获得成功。

孙：怎样教育孩子与成人交往？

金：在家庭中，许多家长不信任自己的孩子，很少教育孩子用成熟的方式与成年人交往。在国外，如果过生日，孩子都知道自己拿出一部分钱来，父母一半、孩子一半，这样，孩子在消费中懂得了责任、义务。在我们国家，一些家长经常打骂孩子，这说明没有把孩子当作一个独立的个体来看待，孩子本身并没有得到足够的重视。如果家长能够给孩子足够的尊重，那么在处理各种问题的时候都会换一种思维方式，孩子也就从中学会了与成年人交往。一些家长不惜重金提高孩子的智力，有时候反而走了弯路。

孙：谢谢您接受我的采访。

特别提醒

1. 如果孩子的社会心理处于不利的地位，首先会影响他的性格发展，同时，性格作为一种成长的背景，又间接地影响了智力的发展。

2. 很多家长潜意识里都有一个假定，即孩子聪明将来就会有出息。其实是错的，很多聪明的人并不一定有成就。科学研究表明，天才只有一半是有成就的。为什么另外一半没有成功，甚至还混得不如一般人？主要是因为其他的因素使他们偏离了成功的轨迹。

金盛华 **教育箴言** ·····································

如果老师对孩子的态度是积极的、高期望的，那么孩子就会发展得好一些。

当一个人在自己与社会环境之间找到了最佳的匹配能力时，他就更容易获得成功。

一个人无论多么优秀，其通向成功的路途如果没有别人的支撑，就必定风雨飘摇。

对于一个孩子而言，没有别人的支撑，就连高智慧的目标也不可能达到。

谁采用了合理的、健康的方式与人交往，谁就有可能获得成功。

有的人，成了暴发户以后，钱多得不知道怎样享受，只好买了一个金马桶，摆在家里……为什么大家经常能够看到这些"土豪"呢？就是因为这些人已经没有了享受生活的能力和需要。如果家长们不关注孩子感性能力的培养，就很容易使孩子成为一个没有情趣的人，使他们与幸福擦肩而过。

周海宏：感性能力使孩子生活更幸福

　　一个人如果缺乏感性能力，他的素质也绝不会很高。"中国音乐心理学研究第一人"周海宏如是说。在两个小时的采访中，他不时地穿插一些他生活中的小故事，风趣、幽默，他强调，许多家长们总是让孩子学习、学习、再学习，而不给孩子出去体验的机会，其实是人为地降低了孩子的整体素质。

被访人物　周海宏，中央音乐学院音乐学系教授、博士生导师，现任中央音乐学院副院长、中央音乐学院音乐学研究所所长。主要从事音乐心理学、音乐美学教学与研究工作。也被人们广泛称为"中国音乐心理学研究第一人"，热衷音乐普及工作。主要作品有《走进音乐的世界》《儿童学琴心理教育策略》。

不要让幸福与孩子擦肩而过

　　孙宏艳（以下简称孙）：您在谈到素质教育的结构时，曾经提出了人类获得良好生存应具备的八个条件，它们是良好的身体素质、心理素质、认识能力、体验能力、权衡能力、群体协调的能力、创造的能力以及良好的习惯培养。今天主要想请您谈谈感受体验能力。我觉得这是很有意思的一个话题。请问什么是人的感受体验能力？

　　周海宏（以下简称周）：所谓感受体验能力，其实很简单。当你吃一口菜的时候，你是毫无滋味地把它咽下去了，还是体验到了它的味道？当你走到大海边的时候，你是否感受到了大海的波澜壮阔？当你在家里的墙上挂一个镜框的时候，你是否关注它的位置？当你穿一件衣服的时候，你是只要求保暖，还是注意颜色、式样的搭配，使人看起来很赏心悦目？这种追求感觉的适宜性和愉悦性的能力，就是人的感受体验能力，也叫感性能力。而艺术，是这种感性能力的最高表现形式。

　　孙：这么说，感受体验能力是每个人生来就有的了？

　　周：不。事实上，并不是每个人都有这个能力。虽然每个人都有感觉，但要把这种感觉变成一种对生命的体验和感受，却需要一种能力。比如，有的人到了大海边就会说："啊，大海真大！"这样的人，他只看到了大海作为一个存在的物体，它的物理性是大的，但对于大海没有别的感受。也有的人，吃饭食而无味，感受不到美味带来的愉悦。这样的人就不具备感性能力。

孙：这种感性能力对于一个人的成长很重要吗？

周：当然很重要。我们都知道，人类具有感性活动和理性活动。人的感性活动大多有两个方面的重要作用。首先它是人类认识活动的初级阶段，通过一些感性活动，可以帮助人们认识许多事物，比如你尝了苦瓜以后，就知道苦瓜是苦的了。其次感性活动还不仅仅是一种认识手段，它还是一种目的，感性的本身就是一种生活的目的，是幸福的体现。当你具备了这种能力，你就能够感受到生活中许多美的东西。而有的人，由于没有体验能力，或者说他们缺少以感性的方式对待生活的能力，他们的生命质量一定是不高的。如果不能体验生活中的美，不能关注生活中丰富多彩的事物，这样的人生一定是枯燥的人生。所以，通常我们所说这个人是否有情趣，就是指这种感性的能力。情趣是一种什么东西呢？就是一个人的感性特征是否丰富，是否对美好的事物感兴趣。这是感性能力对于个人成长的重要性。

孙：这种感性能力对于一个人获得幸福也很重要吗？

周：是的。试想，如果一个人即使对社会做出了重大的贡献，但他的各种感官却得不到满足，那么这个人的生活将是什么样子的？他穿的可能是破衣烂衫，吃的可能是粗茶淡饭，对周围一切美好的事物都视而不见，这样的人能生活得好吗？其实，一个人要生存是很容易的，但要活得好却不那么容易。我们每天在奋斗、在竞争，其实都是为了活得更好。

孙：您所说的更好的生活是指什么？

周：一方面是生存的安全感，另一方面就是各种感官的最大满足。如果当幸福就在你面前的时候，你却感受不到，那不是很可悲的吗？比如，有一个富商，当他发财以后，就买了一辆豪华汽车，但是，他却是蹲在汽车后座上，因为他已经不会享受生活了。也有的人，成了暴发户以后，钱多得不知道怎样享受，只好买了一个金马桶，摆在家里，这样的人，显示的只是他的财富。为什么大家经常能够看到这样一些"土豪"？就是因为这些人虽然有了享受生活的条件，但他们已经没有了享受生活的能力和需要。如果家长们不关注孩子感性能力的培养，就很容易使孩子成为一个没有情趣的人，使他们与幸福擦肩而过。

不要人为降低孩子的素质

孙：人的感受体验能力对于社会的发展是否也具有一定的意义？

周：感性能力对于社会的发展也是非常重要的。感性能力不仅要培养人的各种感觉器官的敏感性，同时还要培养人产生良好感觉的需要。如果一个人没有这种需要，他创造出来的产品就是丑陋的。比如，生产汽车的人，如果没有对美好感受的追求，他可能就给发电机加几个轱辘，再盖上一个大铁壳子，就完事了，就算是汽车了。这样的汽车当然不好看。我们生活的世界是否美好，主要来自于我们对这个世界的要求，也就是说，你是否需要它很美好，如果你需要，你就会努力去创造它。而这种要求，应该来自于每个人，而不是来自于某几个人。事实上，每个人对美好的事物都是有需要的。比如，古代人生产的各种水罐，它的功能就是盛水，但他们在生产力非常低下的情况下，仍然花很大的精力画上鱼形纹、水形纹，把水罐造得很漂亮。如果他们不需要美观，完全可以节省很多劳动，可以把精力用在造更多的水罐上。这也是人和动物的根本区别，即人不仅需要肉体的生存，更需要精神的愉悦，而这种精神的愉悦，就体现在每一种感觉器官的美好体验上。因此，如果一个民族没有感性能力，那么这个民族将是非常枯燥的，即便这个民族有最先进的科技，它的世界仍然是苍白乏味的。

孙：可我觉得长期以来，人们很少关注这种能力，家长在对孩子进行教育的时候，也更多地提到竞争、奋斗、刻苦，却很少教育孩子学会去感受一种事物、体验一种幸福。在人们的旧有观念中，这种能力可能是属于享乐的范畴吧？而我们传统的教育是非常排斥、拒绝享受的，会享受的人在人们眼里大多是"纨绔子弟"。

周：的确是这样。前几天，我乘出租车的时候，那位司机问我是学什么的，我说是学音乐的，那位司机就说，学音乐有什么用？我指了指他车上正在播放音乐的收音机，说："你不是正在听音乐吗？"他说："音乐又不能当饭吃。"我说："如果这样说，你的衣服也不必穿好的，只要能遮羞、遮寒就可以了。"

孙：人的体验能力在人的整体素质中占据怎样的位置？

周：刚刚你也提到了我的那篇文章，我在其中提到了人的八个方面的能力。可以说，它的确是人的整体素质中很重要的一个方面。一个人如果缺乏感性能力，他的素质也绝不会很高。许多大科学家、大艺术家，他们都具有很好的感性能力。如果一个人什么都不会，就知道学习，他也不会是一个具有持久发展能力的好学生。许多家长们总是让孩子学习、学习、再学习，而不给孩子出去体验的机会，其实是人为地降低了孩子的整体素质。

不要干瘪孩子的创造细胞

孙：我读过《爱因斯坦传》，很受感动。爱因斯坦不仅是一位科学家，他还是一个小提琴演奏家，他毕生都对音乐很痴迷。在柏林科学院，他曾和普朗克一起演奏贝多芬的作品，被人们称为美谈，因为他们两个人，一个是量子论的创始人，一个是相对论的创始人，而量子论和相对论共同构成了20世纪物理科学的两大支柱。可以说，他们两个人的成功，都离不开音乐的作用。

周：是的。其实，感性能力还有两个方面的重要作用。感性能力是人的一种自我体验能力，它本质上不是一种竞争能力，因此，重视自我感性体验的人，大多很少关注人与人之间的征服欲望。比如，两个人都喜欢听音乐，那么他们的注意力大多都在音乐上，很少去想竞争的问题。因此，感性能力间接地也培养了人与人之间的协调感。再者，感性的东西主要是依赖体验，而体验是很自由的东西，是人的需要的满足。这种自由感、满足感会使人轻松，从而带来创造的欲望。

孙：这么说，一个人的感性能力和创造有着很密切的关系？

周：是的。许多工科的学生，看起来很用功、很刻苦，但是他们的创造力却很差，为什么？主要是因为他们缺乏感受和体验的能力，整个人看起来很干瘪，周身的神经都不活跃，这样势必使大脑的神经细胞也受到抑制。在高校里，很多学习最好的学生并不是最用功的学生。相反，那些爱踢足球、爱聊天、爱玩的学生成绩倒是不错。这些人由于体验很多，他们的神经不容易被束缚、被扼制，人看起来很灵活、很自由，而这种精神上的自由和舒展，恰恰是创造的动力。另外，只有人们具有了感性的需要，才能促使自己具有创造的动力。当你使用灯泡的时候，你感到它不亮，你就会产生一种想把它变亮的需要，这种需要，也可能促使你创造。

孙：现在，随着人们生活质量的提高，人们的休闲意识更强烈了。我想一个人的感受能力很强的话，他也会更好地享受生活。

周：休闲，其实不是单纯指休息，而是指学会用各种各样丰富的、感性的东西来体验生活、享受生活。也就是说，我们要学会放下身边的工作和学习，去体验生活当中美好的事物。其实质是教会人们享受，享受音乐、享受美术、享受大自然、享受美食等。在休闲当中不仅使得人们感性愉悦，也使人们对许多美好的事物产生一种需要。有的人一生都不需要音乐，一生都不看画，这些人对美好的事物没有需要。

 不要把艺术教育变成技能教育

孙：可许多家长都爱对孩子说，为了长大以后的幸福，今天必须刻苦读书，放弃享受，你现在吃苦，长大以后就可以比别人生活得好了。

周：这和人的权衡能力有关。我曾看过一本书，讲的是人和动物的区别。作者举了一个例子，说把一条潮虫放在蜂窝煤里面，它在其中睡得很舒服。但当我们把火点着的时候，潮虫觉得下面烤得很难受，就爬到上面，可上面又有太阳晒着，它又爬到下面，这样折腾几次，它可能就死掉了。而如果是人类，他们就宁可在上面待着，因为这样可以活得更长一些。这就是人和动物的区别，动物追求即时的快感，而人类追求更大的快感。所以，我认为，人活着的目的是为了快乐，更快乐。我加了后面这句"更快乐"，以区别于动物。家长们为什么觉得孩子们的今天不重要，明天才是重要的？为什么让孩子先苦后甜，为了一个更大的快感，而扼制当时的快感？这就需要家长和孩子权衡一下。

孙：可是生活中也有一个很有趣的现象，许多孩子小的时候学得很苦，大了以后并没有像家长所想象的那样生活优越，相反他们活得枯燥无味，也没有获得真正的快乐。而那些小时候爱玩爱闹的孩子，长大了以后却生活得很精彩。

周：的确存在这样的现象。因此，我建议，家长应该尊重孩子的选择，让孩子自己权衡是今天更重要还是明天更重要。每个人对自己的感性欲求的方向是不一样的，家长不要用自己的选择代替孩子的选择。

孙：您在前面提到艺术教育是一个人感性能力的最高表现，但一些家长却把对孩子进行的艺术教育当成了知识教育和技能教育，这是否走入了艺术教育的误区？

周：是这样的。艺术教育之所以在人类社会存在，它的作用主要是满足了人们的感性需要，而不是满足人们的认识需要。音乐，满足的是人们听觉上的享受，绘画满足的是人们视觉上的享受。如果家长们用知识教育的方式来进行艺术教育，无疑是进入了一个误区。我在中央音乐学院附中上音乐欣赏课，就改变了过去的方法，不讲一点儿知识，这些都留给孩子们课后自己去学习。我只讲感觉，让学生们仔细去听，听完以后谈感觉，结果收到了很好的效果。我发现，其实任何一个人，他的感觉敏感程度都是够的，只不过有的人不太会注意，不知道注意什么地方。只有这种感觉的训练，才能培养孩子们感觉的能力和需要。

孙：真正对艺术的理解应该不是知识性的，而是感性能力方面的。爱因斯坦酷爱巴赫、莫扎特、贝多芬的作品。可当有人问他对巴赫有何见解的时候，他却回答：关于巴赫的作品和生平，我们只有聆听它、演奏它、敬他、爱他，而不要发表什么议论。我觉得爱因斯坦就是特别重视感受和体验，而不是把巴赫的音乐当一门知识来学。

周：对。许多艺术的东西留下来，不是因为它的知识性，而是因为它的感性体验。感性的成分也是艺术与非艺术的区别。

孙：家长们如何才能培养孩子的感受体验能力呢？请您给家长们一些建议。

周：第一，认识问题。这一点是最重要的，认识问题解决不了，谈什么都没用。在我们的文化中，常常是贬低享受和愉悦的，如好吃喝、好玩、臭美等，都是包含着贬低的意思。其实人们享受生活，是对幸福的正当追求。第二，利用一切机会带着孩子去感受。比如，听音乐、看画展、去旅游等，都是很好的活动。家长要敢于把孩子轰出家门，让他们去体验。第三，给孩子选择的机会。现在，许多中国孩子都是父母给他们买衣服，很少有孩子自己买衣服。其实，让他们自己选择的过程，就是孩子感受的过程。不过说来说去，第一点还是最重要的，如果观念上改变不了，无论是家长还是孩子，都无法摆脱已有的束缚。而且，观念上的僵化，常常使人们承受道德上的谴责。在中国传统文化中，追求感官上的享受是一种不道德的行为，是可耻的。这样的思想，怎么能使孩子成长为一个有情趣的人！

孙：谢谢您给我们的帮助。

特别提醒

1. 在高校里，很多学习最好的学生并不是最用功的学生。相反，那些爱踢足球、爱聊天、爱玩的学生成绩倒是不错。这些人由于体验很多，他们的神经不容易被束缚、被扼制，人看起来很灵活、很自由，而这种精神上的自由和舒展，恰恰是创造的动力。

2. 只有人们具有了感性的需要，才能促使自己具有创造的动力。当你使用灯泡的时候，你感到它不亮，你就会产生一种想把它变亮的需要，这种需要，也可能促使你创造。

周海宏 教育箴言

一个人缺少以感性的方式对待生活的能力，他的生命质量一定是不高的。

如果家长们不关注孩子感性能力的培养，就很容易使孩子成为一个没有情趣的人。

如果一个民族没有感性能力，那么这个民族将是非常枯燥的。

一个人如果缺乏感性能力，他的素质绝不会很高。

如果一个人什么都不会，就知道学习，他不会是一个具有持久发展能力的好学生。

感性能力间接地培养了人与人之间的协调感。

只有人们具有了感性的需要，才能促使自己具有创造的动力。

有的父母总是告诉孩子，现在苦一些是值得的，将来就幸福了。但我不这么认为。如果一个孩子从小就学习得不愉快，生活得不愉快，他的成长能愉快吗？他能有一个愉快的人生吗？如果他从小就不爱写作文，有过算术不愉快的经历，他长大以后怎么可能感受到快乐和幸福？

倪谷音：幸福，从童年开始

　　学生们存在学业负担过重的问题，有一部分孩子感到学习是个苦差事。但是在调查中，我们有一个特别的发现，就是有的学生并不觉得多花时间学习是苦差事。同样是学习，为什么有的学生觉得苦，有的学生不觉得苦？可见，苦和乐是相对的，并不以花时间多少来决定。凡是孩子爱做的事情，喜欢学的知识，时间多些他们也不觉得负担过重，也绝不会感到是苦差事。所以，要让孩子不觉得苦，觉得幸福，最好的办法是让他们愉快地去做事。

　　倪谷音，一位提出"愉快教育"办学思想的教师，引起了国内、国际教育界的关注。我们的对话开展得一如她的理念，愉快！她说，要让孩子心情愉快地接受教育，教育者首先要看到差异，看到每个人行为方式和精神世界的丰富性、多样性。"父母的责任不是给孩子幸福的未来，而是给他们幸福的现在。"

　　被访人物　倪谷音，原上海市第一师范附属小学校长。历任上海第一师范附属小学少先队大队辅导员、副教导主任、校长、名誉校长、全国小学管理学会副理事长、上海少先队工作学会副会长。先后被评为上海市优秀教师、特级教师、劳动模范、全国先进工作者、全国优秀辅导员。曾担任第五届全国人大常委。20世纪80年代初提出了"愉快教育"的办学思想，引起了国内、国际教育界的关注。

苦和乐是相对的

　　孙宏艳（以下简称孙）：倪老师，您提出的愉快教育，如今已经根深叶茂。请问您是在什么时候、什么情况下提出这个教育思想的？

　　倪谷音（以下简称倪）：我们是在20世纪80年代就提出了这个教育思想。我1952年从上海第一师范学校毕业以后就来到了上海第一师范附属小学（以下简称一师附小），这所学校是教育家陈鹤琴老先生创办的。来了之后我先做辅导员。这是我自己要求做的。我读书的时候，就经常接触到一些小学生，对他们非常有感情。所以我特别希望能做辅导员，经常和孩子在一起。在工作的过程中，我感受到孩子们是可爱的，我希望孩子们能够有个幸福的童年。可是，幸福应该是什么样的呢？怎样才能给孩子幸福？这使我不断思考。

孙：您是从孩子的幸福出发开始考虑"愉快教育"的？

倪：是的。我觉得怎样才能让孩子们幸福呢？就是要让他们快乐，学起来轻松。可是当时，学生们存在学业负担过重的问题，有一部分孩子感到学习是个苦差事。但是在调查中，我们有一个特别的发现，就是有的学生并不觉得多花时间学习是苦差事。同样是学习，为什么有的学生觉得苦，有的学生不觉得苦？可见，苦和乐是相对的，并不以花时间多少来决定。凡是孩子爱做的事情，喜欢学的知识，时间多些他们也不觉得负担过重，也绝不会感到是苦差事。所以，要让孩子不觉得苦，觉得幸福，最好的办法是让他们愉快地去做事。就是从这一点出发，我们提出了"愉快教育"。

孙：您当初提出愉快教育是从学习的角度出发的？

倪：是的。但后来我认识到，学生应该从愉快学习到愉快活动，从愉快活动到愉快生活，最后达到愉快成长。因为当时人们都认为学习很苦，所以我有针对性地提出要进行愉快教育。

孙：愉快教育的主要内容是什么？

倪：我们当时的主要目的是为了让学生们在愉快中成长，所以，在进行各项活动时，就努力改变形式，争取让学生在获取知识的同时，也获得愉快，自然地受到教育。比如，我们在进行美化校园的活动时，就让学生"认识校园"，让他们"给花草树木普查户口"，在活动中认识哪些是常青树、常青草，哪些是季节树、季节花，哪些是果树，哪些是观赏树，它们的名称、特征、生长过程以及开花、结果的季节各怎样？后来，已经毕业的学生在回顾他们的小学生活时说："我们在附小不仅有紧张的学习，还有许多饶有兴趣的活动。在那里读书，我们感到很幸福！"

孙：这样的事例一定不少吧？

倪：是的，几乎比比皆是。比如，一年级的小朋友要加入少先队了，少先队大队部就先要求他们做一项种子发芽的实验。孩子们高兴极了，不仅种了豆，还写下了详细的观察过程，有的孩子写得非常仔细、生动。还有的学生用蜡笔画了图。这样，不仅增长了知识，还增长了实验的兴趣。同时，少先队在学生们眼里也更加有吸引力了。我想这就是"愉快教育"的一种——让孩子们在愉快的情绪下接受教育。

愉快教育以尊重为出发点

孙：国家一直在呼吁给学生减轻学习负担，因此我觉得在今天重提愉快教育非常有意义。

倪：但是，愉快教育绝不是不留作业，玩玩乐乐。愉快不能等同于轻松。有的人认为，愉快就是对学生没什么要求，放任自流，让学生想干什么就干什么。其实这是一种误解。更准确地说，愉快教育是一种教育思想，即教育者应该把学生看成独立的人，把尊重学生的独立人格作为教育的前提和对待学生的基本态度。这是一个根本的出发点。

孙：愉快教育是否还应该尊重学生的差异？因为如果用一个标准来衡量人的话，势必会使许多人因此成为失败者。

倪：是的。愉快教育倡导教师把学生看成具有巨大潜能的人和有个别差异的人。这是一个基本的立足点。可以说，没有潜能的人是不存在的，有的人表现在考试方面，有的人就表现在别的方面，如果仅仅用成绩来衡量学生，会使许多有才华的学生丧失信心。因此，要让孩子心情愉快地接受教育，教育者首先要看到差异，看到每个人行为方式和精神世界的丰富性、多样性。

孙：我知道，愉快教育不仅在一师附小收到了良好的效果，也在全国宣传了成功经验。那么，根据您多年的教育经验，怎样实施这种教育思想才最有效呢？

倪：主要依靠活动。想当初，我们学校进行愉快教育，也是在活动中受到的启发。我没有上过正规的大学，但多年做辅导员的经历使我认识到，孩子们内心真正追求的是快乐。同时，在工作中我也发现，孩子们在感受愉快的同时，他们的德智体美等方面也得到了愉快发展。

孙：您在怎样的活动中有这样的感受？

倪：比如，有一次，我们组织了一次近200名少先队员的夏令营，住在郊区部队一个简陋的营地里，吃住都比较困难。因为人多床少，孩子们两个人睡一张床，人人都被蚊子咬了。我当时想，孩子这次可吃苦了。谁知道，他们竟然十分兴奋。无论是晨曦时看日出，还是踩着露珠去钓龙虾，或者顶着太阳下农田，或者傍晚时放风筝，他们都特别高兴，因为这些活动在学校内是看不到的，也体会不到。所以，他们把苦忘得一干二净，逢人就说夏令营好。回来以后，老师并没有布置他们写作文，但孩子们却自觉地写了好多感想。这使我感到，活动是愉快教育的重要途径和载体。而且，孩子们主动进行的活动才能够真正使他们感到愉快。

孙：是啊，孩子之所以感到一些事情是苦的，就是因为他们在被动地进行这些活动。

孙：对，如果孩子们能够主动进行活动，他们会在活动中感受到快乐。因此，对于教育者来说，把活动设计好，让孩子们主动参与，发挥他们的自主性。

父母的责任是给孩子幸福的现在

孙：您的愉快教育思想能否在家庭里得到很好的实施？

倪：其实这种思想也非常适合家庭。每个父母都希望自己的孩子生活愉快、幸福，这是毫无疑问的。但是，如果孩子学得累，学得苦，他能够感到愉快吗？相反，如果父母能够用愉快教育的观点来看待孩子，承认孩子之间的差异，尊重孩子的差异，并看到孩子的潜能，我想每个孩子都可以愉快学习，并且达到愉快成长。

孙：那么，父母在家庭里怎样做才能给孩子愉快的教育呢？

倪：我想这里需要谈谈愉快教育的四要素了。我把爱、美、兴趣、创造称为愉快教育的四要素。大家都知道，爱是儿童基本的心理需要，每个儿童都渴望在爱的氛围里愉快成长。同样，爱也可以引发出儿童的一些优良品质，因此，我们倡导，教育者要用自己对孩子的爱、对教育事业的爱唤出孩子对学习、对知识、对集体的爱。

孙：我想每个父母从内心里来说，肯定都是爱孩子的。

倪：我相信也是这样。但我们这里强调的爱，不是父母单方面向孩子施爱，而且还要教会孩子去爱。有的父母往往对孩子说"别人打你你就打他"，这样的教育显然不能培养孩子爱的情感，那么这个教育就是失败的教育。我们学校在少先队里组织爱的教育，当有队员生病的时候，小队长会带领队员们，每人给生病同学写一句鼓励的话，这些话写在纸片上，订成精美的册子，送到同学家里。这些活动在有些父母眼里看起来，会觉得没什么用。但孩子却在这样的活动中得到了爱，感到了快乐和满足，因此，他也会用更积极的行动来回报集体。

孙：请您再给父母们介绍一下其他三方面的要素。

倪：爱美、求美是人的天性，也是儿童的基本心理需要，没有美育，不可能形成真正的精神品质。我们要求老师们尽可能在教学过程中用美的文字、美的语言。但对于父母来说，我想美的环境是最重要的。父母可以带孩子到美丽的自然中去，也可以把家布置得美一些，有花有草，或者用孩子的一些手工作品点缀他的房间和成年人的房间，这样的环境给孩子的是一种暗示和鼓励。兴趣和创造，我们在学校里进行的活动比较多，但在家庭里没有什么特别的要求，父母多激发孩子的兴趣，多给他们创造的机会就可以了。

孙：谢谢您，希望父母们也能给孩子一个愉快的童年。

倪：幸福，是从童年开始的。有的父母总是告诉孩子，现在苦一些是值得的，将来就幸福了。但我不这么认为。如果一个孩子从小就学习得不愉快，生活得不愉快，他的成长能愉快吗？他能有一个愉快的人生吗？如果他从小就不爱写作文，有过算术不愉快的经历，他长大以后怎么可能感受到快乐和幸福？所以，父母的责任不是给孩子幸福的未来，而是给他们幸福的现在。

孙：再次感谢您，相信您的谈话会给父母们许多帮助。

特别提醒

1. 有的人认为，愉快就是对学生没什么要求，放任自流，让学生想干什么就干什么。其实这是一种误解。

2. 每个父母从内心里来说，肯定都是爱孩子的。但我们这里强调的爱，不是父母单方面向孩子施爱，而且还要教会孩子去爱。有的父母往往对孩子说"别人打你你就打他"，这样的教育显然不能培养孩子爱的情感，那么这个教育就是失败的教育。

倪谷音 教育箴言

要让孩子不觉得苦，觉得幸福，最好的办法是让他们愉快地去做事。

没有潜能的人是不存在的。

要让孩子心情愉快地接受教育。

活动是愉快教育的重要途径和载体。

我把爱、美、兴趣、创造称为愉快教育的四要素。

父母的责任不是给孩子幸福的未来，而是给他们幸福的现在。

一个7岁的男孩，他看起来很有灵气，可就是学习十分吃力。据他妈妈说，在幼儿园他能说能唱，教师特别重视他，都说他将来上学一定是好学生。可上学后他不仅不是一个好学生，而且总是被老师留在学校里写作业。原因很简单，他写作业经常抄错数字，记不住字或听写困难，看漏题或竖式计算中经常出错，把加号看成减号等，左右部首颠倒，把"大刀"写成"大几"，"大使馆"写成"大便馆"。他的父母特别着急，打过了，骂过了，可就是不管用。他的一个最大特点就是爱说不爱写。

刘翔平：警惕都市生活中的成长障碍

现在许多父母不理解孩子为什么会出现学习困难，有的孩子看起来挺聪明的，嘴巴灵巧，看电视的时候也特别能够记得住情节，说什么他好像都挺明白，会玩各种变形金刚。可就是不爱学习，一到了学习问题上，就像换了一个人似的，作业马虎，字也写不好……刘翔平，一位以自己名字命名的中小学生心理教育培训学校校长，在接下来的访谈中将告诉您孩子之所以出现较多学习障碍问题的缘由。

被访人物 刘翔平，北京师范大学心理学院教授、博士生导师、临床与咨询心理学研究所所长，北京翔平中小学生心理教育培训学校校长。曾担任中国心理学会学术委员会委员、北京市健康人格学会常务理事、学习障碍研究会副会长等学术职务。主要研究兴趣和领域为中小学生心理健康教育与辅导，学生学习障碍和注意力障碍的诊断与矫正，学生的社会技能的发展与培养等。

学习障碍和家庭生活方式密切相关

孙宏艳（以下简称孙）：我们在日常生活中常常发现：有的孩子看起来挺聪明的，嘴巴灵巧，看电视的时候也特别能够记得住情节，说什么他好像都挺明白，会玩各种变形金刚。可就是不爱学习，一到了学习问题上，就像换了一个人似的，作业马虎，字也写不好，您认为这种状况属于学习障碍吗？

刘翔平（以下简称刘）：您说的这种状况和我们所接触的一个案例特别像。我们心理教育咨询中心曾经接待过一个7岁的男孩，他看起来很有灵气，可就是学习十分吃力。据他妈妈说，在幼儿园他能说能唱，教师特别重视他，都说他将来上学一定是好学生。可上学后他不仅不是一个好学生，而且总是被老师留在学校里写作业。

孙：这样的孩子为什么还会经常被老师留在学校里呢？

刘：原因很简单，他写作业经常抄错数字，记不住字或听写困难，看漏题或竖式计算中经常出错，把加号看成减号等，左右部首颠倒，把"大刀"写成"大几"，"大使馆"写成"大便馆"。他的父母特别着急，打过了，骂过了，可就是不管用。他的一个最大特点就是爱说不爱写。这样的孩子大多是视知觉—动作统合功能落后。这种状况属于学习障碍的一种。

孙：什么是视知觉—动作统合功能落后？请您为父母们解释一下。

刘：所谓视知觉—动作统合功能（以下简称视—动统合功能）落后就是指视知觉与动作的协调与配合方面出现障碍。我们知道，对于一个人来说，近70%的学习信息要通过视知觉来传达到人的大脑，学习信息传达到大脑后，还要经过与过去经验的统合、加工成为有意义的信号，再经过手的动作传出（写作业或做题）。如果视—动统合功能落后，学生就会出现看和写不协调的现象，写作业时容易粗心大意、拖拉，写字时偏旁部首容易颠倒，上课注意力不集中等。

孙：在发生学习障碍的学生中，这种现象普遍吗？

刘：这是一个极为普遍的现象，我们在咨询诊断中发现，约1/3产生学习障碍的孩子都伴有视—动统合功能落后。

孙：父母怎样才能知道自己的孩子是不是存在视—动统合功能落后的问题呢？

刘：可以用视—动统合测验来进行测查。像刚刚我说的那个孩子，我就给他做了一个视—动统合测验，发现他的视—动统合能力只相当于5岁孩子，连基本的直线都画不直。

孙：为什么看起来很有灵气的孩子会发生这样的问题呢？主要是手眼的协调存在问题吗？

刘：是的，这个孩子虽然看起来很有灵气，但只是其中的一个方面，他爱说话，能说会唱，这些是好的方面，但是他的动手能力怎么样呢？手和眼的协调性又怎么样呢？这些因素都会影响到学习。

孙：请问造成这种现象的内在原因是什么？

刘：现在许多父母都不理解孩子为什么会出现这么多的学习困难，他们常说"我们小时候没有人管我们的学习，也没出现如此多的问题"，可是也许他们不知道，这些问题恰恰和家庭的生活方式有着很大的关系。

 当代儿童缺少公共生活

孙：您所说的家庭生活方式是指什么？

刘：现在的孩子之所以出现学习障碍问题较多，在一定程度上是由于现代都市小家庭生活方式引起的。现代的都市家庭大多住在高楼林立的小区，孩子们也因此没有过多的户外游戏，独生子女们没有兄弟姐妹可以一起玩，过去的弹玻璃球的土地变成了草坪和水泥地，过去踢口袋和毽子的场所变成了自行车棚和停车场，而这些活动曾是过去孩子练习手眼协调的最有效和最直接的方式，天天玩这样游戏的孩子就不会出现手眼协调能力的落后。所以，那个时候父母们抱怨孩子学习困难的也就少一些。而现在的孩子们整天看动画片，玩汽车模型和变形金刚，手和眼的协调很少得到锻炼。就拿看电视来说吧，它锻炼的是听的能力，而不是视觉。

孙：现在出现学习障碍的孩子很多吗？

刘：据研究，新一代出现了越来越多的学习障碍，以美国为例，1987—1988年度被诊断为学习障碍的人数为190万，而同期被诊断为智力落后的人数为60万，被诊断为情绪障碍的人数为37万。它约占到所有儿童的5%左右。

孙：有什么好办法克服这种障碍的产生呢？

刘：为了避免可能出现的视—动统合落后，父母不妨有意识地多让孩子做手工，多练习画画儿，进行各类球类的锻炼，提高手—眼协调的能力等。如果一旦发现这方面严重落后，应当及时找专家进行诊断，必要时可进行特殊补救性的训练。一般经过3～6个月的训练就可以取得明显成效。

孙：看来现代文明反倒成了孩子学习障碍的罪魁祸首。难道都市生活就没有长处吗？

刘：都市生活毕竟是一种文明的生活，和过去相比，在都市里生活的孩子知识面、见识更广了，智力也更好一些。所以，并不是说都市生活不好，关键的问题还是成年人对孩子的引导。最近听说，英国专家调查后得出结论，高层建筑中成长的孩子在交往和动作及视—动统合方面都会出现一定的落后，为此，政府下令把两幢高层建筑炸掉，让人们迁居到低矮的楼房中。这种为了下一代不惜代价的做法值得我们深思。

孙：现在的确存在这样的问题。我们过去都是和伙伴们一起玩，进行集体游戏；学习也是小组学习形式，大家一起讨论。现在的孩子大多是自己在家里玩，不是看电视就是玩电子游戏。这恐怕就是现代文明的悲哀。

刘：这说明当代儿童缺少公共生活。所谓公共生活，是指群体在一起以某种相对固定的方式活动，彼此相互影响、相互促进，形成一个特殊的文化氛围。我们小的时候就不缺乏这样的公共生活。

孙：是啊，那时候虽然没有这么多新式玩具，但大家总是在一起玩着各种游戏，常常是许多人在一起，许多游戏都是大家配合才能玩的，如躲猫猫、跳皮筋等，一直玩到晚上天黑了才被父母叫回家。

刘：对。在游戏中，每人都有固定的角色，角色之间有沟通，这就为儿童提供了一个可以相互模仿和学习的经验，儿童们之间的交流也是真切的、具体的，在不同的角色中儿童相互了解和相互认同。这种游戏式的公共生活，也构成了儿童自己的天地或者叫自己的文化，他们的精神需要和被人理解的需要及锻炼身体的需要，都在这种文化中得以满足。

孙：但是今天的独生子女们在这点上可以说是先天不足，他们大多和成年人待在一起，要么逛商场，要么看成人电视。所以许多孩子都不愿意放寒暑假。

刘：有一次，寒假过后我儿子对我说，开学后上体育课，他发现班里的同学都跑不快了，后来我想想，许多人整日守在电视前，看着日复一日、看了不知多少遍的"还珠格格"；还有的独自在家，玩着不知玩了多少遍的"宠物小精灵"；还有些时候，孩子们干脆孤独地歪躺在沙发上，两眼发呆，无所事事。这样的生活方式，孩子的体力怎么能不下降呢？许多父母也不愿意让孩子出去玩，怕孩子不安全。所以，如果说上学还有学校的公共生活的话，那么漫长的假期则完全是某些儿童的"地狱"。

健康积极的生活方式是教育的一部分

孙：也有的父母为了充实孩子的假期生活，给孩子报了许多辅导班，什么英语班、钢琴班、绘画班、舞蹈班、奥林匹克数学班等，五花八门。

刘：这并不是一种好的解决办法，大人利用成年人的特权剥夺儿童的闲暇自由，必然造成他们精神发展的不健全。这也是都市小家庭在闲暇教育中存在的三个主要误区之一。

孙：您能谈谈另外的两个误区吗？

刘：第二个误区是消极闲暇：一些父母不知道如何利用闲暇时间引导孩子做一些有价值的事情，不会安排闲暇，可能是由于经济原因，更主要的是由于观念的原因。一些成年人认为，闲暇就是休息，就是恢复精力和体力，以便工作与学习，所以，他们被动地浪费闲暇时间，只顾自己的休息，对儿童则放任自流。

孙：我发现现在也有一些成年人经常带孩子去逛商场等，这些活动是否也对孩子不利？

刘：对，这就是我说的休闲的第三个误区，即闲暇的成人化。成年人喜欢购物、逛商场或请客吃饭，为了满足自己的需要，常常迫使儿童从事与自己一样的活动。我们经常能在饭店里看到陪大人吃饭到很晚的儿童，也经常能看到陪大人逛商场的儿童。大人休闲时，把孩子放在家不便，但带孩子出去，孩子实在不觉得有什么意义。而独自在家玩也不是孩子愿意选择的活动，所以不得不跟着大人到处转。上面说的三种情况都不利于孩子的成长，孩子都得不到集体游戏的机会。

孙：许多孩子出现了过分社会化的现象，这是否和孩子们缺少同伴、缺少集体游戏的生活方式有很大关系?

刘：是的，现在的孩子已经失去了自己本年龄段的特殊需要，有趋同的倾向。比如说，一个5～7岁的孩子最害怕的大多是打雷刮风，但现在的孩子却最怕父母吵架，而且父母们也根本不知道自己的孩子到底需要什么。其实，大人本来可以不需要了解孩子特定年龄阶段的精神需要，因为满足需要和成长本来是孩子们自己的事情，孩子们的精神需要只能通过自己的努力参与和分享才能满足。但是，关键的问题在于，儿童目前缺少满足自己精神需要和制造精神需要的机制：集体游戏。这才是造成各年龄阶段儿童都一样的根本原因，因为他们拥有的是完全相同的精神生活。

孙：我觉得都市里的一些生活方式不仅影响孩子的学习，对培养孩子的健康人格也具有一定的阻碍作用。

刘：的确是这样，您刚刚说的过分社会化是不良生活方式带来的一种后果。还有一种后果是孩子们变得越来越被动。他们习惯于父母为他们安排的生活，变得麻木，如果让他们开心地娱乐或自由地安排自己的时间，他们反而不适应了，总是问大人该做什么了。他们失去了主动安排生活的能力，这种生活中的被动势必影响他们在学习过程中的主动，在人格上、在时间安排上他们已经失去了主动感。从长远的发展看，学生们的创造性、想象力和责任感及主动性都将受到妨碍。

孙：被动的孩子交往能力、决策能力等方面也会有所下降。

刘：是的，儿童的发展包括各个方面，如交往能力、认识自我的能力、自控能力和独立决策的能力等，这些能力在未来社会的竞争中并不比掌握一门技能次要。而上述能力的培养，只能通过儿童在课外时间的社会交往和游戏中自发地学习，所以健康积极的生活方式也是教育的一部分。若要防止出现高分低能的现象，就要从改变孩子们的生活开始。

孙：那么您认为孩子们该有一个怎样的生活模式?

刘：新的时代需要新的生活模式。希望楼房中的孩子都能出来享受阳光，希望社区能够为孩子们提供一个集体游戏的时空，希望市场少一些只注重个体自我迷恋的新式玩具，希望父母们给孩子自主选择的自由。

刘翔平 教育箴言

孩子之所以出现较多学习障碍问题，在一定程度上是由于现代都市小家庭生活方式引起的。

游戏式的公共生活构成了儿童自己的天地或文化，他们的精神需要和被人理解的需要及锻炼身体的需要都在这种文化中得以满足。

如果说上学还有学校的公共生活的话，那么漫长的假期则完全是某些儿童的"地狱"。

大人利用成年人的特权剥夺儿童的闲暇自由，必然造成他们精神发展的不健全。

孩子们的精神需要只能通过自己的努力参与和分享才能满足。

儿童目前缺少满足自己精神需要和制造精神需要的机制：集体游戏。这才是造成各年龄阶段儿童都一样的根本原因，因为他们拥有的是完全相同的精神生活。

健康积极的生活方式也是教育的一部分。若要防止出现高分低能的现象，就要从改变孩子们的生活开始。

调查发现，父母的打骂或说教会引起孩子各种消极体验。在超过2/3少年儿童报告产生的各种消极情绪体验中，有9.2%的孩子产生过死的念头，18.1%的孩子想离家出走，8.4%的孩子恨不得与父母拼了，还有6.0%的孩子想长大以后找他们算账，35.7%的孩子把父母吵架、打架列为最可怕的事件，9.1%的孩子把父母不关心自己列为最可怕的事件。

劳凯声："不起眼儿"的伤害更可怕

　　少年儿童人身伤害问题一直是全社会都关注的重要问题。采访劳凯声教授，是因为当时我们正合作进行"中小学生人身伤害的处理与防范"课题研究。这个研究进行了整整一年，在北京、上海、重庆、山西阳泉、山东青岛、湖北襄樊、陕西西安、广东深圳、浙江萧山、辽宁锦州10个城市发放了近6 000份问卷。这在当时是全国范围内对少年儿童人身伤害问题规模最大的一次社会调查。劳教授认为，父母对子女毫无原则的过度满足和过度保护，也对孩子构成了一种潜在的伤害因素。最典型的隐性伤害莫过于为了让孩子将来过上幸福生活而对孩子高要求、严控制。

　　被访人物　劳凯声，首都师范大学特聘教授、博士生导师。曾任北京师范大学教育系教授、博士生导师，北京师范大学教育与心理学院副院长，教育政策与法律研究所所长等职务。担任过全国教育学研究会理事，多项学术兼职。

　　隐性伤害具有迟滞性、后发性、隐蔽性、潜伏性、长期性等特点，要经过潜移默化的作用，或者同类加害行为不断发生，慢慢积累，受害人才会表现出明显的伤害表征

　　孙宏艳（以下简称孙）：劳老师，您好！您与我们中国青少年研究中心共同组织了"中小学生人身伤害的处理与防范"课题研究，并主编了《新焦点：当代中国少年儿童人身伤研究报告》。您认为这次研究中哪些结论非常值得父母注意？

　　劳凯声（以下简称劳）：少年儿童人身伤害问题一直是全社会都关注的重要问题。对于那些显性的伤害，父母和老师往往特别注意，但对那些隐性的伤害，父母或老师可能关注不够，在这里我要特别提醒父母们注意。

　　伤害可以根据不同的角度进行划分。如果按照伤害的表现形式为标准，可以把伤害分为显性伤害和隐性伤害。显性伤害的表现和其后果往往比较明确，一看就知，不会造成人们过多的争议和迷惑；而隐性伤害则是以一种比较隐秘的形式出现的，往往不易被人察觉，或不被人们认为是伤害。在加害行为发生时，以及加害行为发生之后的相当一段时间内，受害人没有表现出明显的身体或行为的异常变化。但是，这并不表明伤害事实没有产生。相对于显性伤害而言，这种隐性伤害表现出一种迟滞性、后发性、隐蔽性、潜伏性、长期性，要经过较长一段时间的潜移默化作用，或者同类加害行为不断发生，慢慢积累，受害人才会表现出身体或行为方面明显的伤害表征。

孙：看来隐性伤害隐蔽性非常强，是不太容易被人们注意到的。您谈到的隐性伤害都有哪些形式？能举例说明吗？

劳：从隐性伤害的具体表现看，一种是隐性身体伤害。这是相对于外部可观测的身体伤害而言的，一般表现为身体内部器官或组织的结构，以及身体各系统功能的损伤。另一种就是人们经常提到的精神伤害，或者心理伤害。除了极少数精神失常的表现外，大多数精神伤害具有隐蔽性的特点，至少在伤害事件和伤害后果的关系上具有隐蔽而难以界定的特点。即使被伤害者已经表现出明显的心理或行为异常，人们也很难找到明显证据来认定这是由某个伤害事件所致。从这个意义上，精神伤害也是一种隐性人身伤害。例如，一些强制性的制度、管理措施，一些来自父母、老师、同伴的行为及语言伤害，都给孩子们的健康带来了潜伏的危害。一旦时机成熟，就会发展成为隐性伤害。像那些不恰当的惩戒、同伴之间的侮辱、嘲讽、取笑等，都是隐性伤害。对隐私的侵害，也是隐性伤害，如翻他人的书包、看他人的日记、信件等，都有可能成为隐性伤害。

教室里人多可能使二氧化碳的浓度过高，从而导致学生哈欠连天、昏昏欲睡，甚至出现呼吸困难乃至窒息等严重状况

孙：您认为孩子们生活中的隐性伤害都有哪些表现形式？

劳：隐性伤害的形式是非常多的，从隐性身体伤害来说，主要包含三个方面：（1）不合理的生活作息习惯造成的伤害；（2）与他们的生长发育水平不相适宜的设施和活动；（3）有毒、有害物质的侵袭。从隐性精神伤害来说，有下面五个方面：（1）与身体伤害相伴随的精神伤害；（2）孩子们孤独、不快乐，他们的正常心理需要不能得到满足；（3）父母的过度满足与过度保护；（4）父母的过高期望与过大压力；（5）让孩子置身于精神伤害的环境中。

孙：您能具体解释一下吗？或者举例说明，我想这样更便于父母了解什么才是隐性伤害，也使父母能够更好地保护孩子。

劳：例如，睡眠不足就属于生活作息习惯不合理造成的伤害。根据儿科医学专家

的介绍，6～9岁少年儿童每天深睡时间不超过9小时，9岁以上孩子每天只需要保证8小时的深睡时间。但是要达到这种深睡状态，孩子需要在床上躺着睡觉的时间必然要比这些时间更长。但是我们的调查却发现，10.4%的少年儿童报告说，自己在12岁以前时每天睡眠不足8小时，那时，他们还是小学生；13岁、14岁、15岁少年儿童中，分别有22.1%、33.1%、44.6%的学生每天睡眠不足8小时，这些年龄段的少年儿童绝大多数为初中学生。

孙：睡眠问题的确是一直以来专家们不断呼吁的问题，但是很难得到解决。在很多父母看来，少睡点儿觉能换取好成绩也是值得的。

劳：据医学界的研究表明，一个人一天如果缺觉4小时，第二天的反应能力将下降45%。生理学研究则表明，少年儿童的生长主要在睡眠时完成。一般情况下，深夜22时至凌晨1时是生长激素分泌的高峰期，也是人体内细胞坏死和新生最活跃的时间。如果错过这段睡眠时间，细胞的新陈代谢将受到影响，即使以后补睡也无法弥补。从这个角度上说，超过1/10的小学生和1/3的中学生正在遭受睡眠不足的隐性伤害。

孙：生活作息习惯方面还有哪些行为对儿童具有隐性伤害？

劳：饮食没有规律，经常不吃早餐。另外，有的老师经常拖堂，学校厕所又少，学生往往憋尿。这种"功夫"将对少年儿童的泌尿系统造成一定的损伤。长期不正当的憋尿可能导致正常排尿功能失常，出现排尿困难、尿频、膀胱残留尿量过多等症状，严重者还可能导致肾脏功能的损伤。因此，卫生部颁发的《学校卫生监督技术规范》，特别对学校厕所的规模和学生人数之间的比例做出了明文规定，但目前很多学校的厕所条件远远没有达标。

孙："与他们生长发育不相适应的设施和活动"是指什么？

劳：像课桌过矮、座椅过小、教室通风或采光不符合要求等情况，都属于与孩子的身体发育状况不相适应。孩子开始使用这些物品或进入了这样的环境，他们的肌肉、骨骼、血液循环系统或者呼吸系统，就会处于一种非正常的状态，即被损伤的状态。以教室为例，如果学生人数与教室空间能够取得平衡，那么教室里的学生一般不会受到什么损伤。但如果学生人数超出原来设计的教室承载量，那么教室里的空气质量就会下降。

孙：很多父母为了让孩子进好学校，甚至不惜让孩子在大班里挤。这么看来，大班不仅对孩子接受好的教学效果不利，对孩子的身体也不利。

劳：是啊，教室里人多可能使二氧化碳的浓度过高，从而导致学生哈欠连天、昏昏欲睡，甚至出现呼吸困难乃至窒息等严重状况。虽然单从每一天看，孩子只是觉得书包"有一点"重、腰"有一点"酸、四肢"有一点"疲劳，但经由长期的负重与疲惫，其最终结果是导致脊柱歪曲、骨骼变形。另外，长时间进行某种单一活动也是"少儿不宜"的方式。据美国神经学家的研究，人的大脑对快速变化的动作、噪声和鲜艳色彩变化的反应非常灵敏，这种反应甚至可以说是有害的。它会使神经系统紧张起来，让人烦躁不安和想发泄。同时，当肌体处于紧张状态时，身体会产生肾上腺素和使记忆力减退的某种物质。为此，他们甚至建议应禁止8岁以下少年儿童观看电视，以免他们产生紧张的情绪。

孙：看来隐性伤害几乎在生活中比比皆是啊。

劳：我们这次调查发现，有10%左右的少年儿童每天上网时间超过1小时；约1%的少年儿童接近上网成瘾状态，每天上网超过3小时。长时间使用电脑、上网等，都是一些单一的活动，可能会使儿童肌肉劳损、视力下降，是导致少年儿童身体伤害的潜在的危险因素。还有未经质量检测的文具、玩具，不符合环保要求的家庭装修、涂改液等，也是造成隐性伤害的因素。

8.1%的12岁以下少年儿童和13%左右的少年把"父母管得过多"列为自己最害怕的事件

孙：您能再谈谈隐性精神伤害吗？

劳：精神伤害具有明显的内隐特点。无论是伤害的原因（行为、事件、人物等），或者是伤害的症状和程度，都比身体伤害更难以鉴别。刚刚我已经谈了隐性精神伤害的几种类型。有些孩子在身体受到伤害的同时，心理上也会出现恐惧和无助感。这种体验如果偶尔发生且不怎么强烈，那么它就可能像生活的"调味品"一样，不会对个人的精神造成多大的损害。但如果这种体验很强烈，发生频率很高或持续时间很长，那么个体就很容易在精神方面出现一系列的异常反应，如产生不正常的恐惧等。

孙："一朝被蛇咬，十年怕井绳？"

劳：对，这种恐惧可能从担心伤害事件再发生，蔓延到对所有类似情境及相关人物都产生害怕心理。例如，一个学生在校园里遭遇了大同学的抢劫，在失去财物、遭受殴打、丧失安全感的同时，这位同学可能对学校产生一种恐惧心理，不愿意再进入这个学校。还有一些遭遇性侵犯的女童，事发后还被周围人"指指点点"，被说成是她们自己"羊送虎口"。于是，有些女孩子从此不能"抬头"做人，陷入退缩与封闭；有些则"破罐破摔"，走上堕落之路。这些都是第一种情况，即由身体伤害带来的精神伤害。

孙：在儿童遭遇伤害后，我们往往更多地关注儿童的身体，却很少关注他们的心灵。事实上，孩子心灵所受到的创伤可能更重一些。

劳：这次调查中，8.6%的孩子说"父母经常把我一个人留在家中"，47.4%的孩子说父母偶尔把自己一个人留在家中。而有11.7%的孩子曾经遇到过"父母只顾自己，不关心我"的情况。此外，有5.8%的孩子被一个人留在家里，9.1%的孩子把父母不关心自己列为最害怕的事件。可见，一部分少年儿童在感受上是很孤独的。这种孤独感对孩子是很大的伤害，但父母往往没有注意到。我们考察了孩子在遭遇委屈或伤害时的应付状况，发现有近20%的少年儿童在遭遇伤害或受委屈时，不告诉任何人或找不到人诉说。表示愿意向老师倾诉的学生比例非常少。想想这些孩子，他们真的是很可怜。当他们的正当需求得不到正常途径的满足，一些别的需求就可能出现过度膨胀。例如，他们可能乱交朋友，误入歧途。这对他们自身不是一种伤害吗？

孙：孤独、正常需要不能得到满足，这的确对孩子是一种很深刻的伤害。但是，父母对孩子的过度保护可能会导致孩子独立能力不强等，会有那么严重的伤害吗？

劳：只要孩子提出要求，父母往往想方设法有求必应。这样会造成孩子唯我独尊的心态。如果孩子永远生活在这样的环境里，他们也许会觉得很幸福，可是生活的现实却不是这样。当这些孩子走进学校、踏入社会的时候，他们往往会感到巨大的反差。不仅心态难以适应，也容易丧失自我防卫和正常处理日常问题的能力。从这个意义上，父母对子女毫无原则的过度满足和过度保护，也对孩子构成了一种潜在的伤害因素。这次课题研究，我们也对父母为少年儿童提供自由的程度进行了考察。结果发现，接近一半少年儿童遭遇过父母管得过多、自己没有自由的情况；随着年龄增长，这类孩子的比例越来越高；而且8.1%的12岁以下少年儿童和13%左右的少年把这种情况列为自己最害怕的事件。

性格内向、较为内敛孤僻的少年儿童受到伤害的可能性更大，即使是同样的伤害情境，这些孩子受到的伤害也会比别人更深更重

孙：除了上面我们所谈到的伤害，您认为还有哪些伤害需要父母特别注意？

劳：还有一种精神伤害的特殊情况，它不但更隐蔽，而且对少年儿童的影响可能因人而异。简单说，这种伤害是将少年儿童暴露于具有精神伤害可能性的环境中。最典型的、比较极端的情况是经历或目睹血腥杀戮场面，如战争或刑事犯罪场面，或者接触带有暴力或色情色彩的文艺作品等。

孙：这种极端严重的精神伤害自然容易理解，但是生活中这样的情境毕竟很少。

劳：但是，对于程度不那么严重、不那么极端，却经常在生活中发生的类似伤害，父母们往往关注不够。这些伤害有的直接以少年儿童为对象。例如，父母、教师或同学拿孩子的缺点开玩笑，或者对一些孩子搞"孤立"，不让他们加入某些学生

团体，或参加某些学生活动；有的学校或教师要求学习成绩不太好的学生到医院接受智力测验，甚至要求其父母让医院给孩子开具弱智证明。当这些孩子被教师贴上"弱智"的标签时，他们的心灵将遭受很大伤害。还有一种伤害发生在少年儿童似乎是处于"旁观者"的情况下。在上述直接针对某些孩子的事例中，伤害者的语言、行为和态度不仅可能被作为"观众"的其他孩子模仿和学习，还有可能通过"杀鸡给猴看"的方式间接伤害到其他孩子。

孙：父母争吵是不是属于这种情况？在成年人看来，争吵是发生在成人之间，和孩子没有什么关系。

劳：这次调查发现，把父母吵架、打架列为自己最害怕的事件的孩子最多，比例达35.7%，而且只有这一项的人数比例超过了1/3。可见，父母之间的不和与冲突，特别是当着孩子面表现的冲突，会对少年儿童的心理造成消极的影响。而根据少年儿童的报告，大约45%的孩子遇到过父母吵架或打架的情况。这种情况虽然儿童是旁观者，但给儿童造成的伤害却是深刻的。

孙：还有什么值得注意的发现？

劳：本次调查发现，父母的打骂或说教在当时就会引起孩子各种消极体验。超过2/3的少年儿童报告产生过各种消极情绪体验：其中，有9.2%的孩子产生过死的念头，18.1%的孩子想离家出走，8.4%的孩子恨不得与父母拼了，还有6.0%的孩子想长大以后找他们算账，只有28.5%的人对此抱无所谓态度。这说明，少年儿童在遭遇到家庭暴力的时候，具有强烈的反抗愿望，甚至想采取极端的自毁手段来报复施暴者。孩子的这些消极情绪，其实就是被伤害的结果。

孙：隐性伤害对孩子的伤害实在是太大了。那么，什么样的孩子更容易遭遇隐性伤害？

劳：一般来说，那些性格内向、较为内敛、孤僻的少年儿童受到伤害的可能性更大，即使是同样的伤害情境，这些孩子受到的伤害也会比别人更深更重。我们的调查显示，有相当多的少年儿童（19.9%）在受到委屈或伤害时采取了"谁也不告诉或无人诉说"的应对策略。其中，中小城市的孩子多于大城市的孩子，男生多于女生，学习成绩较差的孩子多于成绩较好的。因为不想说或无处可说，而把委屈或伤害默默地埋藏在心底。久而久之，小小的心灵隐藏了许多不为人知的秘密，也留下了一道道伤痕。这些伤害看起来不起眼，却可能会在长期的积郁中逐渐壮大，最终对其心灵造成更大的伤害。另外，在学校里，那些成绩较差、上课时小动作较多、爱说话或者爱与老师对着干的学生更容易受到隐性伤害。因为老师责罚他们的频率可能更多，力度更大。

孙："不在沉默中爆发，就在沉默中灭亡"。孩子心中积淀的苦闷和不满终有一天会爆发出来，那时他们或者伤害他人，或者伤害自己，更有甚者也许会因此结束生命。最近几年，青少年因为心怀不满而杀害自己父母的案例屡屡见诸报端。这种由于消极心理体验累积和放大而使受害者变成伤害者的情况是精神伤害的一种极端后果吧？

劳：正是如此。少年儿童所遭受的各种精神伤害，与人们缺乏精神健康方面的知识有一定关系。心理健康、精神赔偿等词语是最近几年才开始出现在中国寻常百姓言谈中的。人们对于怎样才算精神健康，怎样才能保证精神健康，什么情况属于精神伤害，可不可以或在什么时候才能要求精神赔偿等问题的认识还很模糊。有相当数量的父母和教师，可能出于良好的愿望而做出伤害少年儿童心灵的举动。最典型的莫过于"为了让孩子将来过上幸福生活"而对孩子高要求、严控制。

孙：您的谈话对我们非常有启发，这项研究也非常有价值，看来保护孩子们的健康和权利任重道远，谢谢您！

特别提醒

1. 精神伤害也是一种隐性人身伤害。一些来自父母、老师、同伴的行为及语言伤害，都给孩子们的健康带来了潜伏的危害。一旦时机成熟，就会发展成为隐性伤害。像那些不恰当的惩戒、同伴之间的侮辱、嘲讽、取笑等，都是隐性伤害。对隐私的侵害，也是隐性伤害，如翻他人的书包、看他人的日记、信件等，都有可能成为隐性伤害。

2. 一般情况下，深夜22时至凌晨1时是生长激素分泌的高峰期，也是人体内细胞坏死和新生最活跃的时间。如果错过这段睡眠时间，细胞的新陈代谢将受到影响，即使以后补睡也无法弥补。从这个角度上说，超过1/10的小学生和1/3的中学生正在遭受睡眠不足的隐性伤害。

3. 有的老师经常拖堂，学校厕所又少，学生往往憋尿。这种"功夫"将对少年儿童的泌尿系统造成一定的损伤。长期不正当的憋尿可能导致正常排尿功能失常，出现排尿困难、尿频、膀胱残留尿量过多等症状。严重者还可能导致肾脏功能的损伤。

劳凯声 教育箴言

父母对子女毫无原则的过度满足和过度保护，对孩子构成了一种潜在的伤害因素。

性格内向、较为内敛孤僻的少年儿童受到伤害的可能性更大。

父母的打骂或说教在当时就会引起孩子各种消极体验。

最典型的隐性伤害，莫过于为了让孩子将来过上幸福生活而对孩子高要求、严控制。

从一些数据来看，85%以上的性侵犯都是儿童家庭的邻居、朋友、亲戚、熟人或父母干的。我想，之所以发生这样的事情，除了犯罪人自身的原因外，被侵犯儿童也一定存在某些方面的误区。

尚秀云：告诉孩子身体的权利

　　尚秀云，在海淀区少年法庭工作过多年，办理了许多少年犯罪案件。我们经常在各种探讨青少年保护、立法的研讨会上见面，每次见到尚法官，她的脸上都带着慈祥的笑容，让人感到内心那么安宁。我猜想，那些曾经和尚法官"面对面"的失足少年，或许会从尚法官身上找到妈妈的感觉吧。难怪，她被失足少年称为"法官妈妈"。我们的对话比较沉重，为孩子，也为家长的无知："如果有人能告诉她们保护自己的人身权利和身体的权利比家庭的荣誉更重要，或许她们不会一次又一次被侵犯。"根据多年办案及接触青少年的经验，她出版了《法官妈妈给父母的90个建议》。

　　被访人物　尚秀云，北京市海淀区人民法院少年法庭法官，专门从事少年刑事审判工作多年，积累了丰富的经验。她曾多次被评为"北京市保护未成年人优秀工作者""优秀共产党员"，荣获"全国法院模范"、第三届"中国内藤国际育儿奖""英模天平奖章"等荣誉称号，并荣立一等功。曾当选为第九届全国人大代表、第十届全国政协委员、北京市第十二届人大代表。以她的事迹为蓝本的电影《法官妈妈》于2002年3月8日公映。

误区一：家丑不可外扬

　　孙宏艳（以下简称孙）：尚老师，您好！一段时间以来，我们经常在报纸上看到一些有关儿童的性侵犯案件发生，从一些数据来看，85%以上的性侵犯都是儿童家庭的邻居、朋友、亲戚、熟人或父母干的。我想，之所以发生这样的事情，除了犯罪人自身的原因外，被侵犯儿童也一定存在某些方面的误区。您在海淀区少年法庭工作过多年，办理了许多少年犯罪案件。在您所办理的案件中，是否遇到过类似案件？

　　尚秀云（以下简称尚）：这样的案件我接触得比较多，有的少年是被亲戚侵犯的，也有的是被父亲、老师侵犯的，这些孩子都非常可怜，她们的健康生命和心灵都受到了非常深重的伤害，可以说是短期时间无法弥补的。

孙：您能讲讲您记忆比较深刻的案件吗？

尚：两年前我曾经办过一个案子，一个男孩因为侵犯叔叔家的女孩子而被告到法院来的。那个男孩的父亲是个矿工，母亲是郊区的一个农民，家里的住房条件比较狭小，孩子和父母睡在一个屋子里。他们夫妻生活不太注意避着孩子，总以为孩子小，不懂事，以为孩子睡着了。其实孩子都看见了。后来这个孩子就模仿他父亲的动作经常钻妹妹的被窝。

孙：那时他多大？

尚：案件起诉到法院时他才16岁。在他对妹妹进行侵犯的时候，他只有14岁。妹妹因为害怕不敢说，也觉得他是自己的哥哥，哥哥要妹妹做什么，妹妹哪能不做？后来，事情被他妈妈发现了，妈妈特别气愤，就把他送到奶奶家去了。

孙：这里似乎就存在一个误区。在发生了一些侵犯以后，父母总是觉得发生这样的事情太丢人，因此不是在这些方面及时对孩子进行有效的教育，或者通过法律解决，而是采取息事宁人的办法，比如让孩子远走，以为换个环境就可以解决问题。

尚：是的。这位母亲把儿子送到奶奶家，目的是为了让他与妹妹隔离开。有的父母总认为"家丑不可外扬"，这位母亲也认为儿子还小，换个环境也许就会变好。可是事情却远没有他母亲想得那么简单。他到奶奶家以后，没过多久就又开始了过去的行为。这次他的目标是叔叔家的女儿。因为叔叔家住得离奶奶家很近。他经常去叔叔家，趁家里没大人就侵犯叔叔家的小妹妹。后来，事情被婶婶发现了。

孙：他的婶婶没有想过用法律解决问题吗？

尚：刚开始她也是想过的，但是那位男孩的父母都去求他的叔叔婶婶，他们说都是亲戚，这种事情说出去会影响孩子的前途，能不能自己私了？最后，婶婶也觉得如果诉诸法律，对自己的女儿以及整个家庭都是一件丢人的事情，认为这将是个耻辱，是女孩一生的污点。所以，他们宁可吃个哑巴亏。最后，那个男孩在婶婶和父母的一致谴责和要求下，剁掉了自己的两截小手指，以表明自己改正错误的决心。

孙：这样做，他就改掉毛病了吗？是否有人考虑过怎样给被侵犯女孩一些保护或者救助措施？

尚：那个男孩的毛病并未改掉，他在戒了一段时间以后，很快又犯了，又不断去叔叔家侵犯小妹妹。这次，叔叔婶婶一家把他告到了法院。当我看到那个男孩左手小手指少了两节的断指，真是感到触目惊心！最后，他被判刑6年。在宣判以后，他自己也哭着说自己"不是人，是畜生"，"兔子还不吃窝边草呢"，等等。那个男孩是害人者，也是被害者，由于父母的行为有失检点和家庭教育不当，使孩子走上犯罪道路。当然，在办案的过程中我也感受到，大家大多把关注点放在这个男孩身上，而很少有人去考虑受害女孩的救助问题。其实受害的两个女孩（他的妹妹和堂妹）也同样需要帮助。如果有人能告诉她们保护自己的人身权利和身体的权利比家庭的荣誉更重要，或许她们不会一次又一次被侵犯。

误区二：他是我爸爸

孙：记得一位学者曾说过，性侵犯对孩子的伤害，往往不仅仅是这个事件本身，包括告发以后处理的整个过程，还有她们未来的生活。如果处理不好，受害者会在人际关系、亲密关系，以及性关系方面遇到相当大的困难。

尚：是的，但这方面目前的确是个盲区。一般情况下，在发生侵犯事件的家庭中，人们也更多地愿意把事件包裹起来，尽量不去提及它，因为那对于每个人都是个伤口。但很少有人想到这样捂着、盖着未必对伤口有益处。

孙：性侵犯案件发生在家庭中，受害少年儿童的情绪往往非常复杂。他们一方面觉得自己有责任保护家庭的完整，一方面又开始对家庭成员之间的关系不信任，这对孩子也造成了精神上的伤害。

尚：我还办过一个案子，那个案子给人的震撼也是很大的。那个女孩13岁，因被亲生父亲多次强奸而怀孕。她的母亲是个清洁工，经常上夜班。父亲和女儿在家的时候，就对女儿说："来，和爸爸玩玩！"女孩很单纯，就问："怎么玩？"父亲就对孩子做一些猥亵的行为。女孩后来说自己也觉得那是不好的行为，就不愿意。但父亲却说："我是你爸爸，让我玩会儿！"就因为这句"我是你爸爸"，女孩就屈从了。父亲侵犯了女儿以后还说："别告诉你妈妈啊，告诉她了她会打你的！"女孩特别苦恼，但是一直不敢说。

孙：这对女孩的伤害真是太大了，不仅是身体上的，还有精神上的。一些被亲生父亲、继父侵犯的孩子，往往会觉得在家庭中没有安全感，自己很难从父母亲那里得到保护。

尚：也有的孩子觉得妈妈解决不了这种事情，说了也只能是挨打，而且很可能家庭因此被拆散，所以孩子才小心翼翼地保护着这个秘密。记得一份调查资料中说，有不少受害人怕坏了自己的名声，不愿意把这种事情说出去。

孙：孩子对家庭通常都是非常忠心的。另外，孩子可能还会产生自责心理，觉得自己对家庭中发生这样的事情负有一定责任。一位研究如何帮助儿童免受性侵犯的专家说："性侵犯对于孩子的最大伤害之一，就是破坏了对他人的信任，特别是当侵犯者是自己所信任的人！孩子在这个过程中始终感受到背叛。如果没有特殊的治疗，对他人的不信任可能会持续终生。"

尚：是的。这个女孩就是这样，她的事情还是被姨娘发现的。直到那个女孩肚子很大了，妈妈还以为女儿得了肝腹水！最后，医院只好给女孩剖宫取胎！周围的男孩知道了这些事情以后，也在路上不断拦截这个女孩。后来，她妈妈和她曾经一起自杀，未遂以后只好迁居别的地方。这样的事情使女孩对周围的所有人都不信任！

孙：像这种发生在家庭内部的性侵犯事件，在现实生活中已经很多了。许多孩子一再被侵犯，和他们对家庭成员的认识有很密切的关系。

尚：的确是这样。我曾经问过那个女孩："你没有想过要把发生的事情告诉妈妈或者老师吗？"她摇头说："他是我爸爸啊，我是爸爸妈妈生的，我的一切都是他们给我的！"这就是女孩多次被亲生父亲侵犯的根源。

误区三：老师是对我好

孙：一些新闻报道显示，某些性侵犯也来自学校，如教师对学龄儿童进行猥亵、强奸等。

尚：是的，生活中这样的案件也时有发生。我曾经接过一个案子，一个小女孩在学校里被老师侮辱，但她不敢对妈妈说，怕妈妈骂她，她只好写在日记里。后来她妈妈偷看她的日记才知道了这件事。还有一个特级教师，在学校里以辅导学生功课为名先后侵犯过多个女孩子。

孙：为什么这样的案件一再发生？被侵犯的女孩子多是什么性格？大多成长在什么家庭环境？

尚：从我们接触的孩子来看，他们要么是农民的儿子，要么父母在城市里打工，这些孩子因为教育或环境的原因大多性格比较软弱，有的教师就利用这些孩子的性格弱点以及他与学生的从属关系侵犯孩子。

孙：我们前面所说的案件多是异性之间发生的案件，根据您多年的工作经验，同性侵犯是否存在？这样的案件多吗？

尚：同性侵犯的确存在，但实际生活中有不少孩子被侵犯而没有诉诸法律。我曾经判过一个这样的案子，也给我留下了深刻的印象。那个男孩的母亲去世以后，父亲再娶，继母很不喜欢他。同时，家里的住房条件也不太好，父母图省事，因此晚上他经常被父母赶到邻居一个农民家去住。那个农民年龄比较大了，还没有娶媳妇，他就对男孩实行鸡奸。然后他还吓唬男孩说：不许告诉你爸妈啊，你告诉了他们，他们会打你，我也会打你。案子发生以后，我见过那个男孩，他又黄又瘦，不怎么说话。这样的侵犯对男孩的身体健康、心理健康的影响实在太大了，看了真让人痛心。其实，我们每一个人的人身权利都是受到宪法保护的，法律条文中尤其明确地谈到了对未成年人的人身权利的保护问题。

孙：在一些父母眼里，总认为女孩子比较容易受到侵犯，而对男孩子就比较放心，认为只要别出去惹事就行了。

尚：其实不一定是这样的。一些弱小的、家庭不健全或生活条件有困难的孩子往往容易被侵犯，那些生活在单亲家庭、继亲家庭、缺少家庭温暖的孩子更容易成为犯罪分子攻击的目标。有的时候，罪犯不一定一开始就想要侵犯孩子的身体，而是在犯罪过程中侵犯到了少年儿童身体的权利。

孙：请您详细解释一下这一点。

尚：有个男孩，他的父母离异以后，他被判给了父亲。父亲是开出租车的，想多赚点钱，所以根本没有时间照顾孩子，他对孩子唯一的照顾就是多给孩子钱。这个男孩花钱大手大脚，很快成为一些人抢劫的目标。他也被"欺负住了"，渐渐大家都知道了他的软弱可欺。有一次，几个男孩又围着他要钱，可这次他没有钱，他们就打他，打得特别狠，甚至用鞋带扎住他的小鸡鸡，两个人用力拉。后来那个男孩说他当时疼得直叫，还不断求饶。

孙：他的父亲也应该是有责任的，他没尽到监护责任。

尚：是啊，父母不知道教育孩子怎样保护自己。男孩每次挨了打，还要按时去送钱，叫几点去就几点去。后来我问男孩的父亲是否知道儿子交什么朋友？他说不知道。我说你管他的学习吗？他说管不了，自己也不懂。他说他以为只要能大把地给孩子钱就是疼爱孩子了。

 ## 注意前期的预防教育

孙：您能否分析一下，这些侵犯案件一般是怎样渐渐发展的？

尚：一般情况下，那些软弱的、性格内向的、无知的孩子比较容易受到侵犯，因为他们能忍耐，容易被罪犯行为欺负住。有个男孩就是这样的，他在外面被打得鼻青脸肿，回家后妈妈问他，他却说是踢球不小心摔伤的。老师问他，他也这么说。因为他害怕告诉后，万一父母或老师报告了派出所，怕自己再遭到犯罪人的报复。这样渐渐发展下去，侵犯他的人胆子就越来越大，后来竟然到他家里劫持他，并将他带到一个偏僻的地方杀害了。

孙：我们上面所说的都是少年儿童之所以多次被侵犯的一些误区。如果父母能注意这些误区，在这些方面多对孩子进行教育，是可以帮助孩子及时终止伤害的。

尚：对。许多孩子缺乏这些方面的警惕性和保护自己的基本常识。有个13岁的小女孩，刚上初一，被一个卖淫女引诱，结果被带到宾馆里强奸了。那个卖淫女给她化妆、穿漂亮衣服，说要带她去大宾馆见世面。如果这个女孩有点警惕性和自我保护意识，也就不会遭到侵犯了。

孙：您还能给父母一些其他的建议吗？比如，怎样才能更好地防患于未然？

尚：除了要对孩子进行保护身体权利方面的教育以外，父母或教师还应该注意前期的预防教育。比如，有的少年被侵犯，和他们不懂得珍爱自己有很大关系。一个女孩就对我说过一个顺口溜："21世纪恋爱快，星期一放电，星期二表态，星期三握手，星期四开房，星期五腻歪，星期六开端，星期日寻找新的爱！"在办案中我发现，现在很多少年不在乎婚前性行为，不懂得珍惜自己的性器官，不知道那也是身体权利的一部分。青春期的确会有一种冲动，但父母或学校应教给孩子怎样控制自己的行为。

孙：根据您多年的办案经验，您认为父母在儿童性侵犯方面还存在哪些认识上的误区？

尚：一些父母往往认为儿童大多是在户外或夜间被性侵犯，侵犯者也必定会使用暴力。而且，还有些父母对孩子所说的话不相信，总认为孩子是在幻想或编造与人发生性接触，甚至认为受害的儿童通常不会被重复侵犯。但实际上，多数性侵犯案件是发生在日间及室内的，并且多是儿童熟识的环境或经常到的地方。而且，多数案件是在没有使用暴力的情况下进行的，很多时候儿童被侵犯者利诱、哄骗、威迫、恐吓，以爱或情感为手段而遭受性侵犯。

孙：学校的性教育往往缺乏培养孩子对于自己身体的权利意识。有关预防和治疗儿童性侵犯的措施，西方发达国家已经进行了30多年的探索和研究，但我们国家在这方面的研究却很不够。

尚：可是，性侵犯案件却并不少见。被强奸、猥亵、鸡奸的少年儿童有不少。这也和当前少年儿童的成长环境有很密切的关系。比如，网上的一些黄色网站、从境外流传来的口袋书、生活中的一些同居现象等对他们的影响都很大。这些都容易导致少年忽视自己的身体，忽视法律所赋予每个人的对自己身体的权利。

孙：您对父母们还有些什么建议？

尚：希望每一位父母都能多了解婚姻法、民法通则、未成年人保护法、预防未成年人犯罪法等内容，真正做到理智地爱孩子和保护孩子。同时，父母也要注意以健康人格培育孩子。我也衷心希望每一位孩子都能健康成长。

孙：谢谢您的讲述，也感谢您对少年儿童的真切关怀。

特别提醒

1. 孩子对家庭通常都是非常忠心的。另外，孩子可能还会产生自责心理，觉得自己对家庭中发生这样的事情负有一定责任。一位研究如何帮助儿童免受性侵犯的专家说："性侵犯对于孩子的最大伤害之一，就是破坏了对他人的信任，特别是当侵犯者是自己所信任的人！孩子在这个过程中始终感受到背叛。如果没有特殊的治疗，对他人的不信任可能会持续终生。"

2. 在一些父母眼里，总认为女孩子比较容易受到侵犯，而对男孩子就比较放心，认为只要别出去惹事就行了。其实不一定是这样的。一些弱小的、家庭不健全或生活条件有困难的孩子往往容易被侵犯，那些生活在单亲家庭、继亲家庭、缺少家庭温暖的孩子更容易成为犯罪分子攻击的目标。有的时候，罪犯不一定一开始就想要侵犯孩子的身体，而是在犯罪过程中侵犯到了少年儿童身体的权利。

尚秀云 教育箴言

如果有人能告诉她们保护自己的人身权利和身体的权利比家庭的荣誉更重要，或许她们不会一次又一次被侵犯。

那些软弱的、性格内向的、无知的孩子比较容易受到侵犯，因为他们能忍耐，容易被罪犯行为欺负住。

多数性侵犯案件是发生在日间及室内的，并且多是儿童熟识的环境或经常到的地方。

多数案件是在没有使用暴力的情况下进行的，很多时候儿童被侵犯者利诱、哄骗、威迫、恐吓，以爱或情感为手段而遭受性侵犯。

第 4 部分

好习惯造就好人生

没有一位父母告诉孩子，走路像我这样走，说话像我这样说，但是天长日久、潜移默化，孩子与父母之间几乎一个模子刻出来的。如果仔细观察一家人，你会发现，家庭成员之间有很多相似之处。

关鸿羽：家庭是培养良好习惯的主战场

　　关鸿羽老师多年进行习惯研究，尤其对城市独生子女的习惯养成问题有独到见解。他认为习惯培养好了教育的基本任务就完成了。他尤其重视家庭环境对习惯养成的影响："家庭环境非常重要，父母的习惯不好，要想给孩子培养出好习惯来是不可能的。习惯培养要注意态度问题。成年人态度不一致，互相拆台，很容易被孩子钻空子。"

被访人物　关鸿羽，著名教育专家，全国家庭教育专家讲师团首批专家，曾任北京教育学院教育管理室主任，中央教科所兼职研究员，中国家庭教育学会理事，中国家庭文化学会常务理事等。先后在中央人民广播电台、中央电视台、中国教育电视台、北京电视台主讲教育节目，并开设《关教授教育漫谈》《关老师谈家教》专题节目。著有《教育就是培养习惯》《如何提高孩子的学习成绩》《心理素质教育》等30余部作品。

❰ 没有习惯的教育是不完全的教育

　　孙宏艳（以下简称孙）：关老师，您好！听说您曾经做过关于中小学生行为习惯培养方面的研究。根据您多年来的研究，您怎样给习惯下定义？

　　关鸿羽（以下简称关）：从行为方式上划分，人的行为可以分为定型性行为和非定型性行为。习惯就是一种定型性行为，是经过反复练习而形成的语言、思维、行为等生活方式。其实这也是一种条件反射，这种条件反射是在重复出现而有规律的刺激下形成的，并且在大脑中建立了稳固的神经联系，只要再接触相同的刺激，就会自然地出现相同的反应。

　　孙：现在，大家都非常重视养成教育，《国务院关于基础教育改革与发展的决定》也重提了习惯教育的重要性，认为加强德育工作，在小学阶段应"从行为习惯养成入手"。您认为，习惯为什么这么重要，可以作为小学德育工作的切入点？

关：解释这个问题要从心理机制上看。从心理上来说，行为一旦变成了习惯，就会成为人的一种需要。当你再遇到类似情境的时候，如果不这样做，就会觉得很别扭，这说明行为已经具有了相对的稳定性，具有了自动化的作用。它不需要人们去监督、提醒，也不需要自己的意志去努力，是一种省时省力的自然动作。

孙：这也就是我们常常说的"习惯成自然"吧？

关：是的。比如，孩子早晨起床以后要刷牙，这种刷牙的动作只能叫行为，不能叫习惯。如果孩子起床以后连想都没想，就自动地拿起牙刷去刷牙，如果不刷牙他就会感到嘴里特别别扭，这种刷牙就变成了习惯。习惯在小学生的成长过程中占据着重要的位置。孩子的品德结构由四个部分组成——知、情、意、行。从道德知识到道德情感，再到道德意志、道德行动。

孙：习惯属于道德行动范畴吗？

关：对。道德行动中包括道德习惯，而且道德习惯是一个最终的发展结果。如果一种教育只有认识而没有行为习惯，就是不完全的教育。它虽然不是德育的全部，但却是德育中最"实"的部分，是看得见、摸得着的，是德育的"质"的指标。

改造比塑造更难

孙：您认为习惯的培养是否有关键期？

关：我认为小学阶段和幼儿园阶段是习惯培养的关键期。而在小学阶段里，一、二年级又是个关键时期。如果在这个阶段对学生实施习惯教育，可以事半功倍。而一旦错过了这个年龄段，再进行教育，效果就差得多。我们曾经做过试验，比如，同样的一个教育内容，在同样的时间里以同样的方式来进行，一、二年级里效果就比较好，而年级越高，效果就会越差一些。最近我们也做了一些调查，发现孩子们在行为习惯方面还存在很多问题。

孙：您认为主要原因是什么？

关：在习惯培养的关键期里，家庭对孩子的行为习惯没有太严格的要求。有的父母对孩子比较溺爱，使孩子缺乏训练。该让孩子做的事情没让孩子自己做，结果劳动习惯就没有培养起来。家里来了客人，孩子想怎么样就怎么样，结果接人待物的习惯就没有培养好。据我们调查，父母对孩子的卫生习惯比较注意，有的孩子学习习惯也还可以，但也有许多孩子存在磨蹭、马虎、不专心三个主要的不良习惯。

孙：这是否也和学校教育有密切关系？

关：是的。我们国家过去不太注意这方面的教育，大多比较注意大的口号，像集体主义、爱国主义、共产主义，这些口号并不是不对，但要在不同的年龄阶段里有不同的侧重。

孙：那么，不同年龄段的侧重点是什么？

关：我个人认为，在小学阶段里主要是对学生进行道德教育，而道德教育的核心是习惯培养；中学阶段主要以思想教育为主，并结合道德教育和政治教育；大学阶段则以政治教育为主，兼顾道德教育和思想教育。据我的研究发现，到了初中阶段再培养习惯就难多了。塑造和改造是不一样的，塑造容易而改造就比较难。如果孩子已经养成了不好的习惯，再改造就比较难了，要花费比塑造多得多的时间和力气。所以，从根上抓更重要一些，应多做塑造工作，少做改造工作。

孙：为什么说关键期非常重要？是否有心理学上的依据？

关：我们可以比较两个非常经典的案例。20世纪40年代，美国的一位心理学家丹尼士曾经做了一项惨无人道的试验，他从孤儿院里挑选了一批新生婴儿把他们放在暗室里生活，只给他们吃住，让他们与世隔绝。这些婴儿起初在生理上和正常婴儿完全一样，慢慢地机能逐渐退化，最后变得越来越痴呆，这些婴儿长到一定年龄后，再把他们释放出去，让他们过正常人的生活，虽然经过长时间的训练和教育，但是绝大多数的孩子始终没能恢复人的基本特性，变得终生痴呆，只有个别人学会了吃饭、穿衣等简单的生活能力。

孙：哦，这说明人的许多生活习惯、技能都是在幼年和童年时期培养起来的。

关：的确是这样。还有一个截然相反的事例，1972年，人们在东南亚大森林里找到了第二次世界大战时迷失的日本士兵横井庄一。他远离人类，像野人一样生活了28年，人的一切习惯甚至包括日本话都忘记了。可是当他获救后，人们只用了82天时间的训练，就使他完全恢复了人的习惯，适应了人类的生活，一年后还结了婚。虽然他经过野人生活的时间要比那些婴儿长很多，但对他的训练和教育却容易很多，其主要原因就是他没有错过受教育的关键期。

孙：不同的学习内容是否有不同的关键期？

关：根据国内外半个世纪的研究发现，3岁是计算才能发展的关键期；3～5岁是音乐才能发展的关键期；4～5岁是学习书面语言的关键期；3～8岁是学习外国语的关键期；5～6岁是掌握词汇的关键期，9～10岁是孩子行为由注重后果过渡到注重动机的关键期。这样的划分和孩子的生理、心理发育也是有关系的。

🔍 习惯培养的四个原则

孙：我们把习惯划分为三大块，即家庭习惯、学校习惯和社会习惯，您认为这样的划分是否合理？

关：如果从内容的角度来划分，我同意这样的划分方式，比如，家庭内的习惯要包括待人接物、卫生习惯等，学校的习惯包括学习习惯、同学交往等。但在对孩子进行习惯培养的时候，家庭、学校和社会要紧密配合才行。比如，在学校里，老师教孩子文明礼貌的习惯，要学生都学会说"您好""请""谢谢""对不起"，可是孩子到了家里，跟爸爸一说，有的爸爸斜着眼睛看孩子一眼说："哪来那么多事儿！一边写作业去！"这样，孩子就很难培养起文明礼貌的习惯，因为在他的道德意识里已经没有一个统一的道德标准了。

孙：您认为家庭里主要应该培养什么习惯？

关：我想所有的习惯在家庭里都应该培养。比如，在学校里要求孩子注意听讲，但是这个习惯的培养不仅仅要在学校里进行，在家里也要注意培养孩子集中注意力的习惯。换句话说，家庭应该是培养习惯的主战场。因为习惯培养是长期的，和生活结合比较密切的教育。

孙：既然这样，您认为父母对孩子习惯的培养应该注意哪些方面？或者说从哪几个方面入手比较有力？

关：我想主要有下面四个原则需要遵循。首先是榜样的作用，以身立教、以行导行，即以自己的良好习惯来引导孩子的良好习惯。如果父母的习惯不好，要想给孩子培养出好习惯来是不可能的。父母不孝敬老人，想让孩子孝敬老人，怎么可能呢？我曾经接触过这样一个孩子，他不爱上幼儿园，叫爷爷"老头儿"，叫奶奶"老婆子"。后来一了解才知道，原来他爸爸妈妈背后就这样叫孩子的爷爷奶奶。春节的时候，爸爸说给老头儿买两瓶五粮液吧，妈妈说太贵了，咱们还是送二锅头吧。爸爸说春节送二锅头也让人笑话啊，妈妈就当着孩子的面儿说："你怎么那么笨啊，不会把二锅头酒倒进五粮液的瓶子里给送去啊！"小孩说："我告诉爷爷去，你们骗爷爷，"妈妈马上对儿子说："你千万别对爷爷说，省下的钱妈妈给你买好吃的！"您说这种行为对孩子是怎样的教育？

孙：生活中这样的父母真不少，他们往往不太在意自己的行为，总以为对孩子说教才是教育，却忽略了自己的言行。

关：是啊，习惯就是在不经意间培养起来的。没有一位父母告诉孩子，走路像我这样走，说话像我这样说，但是天长日久、潜移默化，孩子与父母之间几乎一个模子刻出来的。如果仔细观察一家人，你会发现，家庭成员之间有很多相似之处。

孙：除了父母的行为举止外，家庭的环境也应该是很重要的，这是培养良好习惯的氛围。

关：习惯是在特定环境下形成的。一个生活在野蛮环境里的人，他的语言、行为举止也必定是粗俗的，就像黑社会的人都说黑话一样。而一个生活在高雅环境里的人，他的举止往往是文明的。所以，家庭环境非常重要。有的父母不太注意这方面，在家里打麻将、赌钱，夫妻间、邻里间吵架，这些行为都对孩子有非常不好的影响。

孙：有的孩子看见父母吵架，甚至动手，刚开始还害怕、哭，但到后来不但不怕了，还在一边拍手喊"加油"！

关：一位高考状元的母亲曾对我说，他们没有对孩子做太多的教育，就是给孩子好的环境。只要孩子学习，他们就不看电视、不打麻将、不聊天，干完家务活就拿一本书坐在一边陪孩子读书。那位状元自己也说："只要我一拿出书本，我们家就像图书馆一样安静。这对我来说也是一种压力、一种净化。"后来据我们了解，知识分子的孩子高考升学率要高一些，这和他们的家庭环境有很大关系。而且凡是高考成绩比较好的学生，家庭环境都非常好。因此，形成好的环境是习惯养成的第二个原则。

孙：可也有许多父母感到苦恼，他们说为了培养孩子的好习惯，嘴巴都磨破了，可是怎么说也不管用。

关：习惯是不能靠说教的，除了前面所说的两条，还要靠严格的训练，这是第三个原则。比如，孩子的字写得不工整，就必须多训练，严格地、反复地训练，直到写工整为止。慢慢地，孩子就养成了好习惯。父母不要老是在唠叨，好的方法是在孩子写字以前先提醒他注意自己的毛病，而不是事后唠唠叨叨。

孙：父母们对孩子马虎的习惯非常头疼，我们经常接到这样的咨询电话。

关：对于马虎的习惯也是一样，也可以通过训练来克服掉。比如，可以先训练孩子仔细看题，每次看题看三遍：第一遍看基本题意，第二遍看题目主要是考什么的，第三遍是看题目里有什么埋伏，可能让我马虎的地方在哪里，每次都这样看完题目再做题，渐渐地就养成了好习惯，等考试的时候自然就不马虎了。

孙：看来，培养习惯重要的是找出具体的、可操作的方法来进行训练，光唠叨是没有用的。

关：训练过程中重要的是四个字：严格、反复。要翻来覆去、没完没了地进行训练，好的习惯不是一个月、两个月，甚至不是一年两年就能够形成的。

孙：父母常常容易"心太软"，孩子病了，或者学习累了，父母往往就容易放松要求，得过且过。

关：在培养习惯的过程中要非常注意这一点。这就是态度问题，我们常常说家庭教育要态度一致，在习惯培养的时候也是一样，这可以说是第四个原则。学校和家庭的态度、父母和爷爷奶奶的态度、父母之间的态度都要一致。如果态度不一致，就是互相拆台，很容易被孩子钻空子，难以培养出好的习惯。

防止习惯培养的盲目性

孙： 您研究过成功者与习惯之间的关系吗？

关： 我们以前曾经做过各行业成功人物的问卷调查，请他们谈谈成功的原因。他们的回答可以说是五花八门，各不相同。但是，都有一个共同的原因，就是小时候养成的好习惯是成才的基础。有一个作家写小时候老师教他怎样叠手绢，还规定手绢应放在左边衣服兜里，至今他还保持着这样的习惯。他觉得当了作家以后他特别受益，需要用手绢的时候顺手就掏，不会影响写作。

孙： 我觉得目前家教中也存在这样的问题：一些父母虽然知道培养习惯很重要，但在培养的过程中却很盲目，完全根据自己的习惯或者是兴趣来，没有什么计划。您认为父母应怎样注意习惯培养的连贯性和阶段性？

关： 在这方面要遵循三个原则：一是要规范化，不能父母脑子一热，想培养什么习惯就培养什么习惯，或者孩子出了什么问题才想起培养什么习惯。国家有关于中小学生的行为规范，按照规范来培养就会好得多，这样可以防止丢三落四。二是要细目化。所谓细目化，就是把培养的习惯分解，要小、细，不能太粗。比如培养孩子孝敬父母，要具体到爸爸妈妈下班以后给爸爸妈妈开门，说一声"辛苦了"，并给爸爸妈妈倒一杯水，有了好吃的先敬父母，不跟爸爸妈妈说话横，就要细致到这个程度。三要序列化，也就是要有连贯性，一年级应该培养什么习惯，二年级应该培养什么习惯……不同年龄有不同的侧重点。

孙： 既然要序列化，不同年龄有不同的侧重点，那么这个序列是怎么安排出来的呢？

关： 对习惯的序列化也有三个理论，一是"中心扩散说"，就是要抓中心，即培养习惯不能面面俱到，要抓住一个重点，把其他的习惯带起来。比如，培养学习习惯，可以从仔细认真入手，把别的习惯带动起来。二是"阶段说"，即小学低、中、高年级各有不同的训练重点。三是"循环说"，即小学一、二年级培养的习惯到了三、四年级不能扔掉了，还要巩固，做到循环巩固。

孙： 父母在对孩子进行习惯培养的时候，除了身教以外，我想言教也是必需的。您认为父母该怎样对孩子进行言教呢？

关： 父母不能挖苦孩子，要以理服人，和孩子讲道理；另外，还要避免唠叨，常常唠叨容易使孩子产生逆反心理，尤其有的父母爱在饭桌上唠叨，让孩子听了心烦。再一点，就是要注意孩子的年龄特点。比如，一个老师发现学生习惯不好，站没站相，坐没坐相，这位老师就很动脑筋，他认为该学生正处于青春期，爱美和注意异性对自己的评价是他们的特点，于是他就从这个特点出发对学生进行教育，给他们搞健美讲座，让学生们谈谈"你心中的男子汉""你心中最美的女同学"，后来收到了非常好的效果。

孙：看来教育无小事，习惯培养也是一门艺术啊。非常感谢您的谈话！

关鸿羽 教育箴言 ·····

行为一旦变成了习惯，就会成为人的一种需要。

只有认识而没有行为习惯的教育是不完全的教育。

习惯虽然不是德育的全部，却是德育中最"实"的部分，是看得见、摸得着的。

从根上抓更重要一些，应多做塑造工作，少做改造工作。

父母要以自己的良好习惯来引导孩子的良好习惯。

家庭环境非常重要，父母的习惯不好，要想给孩子培养出好习惯来是不可能的。

习惯是不能靠说教的，还要靠严格的训练。

习惯培养要注意态度问题。成年人态度不一致，互相拆台，很容易被孩子钻空子。

习惯培养要遵循三个原则：一是要规范化，二是要细目化，三是要序列化。

我毕业于清华，原本人生应该有很辉煌的结果，但我却败得很惨，心灵和肉体几乎成了一片废墟，因为什么？我总结出来，就是因为习惯！因为我一直习惯消极思考！后来，我又站了起来，并且能够嗓音洪亮、充满热情地站在讲台上，因为什么？也是因为习惯！

周士渊：成也习惯，败也习惯

　　周士渊老师可以说是一个传奇人物，他人生坎坷，先后三次自杀，并在以后的10年里动过三次大手术。最终，他用好习惯改变了不幸的命运。当他走进我们的办公室时，我几乎不敢相信他已经是60多岁的老人。他身材适中，两眼炯炯有神，说话语速较快，经常发出爽朗的笑声。谈话间，他利用办公室的空地向我们展示他的特长——两腿绷直，弯腰双手触到地面。他还在地上做了一个完美的劈叉动作。在我们的惊叹中，他说这都是得益于每天爱运动的好习惯。他总结自己的成功和失败认为：败在习惯，成也在习惯。

被访人物　周士渊，被誉为中国习惯研究第一人，演说家。中国老年学学会科学养生研究会专家委员会主任，北京卡耐基学校名誉校长。主要著作有《人生可以美得如此意外》《终生的财富》《知道，更要做到》。他用好习惯改变了不幸的命运。

消极思考使我走上绝路

　　孙宏艳（以下简称孙）：周老师好！在报纸上看到关于您的一些消息，又听了您的演讲，对您个人的人生经历和您关于习惯的研究很感兴趣。请您能否谈谈自己怎样走上探索习惯的道路的？为什么您始终认为习惯在人生中非常重要？

　　周士渊（以下简称周）：这和我个人的人生经历有密切的关系。可以说，我今天的生命来之不易。我曾经使自己陷入绝境，甚至三次上吊要结束生命，但命运之神都把我留了下来。

　　孙：根据我的了解，您的人生道路在刚起步的时候是非常顺畅的。

　　周：是的。在自杀以前，我的生活道路一直比较顺畅，小学、初中、高中，然后考上清华大学，1970年毕业以后留校工作。这样的人生经历应该是很如意的吧？当时我在心中把一切都想得很好，对未来也充满了憧憬。可我自己也没有想到，我后来的人生道路竟然那样曲折坎坷。许多人也不会想到，大学毕业仅仅一年多，我就一步一步使自己的思想混乱到了要走上绝路的境地。

孙：您为什么会走上那样的道路呢？

周：我毕业以后被分配到了清华汽车厂的组装车间。当时很多教授都被下放到农场改造，进工厂做一名工人已经是很光荣的了。在去车间之前，我一毕业先在校机关查账组工作。一天，一位领导对我说："小周，我去学校五一游行筹备组，你和不和我一起去？"我就顺口说："您是我的老上级，您叫我去哪里我就去哪里。"旁边的一位同事说："你怎么吹吹拍拍？"我当时很生气，因为我根本没有那个意思，生平也最讨厌这些，所以就和她争执起来。

孙：就为了这么一件小事吗？

周：后来我才知道，那位领导已经受到了审查。不过，这件事很快过去了，误会也消除了，但我的心里却非常不舒服，连走路好像都没有力气。我这个人有个习惯，就是什么事情都爱多想，这一次也不例外，什么都想。因为身体软弱无力，我就猜想自己可能是得了肝炎。

孙：为什么会想到肝炎上去呢？

周：当时清华在搞拉练，很多人都得了肝炎。再加上我的心态不健康，想问题总是很消极，所以就想到了那上面去。我去校医院检查，果然肝大。我很紧张，又去查了血，是正常的。尽管如此，我还是杞人忧天，整日神经紧张，失眠得很厉害。这样，渐渐地就形成了一个恶性循环。

孙：就是觉得自己哪方面都不行是吗？

周：是啊。我后来到了总装车间，感到周围的一切都难以应付。首先，那里的人我一个也不认识，又觉得自己对装汽车一窍不通，因为碍于面子，还不好意思开口问。再加上原来的问题，我变得整日精神恍惚。越紧张就越看不到自己的优势，大会发言，我变得吞吞吐吐，说不出一句完整的话，到了晚上我又开始胡思乱想。

孙：不断地想自己哪里有过失？

周：其实是在不断地埋怨自己。我觉得自己已经走过的路不够扎实，觉得自己既不如一个普通工人，又不如一个普通农民。因为想问题总是悲观，我患了严重的抑郁症。那时，我又想这样的病是没有药可治的，将来非得精神病不可。就这样越想越悲观，在1971年8月4日的晚上，我决定自杀。

三过鬼门关后的顿悟

孙：记得您曾讲过，当时您连续三次上吊自杀？

周：那时我觉得生活恐惧而可怕，一心要离开这个世界。那天晚上恰好是我值班，我就找了一根绳子，把自己挂在总装车间大厅的一个门框上，可是，绳子却断了，我摔了下来。那个门框很高，是要通过汽车的，从那么高的地方掉下来，我的头摔破了，出了血。当时我想，这怎么能去医院看呢？深更半夜我怎么讲得清楚？更何况那时候我已经极度自卑，害怕见人。于是我就用剩余的绳子把自己第二次、第三次挂上去……

孙：也许上天有眼，不想让您离开人世，是"天将降大任于斯人也，必先苦其心志……"

周：也许真的是这样。但当时我没有认识到这一点，我感到我只有这一条路可走。我吃力地从地上爬起来，我想总装车间里有漆，如果把漆喝下去，也可以结束生命。但我没有找到，我看到地上有个沙坑，我就使劲把沙子往嘴里塞，又用头往水泥地上撞，但生命还是那么顽强。最后，我在黑暗中摸索到了一个瓶子，也不管里面装的是什么，就用最后一点力气拧开瓶盖，把液体倒进嘴里了。我一下子感到被火烧了起来，就昏了过去。

孙：那些液体是什么？

周：后来我才知道，我喝进去的是浓硫酸！第二天早上，我被工人们送进了医院。为了抢救我，我一个人一个病房，气管被切开，因为浓硫酸已经把我的食管烧烂，后来又收窄了，医生只能一次一次地去进行食管扩张手术，之后我的胃也被切除了大部分，也是因为硫酸烧得太厉害（讲到这里，周老师给我看他喉结下方留下的疤痕和胃部的疤痕，其中胃部的疤痕很长很深）。

孙：真是不敢想象，您曾经经历过这样大的痛苦。在别人看来，您可能要成为残废了吧？

周：是啊，当时许多人都推测我可能真的会死掉，不死也得残废，不残废也得成了药罐子。那时候，我觉得自己是废墟，无论是身体上还是精神上。从这以后开始的10年左右时间里，我住院二三年，全休四五年，动过三次手术。在当时看，我败得太惨了。

孙：您后来怎样转过弯来了呢？这可以说是您人生的重大转折。

周：躺在医院里，我非常后悔。回想起自己所走过的路，我觉得自己不是最惨的一个，有很多人的处境比我还糟糕、还恶劣，但他们都坚强地挺过来了，我为什么就做不到呢？通过反思我认识到，外因只是条件，关键在于内因。看来我还应该在自己身上找原因。

孙：走了这样大的一个弯路，可您现在生活得很潇洒、很精神，说话声音洪亮，那么您是怎样反思自己的生活的?

周:这期间,我想了很多,我渐渐明白,这样的曲折恰恰是因为我的人格不够健康才导致的,说明我自身的素质和性格存在缺陷。所以,我后来决定研究,看看究竟从自己的教训中、从自己人格的缺陷中,能找到哪些可以让后人借鉴的地方。

竞争能否取胜与习惯关系极大

孙:根据您多年的研究,您慢慢发现了习惯对人生的重大影响,那么您认为人的素质、性格与习惯是怎样的关系?

周:我觉得我们今天谈到的习惯,绝不是那些狭义的习惯,比如早晨要刷牙、饭前要洗手、不随地吐痰等习惯,而应该把目光放在一种广义上的、对我们整个人生有重大意义的习惯。这些习惯与人的素质有更紧密的关系。

孙:可有时我们常常认为那是观念上的问题,认为一个人的素质高,要有能力遵守行为准则等。

周:我们总是认为素质很重要,但您想想,如果不把素质要求的东西转变成习惯,那么这些要求也只能是形式上的、口头上的、书本上的、报纸上的。而只有我们通过艰苦的修炼,把这些变成习惯,变成融入血液里的东西,落实在行动上,它才真正成为素质,真正属于你。

孙:您经常演讲的题目是"挑战人生",您真的觉得人生是可以挑战的吗?人有能力战胜命运吗?

周:记得台湾的一位心理学家曾把命运分开了解释,他说:"命是先天的、不可改变的、死的东西;运是后天的、可变的、活的东西。"因此,我认为我们应该把注意力集中在能够改变的那一部分上。

孙:即使我们在说与命运的抗争时,也常常指一个人竞争的能力。父母也特别希望自己的孩子在竞争中取得胜利,可是谁愿意在意那些习惯问题呢?

周:是啊,父母总是爱把注意力放在孩子的成绩上,因此,我想讲讲"注意力智慧"问题。我们常说注意力经济、眼球经济,这些都是研究别人的注意力。我谈到的"注意力智慧",是指我们每个人的"注意力"。

孙:这和竞争有很大关系吗?

周:我们每个人的一天都是24小时,除了睡觉,注意力非常有限。这有限的注意力如何分配呢?可以说,你分配得好,就能够比别人成功。这就是注意力智慧。这是符合世界管理学大师柯维的观点的,他认为一个人掌握重点很重要,只要把注意力放在最重要的事情上,处处注意掌握重点,就可能取得成功。

孙：您认为人的注意力应该多放一点在习惯上是吗?

周：是的，我毕业于清华，原本人生应该有很辉煌的结果，但我却败得很惨，心灵和肉体几乎成了一片废墟，因为什么? 我总结出来，就是因为习惯! 因为我一直习惯消极思考! 后来，我又站了起来，并且能够嗓音洪亮、充满热情地站在讲台上，因为什么? 也是因为习惯!

孙：可是父母们也许会想，把注意力放在孩子的习惯上会不会丢了西瓜捡芝麻?

周：刚刚我给你讲了注意力智慧，现在我们回头来看竞争。竞争是什么? 我认为一切竞争，不论是传统科技、高科技、网络还是基因，也无论是国外的还是国内的，归结起来核心都是人的竞争，这一点你承认不承认?

孙：的确是这样。

周：那么人的竞争又是什么? 本质是素质的竞争吧? 素质的竞争分为智力素质的竞争和非智力的心理素质的竞争。当发展到一定阶段，往往就是非智力心理素质的竞争，就像奥林匹克，最后拿金牌比的往往不是技术，而是心理素质一样。心理素质上的东西，应该更多地归结为观点、想法等，因此人们才会常常说要转变观念，但如果大家都转变了观念以后呢? 这以后将是什么竞争呢? 我认为将是行动力的竞争——一个人、一个企业、一个国家行动力的竞争。如果我们不把自己知道的观念、准则通过艰苦的、有效的修养转化为我们个人的习惯、企业的文化或一个国家全民的素质，那么我们在竞争上将永远比别人差一大截距离!

孙：您讲得太好了。正是出于这样的着眼点，您才认为习惯是一个人终生的财富吗?

周：应该说它不仅是一个人终生的财富，也是一个企业、一个国家的财富。

孙：感谢您接受我的采访!

周士渊 教育箴言 ......

> 世界上最可怕的力量是习惯，世界上最宝贵的财富也是习惯。
>
> 如果说观念是个种子，那么习惯就是将种子变为果实。
>
> 解决德育、素质、法治乃至企业管理这些问题的突破口都似乎与习惯有关。

一些学习成绩非常优秀的孩子，在进入大学或者到了梦寐以求的工作岗位以后，却屡屡出现问题。比如，有的人没有办法适应集体生活，乱翻别人的东西，不能顾全大局；也有的人人际关系很糟糕，甚至为了竞争而自杀或杀人。这些应该说都是人格不健康导致的。

张梅玲：健全人格离不开良好习惯的培养

　　这是我第二次采访张梅玲教授，作为心理学方面的专家，也是中国青少年研究中心当时正在进行的国家"十五"规划课题——"少年儿童行为习惯与人格的关系研究"课题组组长之一，她对研究有着极大的热情。她曾经从一个城市到另一个城市，从一个课题学校到另外一个课题学校。每次站在讲台上，面对坐在下面的课题校的研究者们，张老师不仅妙语连珠吸引着大家，更重要的是能把深奥的理论化为浅显的语言，让教师们感受参与研究的快乐。对于培养小孩子的习惯，她认为"未必要孩子理解了才去做，不理解的时候也要去做"。

被访人物　张梅玲，著名心理学专家。原中国科学院心理研究所教授、博士生导师，现代小学教育研究中心主任，从事儿童数学认知发展研究长达40多年。她参加编审并负责审定的《现代小学数学》五年制教材，经国家教育部审定作为九年义务教育五年制小学试用课本，曾在《心理学报》《教育研究》《国际应用心理学》等国内外学术刊物上发表学术论文40多篇、科普文章100多篇。主编《小学生数学思维》等书。

人格的五个方面均与习惯有关

　　孙宏艳（以下简称孙）：张老师，您好！您是心理学方面的专家，也是本次中国青少年研究中心正在进行的"少年儿童行为习惯与人格的关系研究"课题组组长之一，您能否从心理学上对这一课题做出详细的解释，为什么说习惯对人很重要？尤其对21世纪的人更为重要？

　　张梅玲（以下简称张）：因为人生活在这个世界上，总要做许多事情。比如学习、工作、与人交往等，这些事情都需要由很多活动构成。在活动的过程中，人总是要去"做"、去"动"，光躺在床上是没有办法完成各项任务的。既然要活动，就需要很多技能性的、习惯性的行为。所以说，习惯和人的有效学习、有效工作是紧密联系在一起的。

孙：可是，许多人不太在意自己的习惯或者孩子的习惯，总觉得这是件小事情。父母可能更看重孩子是否有理想，是否学习成绩好、有竞争能力，是否人际关系好，是否适应环境等。

张：孩子是否有理想、有信心、有道德、爱学习，这些项目都包含在一个人的人格当中。一些成年人不太在意习惯问题，但我知道父母们是非常重视孩子的人格培养的。所以，我们要从习惯和人格的关系入手进行研究，看看习惯和人格到底是怎样的关系，从而找出培养当代少年儿童健康人格的重要方法。

孙：也有些父母觉得现在大家的生活条件、物质条件都很好了，再培养习惯没有什么意义，只要把能力培养好了，将来有竞争实力就行了。

张：正因为现在少年儿童的成长条件好了，才更容易滋长出一些不好的习惯。比如，过去穷人家的孩子，即使不培养节俭的习惯，他也能自然形成，因为他没有浪费的环境。习惯与工作、学习，与当前的国情都有很重要的关系，如果不注意培养好习惯，素质教育的目标会落空。

孙：那么，根据您的理解，您认为什么是人格呢？我觉得在许多人看来，人格是很学术的名词。

张：这主要是因为还有太多的人不了解人格到底是什么。其实，人格存在于我们每一个人身上，只要认真观察，你会发现人格就在我们的生活中、事业中、学习中。比如，这个孩子很喜欢学习、对自己要求很严格、对人热情、坦率、谦虚等，这些词语都是人格的表现。虽然关于人格的定义有很多种，但是目前学术界比较认同的是1989年美国心理学家麦克雷·可斯塔提出的"大五人格模型"（OCEAN）。也就是说他把人格分为五个方面来描述。

孙：您能详细说说这五个方面都有什么吗？

张：第一是开放性，包括具有想象、情感丰富、审美、求异创造、智慧等；第二是责任心，包括胜任工作、公正、有条理、尽职、成就、自律、谨慎克制等；第三是外倾性，包括热情、社交、果断、活跃、冒险、乐观等；第四是宜人性，包括信任、直率、利他、依从、谦虚、移情等；第五是情绪稳定性，包括焦虑、敌对、压抑、自我意识、冲动、脆弱等。从这五个方面就可以看出来，其中许多因素是和人的习惯有关系的。

孙：在情绪稳定性这一条中，也有许多不好的方面，比如焦虑、敌对等，该怎么理解呢？

张：这些当然是不健康的人格。其实，人格有一个最高点，也有一个最低点，我们要从习惯入手，慢慢改掉这些不健康的人格，培养健康的人格。

习惯受道德支配

孙：我们常常发现，一些学习成绩非常优秀的孩子，在进入大学或者到了梦寐以求的工作岗位以后，却屡屡出现问题。比如，有的人没有办法适应集体生活，乱翻别人的东西，不能顾全大局，也有的人人际关系很糟糕，甚至为了竞争而自杀或杀人。这些应该说都是人格不健康导致的。

张：对，但是这些问题也是从小没有培养好习惯造成的。表面看，这些都是道德问题，但事实上与人的人格、道德、品德、习惯是有联系的，而且有很密切的联系。像你刚刚说的那些情况，他们虽然成绩好，但在人格上是有缺陷的。这些缺陷就是人格缺陷，但它表现在一个人的道德上。所以我们在形容这些人的时候会说他"缺德""没有修养"。

孙：也有一些人常常表现为"两面人"。比如，有的人在家的时候特别爱干净，甚至干净到有洁癖，但在外面却把垃圾随便倒、把痰吐在墙上，或者不冲厕所。怎样解释这样的行为？

张：正因为这样，我才说要把习惯和道德联系起来。应该说习惯和道德是相辅相成的关系。好的习惯可以渐渐形成好的品格和道德，好的道德约束又支配着人重复好的习惯。习惯其实不只是简单的动作重复，它是受人的道德支配的。如果不把道德和习惯联系起来的话，就比较容易形成您所说的这种行为不一致的习惯。习惯虽然已经成了自动的行为，但自动了并不一定说和道德没关系。

孙：为什么说人格、道德、品德、习惯有密切关系？

张：正如我刚刚说的，每个社会都有自己的道德，道德构成了一个时代的意识和倾向，要把道德化为每个人的行为，道德就在悄悄地起作用。我们为什么要加强公民道德教育呢？因为道德是一个社会，社会是由人构成的。人又是由他的行为构成的。所以也可以说，道德是外部的，转化为人内部的东西就是品德。品德是什么？品德是人的行为的内化。行为呢？又和人的习惯有关，因为习惯是一种自动化的行为。

孙：这样就可以反推出来人格是怎样形成的，是吗？

张：是啊。如果反过来说的话，就是当一个人培养了好的习惯之后，他的这些自动化行为会渐渐内化成他的品德。这些好的品质在学习、做人、做事方面就表现为好的道德。这样，这个人健康的人格就显现出来了。

孙：您认为人格形成的因素还有哪些？

张：人格是由遗传和后天决定的。后天因素又包括环境、教育等。而环境和教育都对习惯有一定的影响。因此可以说，习惯与人格的关系研究更加有意义。

孙：根据我们以往的了解，习惯的培养要从小抓起，越早培养越好，因为人在幼年时期最有可塑性，就像橡皮泥一样，想让他成为什么样的人就可以成为什么样的人。著名教育家蒙台梭利曾说过"三岁决定一生"，那么您认为人格培养是不是也这样呢？

张：应该说有很大关系。低年级孩子具有两个特点，一是可塑性，尤其在6～12岁期间更是这样，因为他正处于发展当中。这时您可以给他做很多规定，他虽然不懂为什么，但因为是在形成中，所以就不费劲。二是模仿性。小孩子的习惯形成有很多是通过模仿形成的，家庭和老师潜移默化的作用很大，但许多家庭和老师不太注意这一点。比如多数知识分子家庭的孩子比较愿意买书看，其实父母未必有意培养了孩子这个习惯，而是因为他的父母总是在看书、买书，这样孩子渐渐就模仿而成了。习惯和人格有密切关系，所以人格的培养当然也是早些比较好了，这样孩子更容易形成健康人格，对他未来的成长是相当有利的。

习惯培养要有时代性

孙：习惯与人格的关系研究的主要内容包括哪些？

张：主要重视学习习惯、做人习惯、做事习惯的研究，从习惯的角度来探讨人格的问题。

孙：以您多年来的研究和体验，您认为学习习惯、做人习惯、做事习惯都包含哪些方面的具体内容？

张：我认为21世纪学习习惯应该有以下几点：（1）在思考中学习的习惯。（2）收集信息、整理信息的习惯。（3）虚心学习、集思广益、合作交流的习惯。未来是一个多学科结合的社会，需要集思广益。（4）多角度考虑问题，考虑学科之间、知识点之间的联系。（5）要有问题意识，善于提问题。（6）反思的习惯。（7）多通道学习的习惯，眼睛看、耳朵听，善于利用媒体计算机学习的习惯。基本上就这些方面吧，当然面对不同年龄的学生，这些习惯还要细化。

孙：那么，您认为21世纪做人的习惯应该有哪些呢？

张：做人方面，要做到几个学会：（1）真爱。它的特点就是双向的爱，既能接受爱也能付出爱。现在有些孩子只会接受他人的爱，却不会付出爱。另外，我把诚信等也放到了这里。（2）要学会自信、自强。（3）理解尊重和宽容。（4）与他人互相帮助。（5）要务实，要言行一致。（6）乐观地对待任何挑战，有积极的心态。

孙：您再谈谈做事应该具备的好习惯？

张：做事方面，很重要的一条就是要有计划，要有始有终。现在一些孩子做事往往虎头蛇尾；二是要善于自我评价和吸取经验教训；三是做事要善于求异和创新，不墨守成规；四是要有毅力，要善于克服困难；五是要善于合作，在做人方面我们提出互相帮助，在这里，我们从做事的策略出发，要善于与他人合作去完成比较困难的工作；六是要善于利用资源和开发资源。每个人的资源都不一样，善于利用他人的资源，善于开发自身的资源和潜能。

孙：习惯是个自动化的行为，我们常常希望人能主动去做，但是有时是很困难的。请问习惯的培养能靠强制执行吗？

张：必要的强制是需要的。比如我们要求孩子回家以后要洗手，如果我们跟他讲道理，讲细菌是怎样来的，危害有多大，太小的孩子不会懂细菌是怎么回事。如果我们给他一个要求，要求他每天回家以后第一件事情就是洗手，每天洗，渐渐就形成了习惯。这样，等他大些的时候，懂得了一些道理，他就更能够遵守。所以未必要孩子理解了才去做，不理解的时候也要去做。

孙：我们在研究中发现，中国城市独生子女人格具有五大健康人格：充满信心、乐于助人、渴望友谊、积极寻求发展、兴趣广泛，同时也发现他们具有一些人格缺陷。比如，在伙伴交往中容易伤害别人、勤劳节俭较差、学习兴趣缺乏等。可以说，这些人格方面的描述都是具有时代性的，那么我们在培养习惯的时候也要注意时代性吗？

张：非常正确。现在我们提出20个字的社会公德，即"爱国守法，明礼诚信，团结友善，勤俭自强，敬业奉献"。这20个字与过去的《三字经》里提到的一些是不一样的。过去"听话的孩子"就是"好孩子"，但现在就未必是这样了。现在我们倡导收集信息、创造、求异、反思等具有时代特点的好习惯。这些要求和目前时代对人的要求是密切关联的。因此，我们在研究习惯时要重视两个方面：一是基本性的习惯；二是时代性的习惯。

孙：基本性的习惯是什么？时代性的习惯是什么？

张：基本性的习惯，就是任何时代都倡导的习惯。比如"认真做事"就是基本习惯。时代性的习惯则更多体现当前时代所倡导的习惯，比如上下扶梯靠右的习惯等。

孙：对于习惯还有哪些分类？

张：在心理学上有动作型技能和智慧型技能的说法。习惯也是一种技能，因此也可以分为动作型习惯和智慧型习惯。比如，"做事有计划"就不是简单的动作习惯了，而是智慧型习惯。还可以分为积极的和消极的习惯，个性化习惯和社会性习惯。以少年儿童为对象的研究，要重视基本习惯和时代性习惯。当然也会涉及动作型习惯和智慧型习惯，积极的习惯和消极的习惯。

细化习惯的要求才能更好地形成人格

孙：您认为在培养这三大习惯的时候是否应考虑到年龄段特征？

张：我认为这些习惯之间不能机械地用年龄划分开，比如几岁到几岁培养学习习惯，几岁到几岁培养做人习惯，只能说根据孩子的年龄特点和心理发展特点，在不同年龄阶段要有不同的要求，在要求、水平、层次上要有差异。

孙：能举个例子吗？

张：比如，同样是要养成思考的习惯，在小学一年级到三年级，我们就要求他在教师的帮助下进行简单的、有条理的思考，从而解决问题；到四年级至六年级，同时是养成思考的好习惯，我们就要求他根据解决问题的需要，收集有用的信息，进行归纳、类比和猜测，发展初步的、合情的推理能力；在初中年龄阶段，要求学生收集、选择、处理信息，并做出合理的推断和大胆的猜测。从这三个阶段来看，同一个习惯，在内容、水平、要求上都有不同，越来越高。还比如，同样是培养一个人"做事有始有终"的习惯，对幼儿园的孩子来讲，我们应该要求他们在玩的时候自己把玩具拿出来，玩完以后自己收好；对小学生来说，就要要求他们看书做作业的时候要认真，写完以后才能去玩；对于中学生来说，就应该要求做事有责任心。从收玩具到做事有始有终，再到责任心，这样就形成了人格五大块中的一块。

孙：本次课题研究中应该提出一些针对不同年龄的具体习惯。

张：是的，在课题研究中希望能够提出一些很具体的标准，然后家庭、学校都可以有可供参考、操作的内容。再比如，同样提到合作习惯，小学一年级到三年级，我们要求他具有与同伴合作解决问题的体验；到了四年级至六年级，要求他们在解决问题的过程中初步学会与他人合作；到了初中，要求他们在解决问题的过程中体会到与他人合作的重要性。有了这样比较细致的要求和层次，就比较好培养了。过去我们都知道习惯很重要，但是却不知道怎么去做，也没有非常明确的要求。所以，提出不同年龄阶段习惯的不同层次、不同操作要求，是本次研究中非常重要的内容之一。

孙：看来习惯培养有很具体的年龄特点和年龄要求啊。

张：是啊，如果要求不合理，不符合年龄特点，孩子就做不到，那么想让他培养成相关的人格特征也是不可能的。像我们要求孩子有合作精神，在小的时候，就是要孩子和小朋友一起玩。但这个要求至少要从3岁以后开始，因为3岁以前的孩子，他的年龄特点就是"自我"，你要求他和别人一起玩是做不到的，他玩着玩着就又自己去玩了。

孙：综合起来看，您认为人格与习惯是怎样的关系呢？

张：如果以美国心理学家麦克雷·可斯塔提到的大五人格为例来看，很多人格都和人从小培养的良好习惯有关系。所以说，良好习惯的积累和深化有可能是构成健全人格的基础。这只是我个人的观点，还需要在研究中进一步证实。在他提到的开放性中有求异、创造等人格特征，那么在培养习惯的时候就可以从提问、反思等方面入手来培养。另外，如果一个人具有健康的人格，也会帮助他形成好的习惯。当然，我们不能机械地说一个人有了好的习惯，他的人格就一定是健康的。人格中有些东西和习惯没有太大关系，比如冲动、脆弱等。应该说，这两者是互动的、相互影响的关系。

孙：您认为在习惯培养方面，家庭和学校该怎样参与才更有效呢？

张：习惯培养是一个系统工程，需要家庭、学校、社会一起努力才能有良好的效果。任何一方面作用不利，都会影响这个工程的有效性。家庭、学校、社会三个场合不同，可能在角度上会有所不同，但总体要求是一样的。

孙：谢谢您的详细解释。看来本次研究既有理论价值，更有实用价值。

特别提醒

1. 我们要求孩子回家以后要洗手，如果我们跟他讲道理，讲细菌是怎样来的，危害有多大，太小的孩子不会懂细菌是怎么回事。如果我们给他一个要求，要求他每天回家以后第一件事情就是洗手，每天洗，渐渐就形成了习惯。这样，等他大些的时候，懂得了一些道理，他就更能够遵守。所以未必要孩子理解了才去做，不理解的时候也要去做。

2. 习惯和道德是相辅相成的。好习惯可以渐渐形成好品格，好的道德又支配着人重复好习惯。

张梅玲 教育箴言

如果不注意培养好习惯，素质教育的目标会落空。

品德是行为的内化。行为又和习惯有关，因为习惯是自动化的行为。

良好习惯的积累和深化是构成健全人格的基础。

不同年龄阶段习惯的层次不同，操作要求也不同。

习惯培养是系统工程，需要家庭、学校、社会共同努力才能有良好的效果。

有的人很羡慕那些培养出优秀孩子的父母，对他们说："你们养的孩子真好啊，都不用管。"结果，一位杰出儿童的父母说："他们哪里知道，我们连睡觉的时候都有一只眼睛是睁着的。"

王东华：面对孩子请重新做人

　　王东华是一位父亲，热衷于研究家庭教育，尤其关注母亲教育。王东华老师认为，推动世界的手是摇摇篮的手，母亲是家庭中非常重要的人。他说："你可以不是天才，但是你可以成为天才的母亲！"他提出，为了孩子要改变成人世界。孩子每时每刻都在扫描着父母的言行。孩子站在父母的肩膀上，父母有多高，孩子就会有多高，父母能走多远，孩子就能走多远。

被访人物　王东华，华东交通大学母亲教育研究所所长，母亲教育运动的发起人与倡导者，《发现母亲文库》主编，被称为"家庭教育领军人物"。

有时父母成了最大的污染源

　　孙宏艳（以下简称孙）：王老师，您好！我读过您的教育专著《发现母亲》，对其中的一些重要观点非常感兴趣。今天采访您，尤其希望您谈一谈对孩子的"习育"。因为在研究中我们发现，太多的父母关注孩子的学习成绩，但关注孩子良好习惯养成的父母比较少。您在书中曾谈到了"习育"的重要性，我们能否就这个话题再做一次探讨？

　　王东华（以下简称王）：好的。在我的研究中，我也一直认为"习育"非常重要。

　　孙：您认为"习育"属于潜教育范畴吗？

　　王：对，我把教育划分为两个范畴，一个是显教育，一个是潜教育。我把我们意识到的东西称为显教育，比如父母最重视孩子的成绩、作业，这些知识性的教育都是显教育的范畴；而有些教育做父母的往往意识不到的，比如做人、做事、习惯的培养等。这些我把它们归为潜教育的范畴。知识教育很重要，但更重要的是习惯的培养、做人做事的教育。有的学生会答题，能考高分，但是他不会做人，不会做事，甚至连良好的习惯都没有。

孙：是的，有些教育往往倒过来了，在小学的时候对孩子进行的是知识教育，等孩子到了大学了，反而开始进行养成教育。比如，有的大学就给学生规定了"不浪费粮食、不迟到、不打扰别人"等行为准则；还有的单位也要规定，上班要服装整洁，不要在楼道里喧哗等，这些规定都很可笑，因为已经是成年人，才做这些基本的做人教育，而这些基本的习惯应该在很小的时候就养成。

王：非常同意您的说法。在过去应试教育的环境里，许多父母更重视孩子的测验成绩，却不重视孩子基本习惯的养成。而习惯的养成，做事、做人的教育，更多的来自家庭，而不是学校能够给予的。在我们接到的大量来信中发现，一些父母教孩子还不如不教孩子，因为他自己就做得不好，他自己就是最大的污染源。老师在学校里教学生，一些不好的习惯还会收敛一些，不能随便发脾气、随便乱扔东西，他给学生的是光彩照人的一面。而父母却不在意，经常把自己的坏习惯、坏脾气暴露在孩子面前。

孙：这就是我们常常说的"2>5"的道理吧？即孩子在学校里进行5天的正规教育，回到家里以后，很快就被父母不好的2天教育给抹掉了。

王：是这样的。父母给孩子的影响非常广泛，也非常细致，几乎无孔不入。从说话的语气、选择食物的口味、对待朋友的态度等。但父母往往对这些不感兴趣，他们认为只要把孩子的成绩搞好了，就是成功了。可是，生活中我们已经接触了许多案例，有的学生虽然进了北大、清华，却从19楼上跳了下来！哪位父母愿意看到这样的结局？当然没有父母愿意这样。既然不愿意，我想父母就应该从现在开始避免问题的发生。

孙：这种行为方式等的培养，是否都和"习育"紧密联系？

王：这和"习育"关系密切。比如，上海人爱吃甜食，湖南人爱吃辣椒，但孩子并不是生下来就爱吃甜食或者辣椒，是因为父母爱吃甜食或者辣椒，因此等于他们时时刻刻都在教孩子吃甜食或辣椒。所以，我们看到的是每个地域的人都有各自的特点。我也接触过一个母亲，她总是埋怨孩子乱放东西。我就说，你先别埋怨孩子，你自己怎样做的？她说："我家里房子小，我工作又很忙，我是没有办法的。"这位母亲虽然找了许多理由，但结果是她自己也乱放东西。后来我对她说，如果你不能先改变你自己，你是没有办法改变孩子的。有了孩子，就要经常检查自己的行为，发现哪些不正确，对孩子有不好的影响，要及时改正。

习惯也是一种社会遗传

孙：您在书中一再提到"习育"的重要性。请问您是怎样给"习育"定义的？

王："习育"就是行为的培养，即从最小的、最普遍的习惯慢慢过渡到最根深蒂固的习性。"习育"可以说是一种社会遗传，它是相对于生理遗传的，人的意志、品德等都靠这种"习育"来完成，并最终形成一个人的行为习惯，即为人处世的态度和程序。这种教育应该开始得越早越好。其实，在知识教育还没有开始的时候，习育就已经开始了。也就是说，对孩子习惯的培养，越早进行越好。

孙：可是，父母一般比较注意生理上的遗传，如果家里有某种遗传疾病，父母会特别担心，怕孩子也被遗传。但如果把习惯看成是社会遗传基因的一种，父母恐怕很少在意不良习惯会遗传给孩子。

王：其实社会遗传比生理遗传还重要。一些研究发现，社会遗传也能够导致生理遗传，比如儿童自闭症。研究者们发现，儿童自闭往往和父母的生活习惯有非常重要的关系。他们的父母多是文化素质高的人，这些人更容易陷入对知识的追求而忽略了与人的交往，久而久之，孩子也容易慢慢习得父母的行为习惯和处世方式。动物也是这样。小虎刚生下来时，给它一块带骨头的肉，它不会吃。如果把老虎放进去，老虎在小虎面前啃带骨头的肉，小虎渐渐就学会了。您说这是生理遗传还是社会遗传？

孙：您认为社会遗传是由习得—习惯—习服—习性几个步骤完成的，那么习惯在其中占据怎样的位置？

王：习得其实是了解的过程。当一个人了解了某种行为方式的时候，他要慢慢地去习惯它，习惯以后，经过若干次的训练，有机体内就会发生变化，对习惯渐渐产生服水土的现象，它比适应更有意义，为了顺应环境，身体内部出现了某些变化，使有机体对环境更适应，耐力有所提高。最后，成了一种习性，也就是人的性格。记得某位教育者说过，一个人种下去行为，收获的是习惯；种下去习惯，收获的是性格；种下去性格，收获的是命运。如果是动物的话，就是它的习性。我们对孩子进行养成教育，就是为了让孩子从习得到习性。如果能把习惯变成了习性，教育就完成了它自身的任务。

孙：如果按照这样的推理，习惯在人的整个命运中占据很重要的位置。

王：我们的祖先历来都很重视"习育"，这在世界教育史上恐怕难有可以与我们抗衡的，尤其是在礼教方面。到了宋朝，教育者们认为行为习惯的养成只能在儿时，所以许多大学者都加入到"习育"中来，朱熹因此写了《蒙童须知》，内容详细到如何洗衣服、叠衣服；清代的李毓秀也写了《弟子规》，对学生的日常行为习惯做了进一步的规范。

孙：可是礼教曾经被大批判。

王：礼教本身并没有什么不好，之所以后来受到批判，是因为那时候宣扬了太多的封建礼教。封建是错误的，礼教没有罪。可是，"文革"时期，我们又走向了另外一个极端，抛弃一切礼教，以至于"文革"以后我们还要对大家进行"您好""对不起""谢谢"这七个字的教育。中国本来是礼仪之邦，但现在我们远远落后于日本。西方人来中国以后也说他们发现中国人没有餐桌礼仪。

习惯的培养越早越好

孙：教育家陶行知说过，"凡人生所需要的重要习惯、倾向、态度，多半可以在6岁以前培养成功。换句话说，6岁以前是人格陶冶的重要时期"，您刚刚提到，"习育"开始得越早越好。

王：人是习惯的动物，不仅行为如此，思维方式也是如此，因此，父母给孩子正确的东西，应该越早越好。就像现在倡导普通话一样，你一开始让孩子说方言，没讲普通话，后来再纠正非常困难，是个痛苦的过程。所以，现在经常会听到有的人虽然讲普通话，但口音仍然不是很标准，还带有方言的痕迹。所以，父母要在孩子小的时候，尽可能给孩子最正确的东西。

孙：那么，如果已经给过孩子错误的东西，或者说孩子已经养成了不良的习惯，怎样去改正呢？

王：在这方面，我比较同意日本教育家林木正一的观点。他认为，习惯无法改正，只能超越。比如刷牙，也许你知道自己的刷牙方法不对，应该顺着牙齿的缝隙刷，但如果你已经习惯了横着刷，并且已经这样刷了很多年，要想改变这个习惯，至少需要同样的许多年才能纠正过来，这在林木正一眼里，已经不是改正了，而是超越，是依靠更多时间、用良好习惯来覆盖原来的不良习惯。这样花费的时间太多了，不是一次就能纠正过来的。

孙：陶行知也认为，"习惯成了不易改，倾向定了不易移，态度决了不易变"。对于小学生和初中生的父母，在这样的年龄段里，进行习惯的培养还来得及吗？

王：小学阶段主要是习惯的加强和巩固阶段，如果在孩子很小的时候没有培养出好的习惯，不妨从现在开始给孩子一个好的环境，让好习惯渐渐盖过不好的习惯。宋朝的学者们非常强调大学、小学之分，他们认为在小学阶段就是要具体做事，养成良好的习惯，到了大学，才是去认识道理。所以，我建议在小学时期对孩子的培养要降低到习得层面，主要对孩子进行习育。现在父母对孩子的培养大多是比较关注思维层面。

孙：思维层面和习育层面是怎样的关系？

王：两者之间是相辅相成的关系。习育是基础，如果习得基础没有打好，那么以后思维层面的教育也会遇到困难。但现在我们进行的大多是思维层面的教育。因此，我认为21世纪的教育目标应该是习育与化育的发展。

孙：如果孩子已经有了不良习惯，就不能改正了吗？

王：在小学阶段，要超越不好的习惯还是很容易的，毕竟这只是人生的开始阶段。而且，刚开始可能费劲一些，但对人后来的影响却很重要。比如一个练习电脑打字的人，如果只用一个手指头在打字，也可以，但这是不可持续发展的。如果一开始就按照规矩用10个指头，可能会慢一些，但最后会越来越快，形成可持续发展。习惯也是这样，父母可能觉得培养起来、超越起来很费劲，但是，对孩子的可持续发展具有重要的作用。

父母是孩子的范式

孙：在您的书中，曾经提到了范式模仿，意思是说孩子在年龄比较小的时候对学习大多是一种范式的学习。请问什么是范式学习？

王：这是索尼公司的创始人提出来的。他是搞电脑的，他认为孩子在很小的时候眼睛就像摄像机，耳朵就像录音机，他会把听到、看到的东西原封不动地记录下来。这种学习都是范式学习。比如，当一个小孩子看到"Coca Cola"这几个字的时候，他并不是自己拼出来的，而是看到了这几个字母组合在一起的模样，就知道这是"可口可乐"。他对"Coca Cola"的接受，不是一个字母一个字母记下来的，而是记住了整个符号的模样。

孙：那么，父母在家庭里或者日常生活中的表现是否都是一种范式？

王：对！我小时候是外公外婆带大的，我外公是个老私塾先生，他非常重视习惯的培养。家里来客人了，走的时候他一定把客人送到大门口，不会随便送一下算了。他当时并没有这么教育我，但我长大以后，家里来了客人，我总是把客人送到门外，在楼上的时候我也要送到楼下的大门口。外公给我的就是一种范式。

孙：许多时候人们会发现，孩子就是父母的翻版。

王：是啊，这种现象很神奇。国外提出一个关于家庭轮回、重复现象的猜想。比如，如果父母在孩子11岁的时候离婚了，那么，当孩子长大以后，往往也容易在他的孩子11岁那年离婚。像我就是这样，我小学四年级的时候回到父母身边读书，现在，我的孩子也是小学四年级回到我的身边来读书。其实，这些重复都是范式的重复。

孙：看来父母的范式对孩子的影响太大了，不仅影响了孩子的现在，还可能影响孩子的未来，甚至对第三代都有影响。

王：我常说，孩子就是头顶的神明，就是地动仪和雷达，他每时每刻都在扫描着父母的言行。孩子其实就是站在父母的肩膀上，父母有多高，孩子就会有多高；父母能走多远，孩子就能走多远。父母要求孩子什么，自己就应该做到什么。父母希望孩子心理健康，自己首先要心理健康；父母希望孩子成功，自己要先成功。

孙：这说明，孩子也是在复制父母的模式。

王：是的，这就是社会遗传的作用。一辈儿学一辈儿，一代学一代，一代人有一代人的共同点。就是这样复制过来的。

孙：记得您在书里曾说"身教先于言教，身教重于言教，身教易于言教"，是否就是这个道理？

王：是这样的。为什么有的父母对孩子千叮咛万嘱咐，但孩子的毛病总是改不了？那是因为父母的身教和言教相脱离。有的父母要求孩子勤奋，自己却无所事事；还有的父母要求孩子与同学搞好关系，自己却与邻居摩擦不断。他们给孩子的是一种不好的范式。

孙：父母的身教很重要，但是如果从"一辈儿学一辈儿，一代学一代"这个大范围来看，仅有身教还是不够的吧？

王：如果从一个更大的定义域来看这个问题的话，家风从某个角度来说更重要。比家风更本质的一层是乡风，比乡风更深一层的是区域文化，乃至整个社会的风气。所以，不仅父母要给孩子好的范式，同孩子接触的每个家庭成员都要注意自己给孩子的影响。这样看，习惯的培养就不仅是父母的事情，也是这个家族的事情。

为了孩子，请重新做人

孙：既然习惯在整个人生中如此重要，而且父母对孩子的习惯培养占据非常重要的位置，那么您认为父母应该怎样做？

王：父母只有从自己做起。父母不改变自己的行为，是没有办法教育孩子的。

孙：您在研究中接触了一些优秀孩子的父母，根据您的了解，这些孩子的成功和他们父母的行为之间具有怎样的关系？

王：有的人很羡慕那些优秀孩子的父母，对他们说："你们养的孩子真好啊，都不用管。"可我记得一位杰出儿童的父母对我说："他们哪里知道，我们连睡觉的时候都有一只眼睛是睁着的。"这说明，父母必须时刻注意自己的行为，同时也关注孩子的行为习惯。

孙：但现在许多父母，对孩子的要求非常严格，而对自己的行为却常常原谅、宽容。

王：事实上，孩子和父母的家教水平是水涨船高的关系。家教是水，孩子是水上的船。如果父母的家教水平就是一条小河，要想承载万吨巨轮是不可能的。同样，习惯的问题也是一个水涨船高。父母自己越完美，教育孩子就越容易，教育出来的孩子也就越完美。相反，如果父母自己存在很多问题，那么在教育孩子的过程中就会很被动。如果父母给孩子的是不好的范式，改起来是极其艰难的。但现在我们进行的教育大多是这种再教育。

孙：父母怎样完美自己的行为，才能让自己的"家教之水"更高一些？

王：天冷的时候，父母会花很多力气赚钱给孩子买棉衣，怕孩子冻着。同样，当父母觉得孩子在某方面的习惯、品德出现问题时，父母就要不断地克制自己，就像赚钱一样卖力气才行，才能获得教育孩子的话语权，从而帮助孩子超越不好的行为习惯。但现在有些父母认识不到这一点，只知道训斥孩子，却看不到自己身上的问题。这就好比冬天孩子冷，父母不给他棉衣穿，却一个劲儿地骂孩子"你怎么这么冷啊？""你怎么老是冷啊？"你说这样有道理吗？

孙：您说过，母亲是孩子的第一子宫，而家庭是孩子的第二子宫。看来，要培养习惯，家庭承担着比学校更重要的任务。

王：孩子之所以拖拉，是父母拖拉；孩子之所以懒散，是因为父母懒散。要父母改变拖拉懒散等不良习惯是非常痛苦的，一个人和自己斗争是最不容易的。但是，当父母改变了自己的时候，孩子的问题才能得到根本的改变。尤其是习惯的培养方面，父母更要重新做人，要像蛇蜕皮、凤凰涅槃一样。所以我常说，为了孩子请重新做人！

·——— 特别提醒 ———·

1. 一些父母教孩子还不如不教孩子，因为他自己就做得不好，他自己就是最大的污染源。老师在学校里教学生，一些不好的习惯还会收敛一些，不能随便发脾气、随便乱扔东西，他给学生的是光彩照人的一面。而父母却不在意，经常把自己的坏习惯、坏脾气暴露在孩子面前。

2. 孩子之所以拖拉，是父母拖拉；孩子之所以懒散，是因为父母懒散。要父母改变拖拉懒散等不良习惯是非常痛苦的，一个人和自己斗争是最不容易的。但是，当父母改变了自己的时候，孩子的问题才能得到根本的改变。

王东华 教育箴言 ......

　　如果在孩子很小的时候没有培养出好习惯，不妨从现在开始给孩子一个好的环境，让好习惯渐渐盖过不好的习惯。

　　习育是基础，如果习得基础没有打好，那么以后思维层面的教育也会遇到困难。

　　孩子站在父母的肩膀上，父母有多高，孩子就会有多高；父母能走多远，孩子就能走多远。

　　身教先于言教，身教重于言教，身教易于言教。

　　父母自己越完美，教育孩子就越容易，教育出来的孩子也就越完美。

　　母亲是孩子的第一子宫，而家庭是孩子的第二子宫。

目前父母们普遍忽视良好学习习惯的培养，而把目光集中在分数上。我们在做热线咨询的时候发现，许多父母常常为孩子考不好着急，但却很少有父母为孩子没有好习惯着急。

王极盛：学习习惯高于学习分数

到王极盛老师家里采访，给我印象深刻的是他满屋子的书和收集的大量状元材料。谈起每年的高考状元，王老师如数家珍，不需要看材料就能说出状元的名字及他们的来源省份、就读学校，甚至能谈起他们的家庭背景等。可见，多年对高考状元的潜心研究，已经使王老师对这些学神、学霸们烂熟于心。我曾阅读他的专著《高考状元的学习方法》，我发现，每个状元都有着良好的学习习惯。这让我想起王老师曾多次提出："培养良好习惯是素质教育的重要内容，特别是良好的学习习惯。习惯、素质、成绩都有紧密联系。"

被访人物　王极盛，著名心理学家、著名高考研究专家，国务院特殊津贴获得者，原中国科学院心理研究所研究员。长期从事"学生心理健康""高考心理规律""家庭教育心理"等方面的研究。从1995年开始潜心研究中国高考，被公认为中国高考心理指导第一人，创立了中国考生家长指导网，开设了考生家长指导公益咨询热线。主要著作有《青年心理学》《科学创造心理学》及30多部与高考相关的书籍。

习惯是心理素质的重要组成部分

孙宏艳（以下简称孙）：王老师，您做心理研究多年，能否从心理学的角度解释一下习惯在人的心理素质中占据怎样的位置？

王极盛（以下简称王）：每一个人都有习惯，习惯是人的重要的心理素质，积极的、良好的习惯是人的良好的心理素质的重要组成部分，而不良的行为习惯则构成了人的不良的心理素质。所以，习惯存在于每个人身上，任何社会的任何人都有习惯。它作为心理素质的一部分，贯穿人的一生。因此，习惯问题非常重要，它实际上是人的行为倾向的一种需要。

孙：您认为应该怎样给习惯分类？

王：习惯可以按照不同的活动领域来划分，人有什么活动，就有什么习惯。比如，有学习活动，就有学习习惯；有运动活动，就有运动习惯；有消费活动，就有消费习惯……习惯的种类应该和人的活动的种类完全一致。

孙：人的习惯是否会生来就有？

王：习惯是培养出来的，而不是生来就有的，它是在人的生活实践中逐步形成的。它可以养成，也可以改变。当然，培养起来容易，改变起来困难。

孙：您认为习惯和素质之间的关系是怎样的？

王：习惯和素质并不矛盾，素质教育不是抽象概念，它表现在学生每天的学习、生活当中。应该说，培养良好习惯是素质教育的重要内容，特别是培养学生良好的学习习惯。

孙：但目前父母们普遍忽视良好学习习惯的培养，而把目光集中在分数上。我们在做热线咨询的时候发现，许多父母常常为孩子考不好着急，但却很少有父母为孩子没有好习惯着急。

王：其实，一个良好的习惯可以使人终身受益。无论是家庭教育还是学校教育，都应该重视学习习惯的培养。光把目光盯在成绩上，是近视的。学习成绩是一时的，这次考得好，下次未必考得好，而学习习惯是终生的，它对人的影响是广泛的、深远的。一些父母在孩子学习不好的时候，没有从学习习惯上找原因，而是从表面上、客观上找原因。父母光苦恼是没有用的，应该从习惯上找找原因，这是孩子重要的心理素质之一。

习惯的形成过程也是能力的提高过程

孙：我记得您以前曾对北京市一些学生学习习惯做过调查，得出过什么结论？

王：是的，我曾经对1 560名学生进行过问卷调查，主要考察不良学习习惯对学习成绩的影响。调查结果表明，仅有27.2%的学生认为不良学习习惯对他们的学习成绩没有影响；其余72.8%的学生都认为不良学习习惯对学习成绩有影响。在这部分人中，认为习惯对学习成绩有轻度影响的占32.7%；有中等程度影响的占20.1%；有较重影响的占13.2%；认为有严重影响的学生占7.5%。从这个调查中，可以看出不良学习习惯对学习成绩有很大影响。

孙：这是非常重要的数据。现在有些父母走进了误区，总觉得习惯没什么了不起的，都是小事，成绩才是大事。考试凭的是成绩，而不是习惯。

王：习惯所起的作用绝对大于一时一地所取得的考试成绩。而且习惯和学习成绩是联系在一起的，当学生有了良好的学习习惯、生活习惯，必定促进学习成绩的提高，二者是密不可分的，是"磨刀不误砍柴工"的关系。许多人的经历都证明，一个没有良好学习习惯的人，成绩是不可能好的。

孙：在研究中我们常常发现有的孩子看起来很聪明，父母在描述他们的时候也都认为自己的孩子是很机灵的，但就是学习成绩提不上去。您认为这些孩子的问题是否与学习习惯有关？

王：我曾经观察过这样的孩子，他们虽然聪明，但往往习惯很差，一边写作业一边玩橡皮、铅笔，一边看书一边看电视，或者一边学习一边吃喝，这些小动作已经成了他们的不良习惯，这自然会降低他们的学习效率，影响学习成绩。所以，有的孩子看起来学习时间很长，但没有效率。聪明孩子特别容易出这样的问题，有的父母觉得自己的孩子挺聪明的，脑筋够用，当孩子边学边玩的时候，父母也不太管教，结果成了习惯，到后来想改的时候已经很困难了。

孙：我知道您曾经做过著名的状元访谈，您能否谈谈状元们的学习习惯，我想这可以给父母们一些启发。

王：我曾经访谈过多名高考状元，还访谈了他们的父母，通过访谈，我也获得许多启发。我发现，其实这些状元们都没有什么特殊的秘诀，就是爱学习，可以说每个状元都有良好的学习习惯。这些习惯已经成为他们素质的一部分，如果不让他们学，他们都会觉得难受。因此，我在总结高考状元的父母培养孩子的六个秘诀时，其中重要的一条就是培养孩子良好的学习习惯。

习惯强化到一定程度就变成了人格

孙：根据您的访谈，您发现状元们都有哪些好的学习习惯呢？

王：爱读书是每个状元都具备的好习惯。河北省高考状元赵冰哲的妈妈在接受访谈的时候说，他们的家住在狼牙山附近的一个村庄里，很贫穷，家里买不起书，他妈妈就到处找书给孩子看，讲给他听，渐渐地孩子就特别爱读书，有时蹲在厕所里也看书，看着看着就着迷了，都不知道出来。这就是养成了习惯，迷上书了。孩子有了这样的习惯，父母还用对他的学习发愁吗？所以，他妈妈说，孩子上小学以后根本不用管，他自己就特别爱学。

孙：您还发现了哪些好习惯？

王：高考理科状元张恒的父母，在接受访谈的时候说，他们很注意培养孩子爱写作的好习惯。在张恒还在幼儿园的时候，他们就开始教他写日记，当时孩子还不会写，他们就告诉孩子把每天觉得有意思的事情说出来，他们帮助孩子记录，一两句都可以。逐渐地，孩子开始爱写作了，而且越写越多。北京市高考状元杨颂的母亲也说过，他们从小学一年级开始就让杨颂练习写日记。这样，也间接地培养了孩子克服困难、不依赖别人的习惯。

孙：这是对孩子韧性的培养吧？在学习中，韧性也是很重要的。

王：是的，坚持是个良好的习惯，一个好的习惯形成以后，它带来的效应是多方面的。像我刚刚说的张恒，他的父母也很注意培养他的韧性。在他小学的时候，父母就给他买了《上下五千年》《十万个为什么》等书，让他去读，不会的就自己查字典。在他小学阶段，就已经读完了很多中国古典名著。好习惯带来的是阅读能力的提高。因此，我认为习惯的培养过程也是提高能力的过程。

孙：这和素质教育的目标是一致的。

王：的确是这样。孩子有了读书习惯，慢慢地阅读能力会有所提高；爱写日记，写作能力就会提高；坚持去做，慢慢地会形成良好的品格。所以，父母不要把习惯培养孤立开来看，它和人的素质提高是密切相关的。习惯、素质、成绩都有紧密联系。另外，独立思考是学习习惯中非常重要的一方面。2000年四川省的高考状元刘洋洋的父亲介绍说，他很注意培养孩子独立思考、独立解决问题的习惯。当孩子问他问题的时候，他总是让孩子先自己想。

孙：这样做的好处是不仅可以培养孩子的独立性，还可以使孩子具有创新人格，因为他首先要敢于发表自己的观点。

王：是的。我们现在提倡创新，这不是一个抽象的概念，它是很具体的，包括创新人格、创新意识、创新能力三方面。我感觉当前人们强调创新意识和创新能力比较多，有些忽视创新人格。实际上，他们是一个整体。我认为在家庭教育和学校教育中，应该侧重创新人格的培养，孩子有了创新人格，自然会有创新意识和创新能力。

孙：那么您认为创新人格包括哪些方面？

王：好奇心、求知欲望、打破砂锅问到底、坚持真理、纠正错误……这些都是创新人格的组成部分。一些高考状元都对新知识具有非常强的好奇心。习惯强化到一定程度就变成了人格。

模仿·暗示·感染

孙：您所提到的学习习惯是否还可以更具体一些？

王：我想首先学习要有计划性。很多孩子感觉整天忙忙碌碌，这样未必学习效果好。人越忙碌，心里越烦，因为过分忙碌破坏了人的心理节奏感。通过考察学习状元们的学习情况，我发现他们大多数都特别有计划，学习节奏感很明显，心里很平和。

湖南理科高考状元许芩珂，学习就很有计划性，尽管他承担了很多社会工作，但成绩一直很好。他特别爱看足球比赛，但如果计划没有完成，多重大的足球比赛也不看，一定要求自己按计划走。进入清华大学理科实验班以后，他仍然承担很多社会工作，但他还能保持班里的第一名，这很不容易。他跟我讲，他的秘诀就是有计划。

孙：有的孩子就完全凭情绪做事，情绪好的时候学到夜里12点，情绪不好的时候，就什么都不干了。

王：这也和作息时间有关系。成绩好的孩子在安排作息时间方面也特别有规律。这在心理学上是个动力定型的问题。江西文科状元周芬芬的父亲说他特别注意培养孩子具有良好的作息时间习惯。不管学习任务多重，晚上11点必须上床睡觉，早晨6点半必须起床，铁打不动！

孙：有的孩子对父母有依赖性，作业写完以后要父母给检查。有的父母给孩子检查作业，甚至还帮孩子改正过来。这是否是学习上的大忌？

王：这实际上是过度保护的表现。西藏高考状元陈真的母亲说她从来不先给孩子检查作业，而是让孩子自己检查。等陈真查完了，妈妈再检查，查出有错误的地方也不告诉她哪里错了，只告诉她有错，让她再查，直到自己发现为止。

孙：您对高考状元的父母们进行访谈时，是否发现他们在培养这些好习惯方面有哪些高招？

王：可以说，每个状元的好习惯都是从小培养起来的，这是方法之一。另外就是父母的榜样作用，这些都不多说了，因为这是习惯培养的必备条件。我想说的是父母要利用模仿、暗示、感染的心理机制来培养孩子的好习惯。从习惯形成的外部因素来看，这三点起到相当重要的作用。

孙：请您详细讲讲它们的作用。

王：模仿分有意模仿和无意模仿，特别是无意模仿对孩子影响更大。比如，有的父母说话很文雅，孩子说话的声音自然就会很轻柔，这些都是无意模仿的结果。暗示也是很重要的一种方法，父母可以多给孩子讲点习惯培养方面的故事，孩子听了以后就会形成一种暗示。感染主要指情绪上的感染，如果父母情绪很好，孩子也会情绪饱满地对待学习，如果父母愁眉苦脸、无精打采，孩子对待学习也会比较消极。我在访谈河南理科高考状元赵琰时发现，她待人和气，经常没有开口说话就先笑起来，笑得很自然。后来我访谈她爸爸的时候发现，原来她爸爸也是这样。在这样的环境下，孩子模仿加感染，自然形成了待人接物的好习惯。因此，家庭良好的生活气氛、学习气氛，对孩子学习习惯的培养起到的作用也是潜移默化的。

孙：看来，分数和习惯的关系太密切了，而且习惯比分数更重要，它对一个人的人格也有很大影响，感谢您接受我的采访！

特别提醒

1. 无论是家庭教育还是学校教育，都应该重视学习习惯的培养。光把目光盯在成绩上，是近视的。学习成绩是一时的，这次考得好，下次未必考得好，而学习习惯是终生的，它对人的影响是广泛的、深远的。

2. 我曾经观察过这样的孩子，他们虽然聪明，但往往习惯很差，一边写作业一边玩橡皮、铅笔，一边看书一边看电视，或者一边学习一边吃喝，这些小动作已经成了他们的不良习惯，这自然会降低他们的学习效率，影响学习成绩。所以，有的孩子看起来学习时间很长，但没有效率。聪明孩子特别容易出这样的问题，有的父母觉得自己的孩子挺聪明的，脑筋够用，当孩子边学边玩的时候，父母也不太管教，结果成了习惯，到后来想改的时候已经很困难了。

王极盛 教育箴言

习惯是心理素质的一部分，贯穿人的一生。

培养良好习惯是素质教育的重要内容，特别是良好的学习习惯。

学习习惯是终生的，它对人的影响是广泛的、深远的。

习惯所起的作用绝对大于一时一地所取得的考试成绩。

习惯的培养过程也是提高能力的过程。

不要把习惯培养孤立开来看，它和人的素质提高是密切相关的。

习惯、素质、成绩都有紧密联系。

习惯强化到一定程度就变成了人格。

一些儿童因为挑食、偏食等不良习惯导致的营养不良的问题十分突出，有的儿童长成了豆芽菜体型，有的长成了肥胖儿。一些"富贵病"也向儿童袭来，如高血压、糖尿病等。另外，根据研究，不良的饮食习惯不仅对儿童时期的健康有影响，而且与一些成年期常见的疾病，如心血管、脑血管、高血压等有很大关系。

高影君：饮食习惯和人格养成相辅相成

高影君，多年来致力于少年儿童营养和健康研究，筹备成立了中国学生营养促进会，他提出，良好的饮食习惯也可以促进孩子的心理健康，二者相辅相成。饮食习惯不是简单的吃饭问题，是和人的行为习惯、品德、人格有紧密的关系。

被访人物　高影君，原北京师范大学教育科学研究所研究员，多年来致力于少年儿童营养和健康研究，筹备成立了中国学生营养促进会，被选为第一届理事会副秘书长，后担任常务理事。曾担任《中国学生营养报》副总编，并被聘请担任北京市学生营养餐研究中心主任。

饮食习惯体现文化素质

孙宏艳（以下简称孙）：许多父母都认为饮食、营养特别重要，要多吃好的、贵的营养品，至于怎样把这些营养品吃进去，是否要具有一定的习惯并不重要。您作为中国中小学生营养学会的会员，在这方面有过多年的研究。请您结合实际情况，谈一谈饮食习惯对人的健康具有哪些意义？

高影君（以下简称高）：我们过去总是孤立地去看待饮食习惯，但实际上，饮食习惯涉及人的个性、品德、智力、美育等多个方面。饮食习惯表面看来只是关系到一个人的健康，但从一个人的饮食习惯能看出他的文化素质和文明程度。

孙：为什么这样说？

高：因为饮食习惯是人的行为习惯的一种，好的饮食习惯就是一种好的行为习惯。试想，一个具有好的行为习惯的人是否让人觉得可爱？为什么？因为在交往中你会感受到他的文明。吃是人的本能，但人不能只按照本能去吃，否则就是无知、不文明，和动物没有什么区别。

孙：您的意思是说，看一个人吃什么就能看出他的文化素养如何？

高：是的。看一个人吃什么、怎么吃，就可以看出他的文化素养怎样。同样，一个国家也是如此，从一个国家的饮食习惯方面就可以看出一个国家的文明程度、文化素质。

孙：这是一个很有意思的结论。

高：想吃什么就吃什么，爱吃什么就吃什么，或者不在乎饮食方面的科学，吃饱就行，能维持生命就行，这是人类对饮食的最原始看法。社会进步到了今天，人们在温饱的基础上，就要考虑怎样吃更科学、更营养，怎样的饮食习惯才能对健康更有利。特别是随着社会的发展，人们对吃的研究、对人体所需要的营养的研究越来越深入了。

孙：现在人们开始关注一些微量元素的重要性了。

高：是呀，过去我们对一些微量元素都不太了解，像锌的重要性，因此在饮食的选择和习惯的培养方面也就不太在意。随着科学的发展，人们渐渐认识到了锌、铁、碘等微量元素对健康的重要。当人们掌握了这些营养方面的知识以后，就开始注意讲究饮食科学，养成良好的饮食习惯了。所以我们说，讲究营养和科学的饮食习惯是一个国家文明的重要标志，是人类进步的反映。

营养盲比文盲还多

孙：现在我们越来越重视营养科学了，提出了"生命在于营养"的至理名言。这说明整个国家的文明程度都有所提高。"生命在于营养"这句话大家都能理解，但营养和习惯有必然的联系吗？

高：要讲营养，就必须科学地饮食。而良好的饮食习惯是科学饮食的重要保证，不良的饮食习惯则是导致疾病、损害健康的重要原因之一。一些儿童因为挑食、偏食等不良习惯导致的营养不良的问题十分突出，有的儿童长成了豆芽菜体型，有的长成了肥胖儿。一些"富贵病"也向儿童袭来，如高血压、糖尿病等。另外，根据研究，不良的饮食习惯不仅对儿童时期的健康有影响，而且与一些成年期常见的疾病，如心血管、脑血管、高血压等有很大关系。像偏食、挑食、吃零食等都是不好的饮食习惯，这些习惯直接导致了不科学的饮食。

孙：可是，许多父母认为自己给了孩子很好的营养，没想到却间接地害了孩子。

高：过去我们国家一直处于温饱阶段，只要吃饱就行，不讲营养科学和好的饮食习惯。但现在我们已经进入了小康阶段，吃已经不成问题了，关键是怎么吃的问题。在这种情况下，就要求人们讲究营养科学，注意食物结构的改革。所以，我们就开始提倡一定要吃好早餐。

饮食习惯不是简单的吃饭问题

孙：大家都知道好的饮食习惯对人的身体健康是非常有好处的，比如对心脏、血管、大脑等。那么良好饮食习惯的培养，对人的心理健康是否也有促进作用？

高：要培养孩子好的饮食习惯，父母和教师必须考虑孩子的心理发展特点。反过来说，良好的饮食习惯也可以促进孩子的心理健康，这两者是相辅相成的。比如，在推动营养餐的时候，我们要求孩子在学校里集体就餐。集体就餐的过程也是孩子们互相学习的过程，一些好的饮食习惯在集体的环境中就比较容易培养，而偏食、剩饭、吃饭太磨蹭等不好的饮食习惯则比较容易克服。

孙：习惯是一种定型的行为，要培养需要有顽强的毅力。

高：对啊，准确地说，习惯是一种适应环境需要而养成的比较熟练的行为。习惯的养成，要受到神经的支配，必须经过多次重复，使每项动作在大脑皮层上依一定次序，形成无数固定的暂时联系，编成程序。因此无论是良好的习惯还是不良的习惯，在养成的过程中神经细胞都需要付出巨大的消耗。这种消耗需要用意志来克服。因此，在养成饮食习惯的过程中，不仅对身体健康有利，还对心理健康有利。

孙：前面您谈到，饮食习惯与人的个性、品德等都有密切的关系，那么您认为饮食习惯与人格健康有什么关系呢？

高：刚刚我谈到了集体就餐问题。当前多数城市孩子生活在独生子女家庭，这样的孩子依赖性比较强，有的孩子已经很大了，还要父母喂饭。这看来是个饮食习惯问题，但实际上却和孩子的个性、人格密切相连。如果孩子很独立，他就不会等着家人给他喂饭。孩子挑食也是一样的，如果他不任性，也不会如此。反过来说，当父母给孩子培养了自己吃饭、不挑食等好的习惯以后，他的这种好的人格特征也就建立起来了。他会变得独立、不任性。从这样的角度看，饮食习惯不是简单的吃饭问题，而是和人的行为习惯、品德、人格有紧密的关系。

孙：感谢您的谈话，对我们很有启发。

高影君 教育箴言

从一个人的饮食习惯能看出他的文化素质和文明程度。

吃是人的本能，但人不能只按照本能去吃，否则就是无知、不文明，和动物没有什么区别。

营养和科学的饮食习惯是一个国家文明的重要标志。

良好的饮食习惯是科学饮食的重要保证。

良好的饮食习惯也可以促进孩子的心理健康，二者相辅相成。

集体就餐的过程也是孩子们互相学习的过程。

饮食习惯不是简单的吃饭问题，和人的行为习惯、品德、人格有紧密的关系。

　　一些家长看了媒体报道后，对电视成瘾或网络成瘾很紧张，尤其是对于网络，简直如临大敌，动不动就怀疑孩子患了网瘾。我们去一家网瘾矫治机构访谈时发现，有个孩子在暑假时上网玩了一个多月，爸爸就生气地把他送到了这里。所以，网瘾成了父母逃避家庭教育的一种托词。

卜卫：培养良好的媒介使用习惯

　　这是第二次采访卜卫，面对电视、卡通、电子游戏机、计算机和互联网等媒介对少年儿童的冲击，许多父母面临着很多困扰，非常希望从卜卫那里得到帮助。卜卫认为，孩子在课余时间看看电视、听听音乐，或者去上上网，是正常的娱乐活动，不应对孩子进行粗暴干涉。要避免负面影响，光靠阻止也是没有用的，最重要的是帮助孩子养成良好的视听习惯。

　　被访人物　卜卫，中国社会科学院研究员、博士生导师，媒介传播与青少年研究中心主任，国家社科基金项目"大众媒介对青少年的影响"主持人。《进入地球村——大众传播与中国儿童》被誉为我国第一本有关儿童与传播的研究著作。此外出版了《大众媒介对儿童的影响》《媒介与儿童教育》等多部专著。

媒介使用不当影响儿童发展

　　孙宏艳（以下简称孙）：卜卫，您好！据我们的了解，父母和一些教师总是很担心媒介给孩子带来消极的影响。多年来您一直在进行媒介研究，在您的研究过程中也一定接触过许多父母。您认为他们大多怎样看待电视、电子游戏机、计算机、互联网等媒介？

　　卜卫（以下简称卜）：父母、教师与我谈论最多的是大众媒介的消极影响。他们大多数认为电视、卡通、电子游戏机、计算机和互联网，都会导致儿童学习成绩下降或学习不良等社会行为。比如，看了武打片或卡通，就会产生暴力行为；读了言情故事，儿童就会早恋；玩了电子游戏机，儿童就会不专心学习；如果上网，肯定要结交坏朋友。每当儿童中出现不好的思想和行为时，父母或教育者就开始责备媒介。

　　孙：您认为成年人这样的想法是合理的吗？对少年儿童是否应该禁止这些东西呢？

　　卜：其实这对媒介是不公平的。大量的研究说明，即使儿童使用同一种媒介，观看同一内容的电视节目，或者进入同一个网站，不同的儿童受到的影响依然是不同的。如多数儿童看了某个电视片或玩了某种游戏，并没有受到"暴力"的影响，但有的儿童看了之后，就产生了侵犯性行为。

孙：为什么会产生这样的不同？这和孩子的媒介使用习惯是否密切相关？

卜：这和儿童的个人条件有关系。儿童的个人条件包括性格、年龄、智力水平、人格特征、父母影响、家庭关系、社会关系等。媒介影响其实不只是媒介的影响，其他社会因素也在起作用。如果一个儿童因为看暴力片产生了暴力行为，很可能会从他的家庭生活、人际关系、生活经历、个性特征以及心理接受能力等各方面找出原因。正是因为不同的儿童具有不同的生活背景，包括家庭关系、人际关系、生活经历、个性特征、不同的年龄和性别等各种因素，因而媒介的影响是不同的。

孙：那么您认为媒介对儿童到底有没有负面影响呢？

卜：当然有负面的影响。就拿电视来说，看电视一方面对我们有积极的影响，另一方面也可能产生消极的影响。不健康的电视内容、电视使用不当都可能造成消极的、负面的影响。这些影响都是不利于儿童发展的。

 ## 良好的媒介使用习惯可减少负面影响

孙：您认为这些负面影响都有什么呢？

卜：我们可以用电视来举例，比如说，儿童从电视中获得了关于社会、科学等方面的不正确的知识和观念，在他们运用这些知识、观念解决问题时，就会遇到障碍，从而使他们对社会的适应产生困难。大多数研究者认为，电视的消极影响主要来自多元的价值观、暴力渲染和消费主义。这是就电视内容来说的。另外，电视的消极影响也可能是由于电视使用不当而发生的。

孙：许多孩子面临的视听负面影响可能都来自这个方面。

卜：在现实生活中，我们常常会遇到来自家庭、学校、同伴交往、社会生活等方面的困难和问题，并且要担负起自己的责任。如果问题过多，责任过重，会逐渐形成一种压力。于是，有的人就想用电视或网络来摆脱压力。但如果总将电视当作精神寄托，那么它就会影响我们正确、客观地认识社会和自我，妨碍社会适应。同样，如果处理不好玩电子游戏、上网、听流行音乐等活动，也会产生这样的影响。

孙：有什么好办法避免这些负面的影响？

卜：父母常常会对孩子说"不许看电视""不许上网"等话，但是，视听是儿童的娱乐和文化活动，是儿童的权利，他们有权利享受这些活动。很多父母不喜欢孩子看电视和上网，是因为在父母看来，看电视、上网是纯娱乐活动，会影响孩子的学习。但这里存在误区。儿童参与纯娱乐活动，是儿童的权利。我国签署的联合国《儿童权利公约》第31条说明，儿童有自由参加娱乐活动和休闲的权利。孩子在课余时间看看电视、听听音乐，或者去上上网，是正常的娱乐活动，不应对孩子进行粗暴干涉。要避免负面影响，光靠阻止也是没有用的，最重要的是帮助孩子养成良好的视听习惯。

孙：父母应该做的不是取消儿童的权利，而是培养孩子的好习惯，是吗？

卜：对。过去，父母往往存在的一个误区，就是看电视会导致孩子学习成绩下降。我们进行的一些调查说明，儿童如果平均每天只看30分钟到1个小时的电视，一般情况下，不会影响孩子学习。如果孩子学习成绩不好，肯定有很多原因，应该发现这些原因，解决真正的问题。如果孩子不能养成好习惯，看电视时间过长，则很可能会影响学习成绩。所以，培养习惯很重要，好的习惯可以增加使用媒介的积极影响，不好的习惯会增加负面影响。对上网问题也是这样，父母总是习惯把板子打在网络上，似乎孩子一上网就要变坏，学习成绩就要下降。实际上，沉迷网络一定还有其他原因。

孙：可是许多父母对孩子还是采取堵的办法，不许孩子做这个做那个，但当今社会新技术已经走进了人们的生活，要用堵的办法是不明智的。习惯的培养也是多方面的，不仅在视听的时间上，还应该包括内容的选择等方面吧？

卜：是的。对媒介内容的选择也很重要。这里也存在习惯问题。比如看电视，父母就可以帮助孩子培养选择节目内容的好习惯。有些电视节目对孩子毫无意义，有些节目孩子可能完全不感兴趣。实际上大部分儿童、青少年比较感兴趣的节目是儿童连续剧、成人连续剧、《焦点访谈》类的新闻节目、综艺晚会和青少年节目。父母在平时看电视的时候也要注意这些内容。父母的习惯对孩子会有很大影响。孩子经常去的网站，在网络上经常接触的内容，父母都要特别关注，帮助他们养成好的习惯。

帮助孩子在生活中获得成功

孙：您在一些研究中多次谈到"电视瘾"，这个问题是否也和习惯有关？

卜：电视瘾是父母和教师非常值得注意的问题。20世纪60年代的一些媒介专家研究发现，过分沉湎于电视的儿童，其行为和思维方式逐渐脱离了现实世界，在适应社会方面产生了严重障碍。专家把因看电视上瘾而导致的适应障碍称作"电视瘾"，有时也叫作"电视病"。患有电视瘾的儿童，大多是因为在现实生活中受挫，然后逃避到电视中去，在无休止的观看中，危机感渐渐消失，儿童重新变得"充实"和"满足"。社会关系不好的儿童，如家庭关系、伙伴关系或者师生关系紧张的儿童比较容易患电视瘾。因此，习惯不是导致电视瘾的主要原因，但如果有好的习惯，可以控制看电视的时间，减少染上电视瘾的可能。

孙：这和网络成瘾的道理是一样的，很多网络成瘾的孩子，也是因为在生活中受挫，他们要么学习成绩不好，要么师生关系不好，要么不喜欢现在的家庭环境，或者自我认同度较低。

卜：一些孩子上网成瘾，甚至出现了极端化倾向。这和媒介使用习惯的关系很密切。有电视瘾、网络瘾的儿童常常表现得懒散、麻木、消极和自闭，儿童会越来越依靠电视和网络来满足自己的各种需要，从而脱离了其他活动。

孙：这样是否就变成了一种恶性循环？看电视或上网越上瘾，对现实生活越不关心，而越不关心，就越难适应社会？

卜：对，这是一个相互作用的结果。孩子越难适应社会，就会越依赖电视和网络、游戏等。结果，形成对现实生活的适应障碍，最终形成人格上的扭曲。同样，一些人格不健康的孩子也特别容易把电视、网络等当作避风港。

孙：一些家长看了媒体报道后，对电视成瘾或网络成瘾很紧张，尤其是对于网络，简直如临大敌，动不动就怀疑孩子患了网瘾。我们去一家网瘾矫治机构访谈时发现，有个孩子在暑假时上网玩了一个多月，爸爸就生气地把他送到了这里。所以，网瘾成了父母逃避家庭教育的一种托词。

卜：大多数儿童生长在正常环境中，电视病、网络病都不可能成为一种非常普遍的"病"。有一些指标可以用来测量孩子是否有电视病、网络病，这些指标主要是：接触量过多，比如平均每日接触4小时以上；不加选择地看电视或上网等；除了看电视或上网、玩游戏等，对其他活动大都不感兴趣，尤其是对与人交往不感兴趣。视听成了最好的精神寄托；对现实生活常常表现得懒散、麻木、消极。所以，父母不能草木皆兵。

孙：父母还可以做些什么才能培养好的媒介使用习惯，杜绝各种"瘾"的产生？

卜：父母要多关心孩子的社会关系是否紧张或学习压力是否较大。父母还要多了解媒介，关心孩子的媒介使用习惯如何。杜绝并不是一种非常好的办法，最好的办法是帮助他们在现实生活中一步步获得成功，并慢慢养成好的媒介使用习惯。

卜卫 教育箴言 ·······

> 视听是儿童的娱乐和文化活动，是儿童的权利，他们有权利享受这些活动。
>
> 儿童参与纯娱乐活动，是儿童的权利。
>
> 孩子越难适应社会，就会越依赖电视和网络、游戏等活动。
>
> 杜绝并不是一种非常好的办法，最好的办法是帮助他们在现实生活中一步步获得成功，并慢慢养成好的媒介使用习惯。

一位动物心理学家做了一个动物实验：把两只一样的、刚学会走路的猫放在一个卡笼子内，笼子可以转动，一只猫坐在笼子里，另一只猫拉着它和笼子一起转动。若干时间以后，这两只猫的行为习惯及其能力的差异却极为明显：坐在笼子里的猫放出笼子后，走路不稳，视觉和动作的协调变得非常困难。另一只猫的情况则恰恰相反，活蹦乱跳的。

董奇：按照科学规律培养良好习惯

在中国青少年研究中心举办的"培养少年儿童良好习惯与人格的关系"研修班上，董奇教授站在演讲台上，足足讲了两个小时。他的讲话既没有慷慨激昂，也不抑扬顿挫，但是在座的来自全国各地400多所学校的教师们都听得鸦雀无声。这是因为董奇教授说："要懂孩子就要先懂科学，要按照科学规律培养孩子的良好习惯。"他还指出，培养与矫正习惯的原则是以人为本。要做到以人为本，就必须遵循无错原则。他在演讲中介绍了很多在教育中经常被忽略的科学规律。本文根据他在研修班上的讲话整理为采访稿，并经他本人认可。

被访人物　董奇，北京师范大学校长、教授、博士生导师，著名心理学家。国家杰出青年基金获得者，国家"百千万人才工程"入选者，教育部"跨世纪人才培养计划"第一批入选，享受国务院政府特殊津贴。长期从事儿童心理发展与测评、儿童语言与数学学习及其脑机制、基因—环境—脑—心理发展的相互作用关系等方面的研究。

科学地看待孩子的不良习惯

孙宏艳（以下简称孙）：董老师您好，习惯培养对孩子的一生非常重要。尤其对于小学生，学校和家庭的重要责任是培养他们的良好习惯。您认为习惯培养是否有规律可循？

董奇（以下简称董）：人的素质的形成过程和形成条件是不尽相同的，因此其行为培养方式和矫正方式也随之而不同。例如，现在对知识进行了新的定义，即分为陈述性知识和程序性知识。所谓陈述性知识，即教师可以用语言表达的知识，比如语文课或是数学课；而程序性知识则是我们所说的技能。那么，程序性的知识或技能是怎样形成的呢？最重要的一点是要实践，即要实际去做。比如怎样骑自行车，更多的是一种程序性的。一些父母在教孩子骑自行车时，先给孩子讲清楚道理，告诉孩子骑自行车的十个要点等。但仅仅靠背要点，显然是不行的，孩子一上车就害怕，把父母紧紧抱住。父母生气了，训斥孩子，结果孩子就不肯再上车练习。而另外一些父母，则采取截然相反的方法，让孩子先上车实践。结果孩子很快就能骑得十分熟练。因此，素质的形成规律是不同的，而这些往往是人们考虑不清的地方。

孙：您的意思是习惯培养要考虑到孩子的特点？年龄小的孩子要多从实践的角度出发去培养？

董：有些习惯培养是要多进行训练的。最重要的是，要遵循规律，讲究科学，用科学的态度去看待孩子的一些不良习惯。要懂孩子就要先懂科学。一些科学研究手段能够在学生正常的学习记忆过程中研究大脑活动情况。让学生在不同的条件下进行学习和记忆活动，其大脑的活动部位明显不同。通过这些可以解释生活中很多有趣的现象。例如，老师教小学生学写武装的"武"字，一些很有经验的教师先讲，"武装"的"武"不能有一撇，讲完还要提问，全班同学来答，都没问题。结果下课前默写，有的学生还是记不住。从大脑机制的角度看，学生写武装的"武"带不带一撇，是受学生的写作运动中枢支配，而不是受知识指导中枢控制的。通过练习，建立的是知识的中枢、认知的中枢，而没有首先强化运动的中枢，同时没有在认知中枢和运动中枢之间建立完善的神经元通道联系。

孙：看来的确要遵从科学，先了解科学道理，然后再进行教育。

董：是的，作为教师应该科学地看待孩子的一些不良习惯，不要总是认为教育是万能的。比如，有的学生冲动性很强，通过研究这个孩子的大脑就会发现，他的大脑的神经元比正常人或冲动性小的人缺少某些东西，其执行控制的功能非常弱；有的学生上课坐不住，不论老师怎么教育要求都无济于事，这主要是由于孩子脑过敏造成的。例如，有的孩子不能喝牛奶，或者不能吃味精，或者不能吃菠菜，然而他自己不知道，反而非常喜欢吃，结果孩子吃了以后上课就坐不住。再比如，有的学生平时注意力都很集中，只有上课时注意力不能集中。调查发现，这个学生的膀胱比正常孩子的小很多，尿液只能储存30分钟。小孩子下课不记得去厕所，上课后又不允许去，他的注意力自然难以集中。此外，有的班级学生人数太多，又没有扩音器，如果讲课的老师声音很小，后排的学生听不清楚必然就会坐不住，注意力也难以集中，最后就干脆不听课。

孙：每个孩子的行为背后都有其内在的道理。教师和家长都应该先弄明白科学道理和规律。

董：如果不从科学的角度去理解学生的某些行为，仅仅简单地归因于老师尊重学生、理解学生，而学生就是不按照老师的要求做，那么老师实在是错怪孩子、错怪父母，大错特错了。

习惯培养要重视学生的能动性

孙：培养孩子的良好习惯，除了要考虑科学规律方面的因素外，我们是否还应该考虑环境的因素？一个人的习惯养成往往受环境影响很大。

董：我们往往抱怨孩子没有好的道德品质和行为习惯，这其实是我们误解和冤枉了孩子。我们要给孩子养成分享的习惯，就得首先研究养成这个习惯需要什么样的条件。比如，从前家庭条件不好，家里没有苹果，偶尔有个苹果，先要切一个大块儿的给老人，然后是爸爸妈妈，最后才是小孩子。小孩子心里非常想吃那块大的，但知道由于辈分不够，吃不到。久而久之，小孩子就会认可这是应该的。而现在家庭里的情况则正好相反，家里苹果很多，父母削好了追着孩子吃。在这种环境下，怎么培养儿童分享的习惯呢？因此，现在孩子们很需要培养良好行为习惯的环境。

孙：在今天的社会发展下，有的环境已经不完全具备了，有的是被剥夺了，有的是由于社会发展的影响而有了改变。

董：社会任何一个方面的发展，对孩子习惯的培养既有积极的一面，也有消极的一面，问题在于人们如何利用其积极方面的作用，减弱消极方面的作用。我们可以通过创设情境去解决这个问题，比如，让孩子和城管大队的同志在户外接受风吹日晒，让孩子在农村待一段时间体验一下农村的生活。孩子回来所获得的收获，是无法简单用语言总结出来的。这种体验的作用是其他任何方法无法替代的。

孙：习惯培养过程中怎样去调动孩子的因素？我认为习惯养成不能变成被动地奴役孩子的过程，而应该让孩子们自己有养成习惯的积极性。

董：个体的能动作用不容忽视。心理学认为，个体如果希望自己的动作和神经系统更好地发展，必须进行能动的运动。这方面比较有影响的典型案例是，在几十年前一位动物心理学家做了一个动物实验：把两只一样的、刚学会走路的猫放在一个卡笼子内，笼子可以转动，一只猫坐在笼子里，另一只猫拉着它和笼子一起转动。这样，两只猫实际上是处于相同的视觉环境和食物条件下。若干时间以后，这两只猫的行为习惯及其能力的差异却极为明显：坐在笼子里的猫放出笼子后，走路不稳，视觉和动作的协调变得非常困难。另一只猫的情况则恰恰相反，活蹦乱跳的。如果对两只猫的视网膜进行解剖，会发现它们的某些神经系统发生了重大变化。

孙：这个心理学实验很有趣，也充分地说明了动和不动的差别很大。

董：日常生活中这样的例子也不少。我们乘出租车就是这样，出租汽车司机开车走一至两遍就会把道路记住，而我们即使坐在司机旁走几遍甚至十几遍都记不住。主要原因就在于，司机是主动的，而作为乘客的我们是被动的。一个孩子不会爬时，他在空间定向时是以自己的身体判断左和右的。所以，他周围的环境是处于静止状态的，因此空间关系十分稳定。一旦孩子会爬了，他的空间定向就会发生重要变化，不能再以自己的身体进行判断，只能根据外界某一参照物来进行空间定位，而且只有这样才是最准确的。同样，行为习惯培养中，学生的能动性是非常关键的。

矫正不良习惯应遵循无错原则

孙：对一些有不良习惯的孩子，我们应该用什么态度对待他们？有的家长、老师最看不得孩子身上的坏习惯，看到就很生气。

董：首先，培养与矫正习惯的原则是以人为本。要做到以人为本，就必须遵循无错原则。成人有不恰当的教育行为，孩子也有一些不良习惯和行为。我们首先要做的不是如何去改进他们的行为，而是要去科学地理解这些行为，探究这些行为产生的各种主观的和客观的原因。只有真正地、比较客观地理解这些行为，才能把工作的重点放在如何改进这些行为上。如果做到了这一点，我们处理问题的方式和重点就会发生十分显著的、良好的变化。

孙：无错原则，这个提法真好。我们往往将习惯分为好习惯和坏习惯，看见孩子的坏习惯就想批评，就恨不得他们立马儿改掉。

董：学生有一个不良的行为，或者教师在课堂上有一个不恰当的行为，我们通常是首先找到这个行为，然后严格地处理这个行为。但是教师和学生的行为带有非常强的内隐性。校长不可能真正地把握教师课堂上的行为，因为当校长去听教师讲课时，教师的行为已经发生了变化。教师可以不在表面上体罚学生，但可以用心理惩罚的办法惩罚孩子。如果教师不真正改变行为，不真正尊重孩子，不真正为了孩子发展，那么谁也做不到真正的教育。同样，如果不去真正地尊重老师，帮助老师提高，只是简单用奖励或惩罚的办法是不行的。所以，我们提倡使用无错原则。无错原则就是不仅要关注错误，更要关注错误的原因是什么，最终的、最关键的就是要找到有效的办法帮助改变现状。

孙：这样做是尊重的表现，首先尊重每个个体，了解他们行为背后的深刻原因。这样才能在理解的基础上帮助孩子们改正不良习惯。如果不理解，只是靠强硬的批评、管理、矫治，恐怕很难达到效果。

董：无错原则的根本出发点是以人为本，因为我们的教育对象是学生，你如何真正帮助他发展，这是很重要的。其次，任何一个人，我们先不说学生，学生是一个身心都不成熟的个体。就说我们自己，每个人都要犯错误。有了错误以后，用什么样的态度去对待这个错误，这很关键。老师往往看出了学生很多需要改变的行为，但由于对待错误的方式有问题，最后导致错误不但改变不了，甚至还很严重。如果你把错误正常化，认为一个人犯错误是正常的，那么你对待这个错误行为的态度就不一样了。

再次，犯了错误，最重要的是要科学地理解它的原因。有些老师一看到学生上课动就急了，认为"我提醒你不止一次了，你就是死不悔改"，这么一想，老师马上就血压上升，情绪也上来了。在这样的心态下，教师肯定对学生态度好不了。原因的误解，或者不准确、不全面理解是导致老师采取不恰当、不科学行为的重要原因。如果一出现了问题，我们就把重点放在归谁的责任上，而不找准原因，那么就很难解决问题。

 ## 认知矫正和行为塑造应结合起来应用

孙：您认为培养少年儿童的良好习惯，应该采取什么样的原则？

董：一方面我们强调行为的模仿，这的确非常重要，成年人的行为习惯应该以身作则。但是，在生活中，孩子的发展往往同成年人过强的控制行为直接有关。有的老师无论什么都先帮助学生设计好，然后教给学生。也许这个老师会教得十分精彩，但学生独立思考的能力没有真正得到提高。从这两方面来看，一个人的行为塑造要和认知矫正结合起来。在行为矫正过程中，针对小学高年级和中学生更多地应该采取认知矫正的方法，而不仅仅用行为塑造的方法，这两者必须结合起来进行应用。

孙：那么，我们应该用什么样的态度评价孩子的好习惯和坏习惯呢？

董：我建议老师和家长要多采用发展性评价。要说这个，需要先说说"谈心式评语"。谈心式评语是一个很有价值的改革，但是它是一个小的改革。从发展性评价的角度来讲，谈心式评语是一种终结性的评价，而不是过程性的评价。举个例子，假设我们要盖的大楼是十层，如果在最后封顶时才进行监理，发现楼的二层、三层质量都不好，这栋楼就不能住人，只有推倒重建，否则安全无法保证。楼有质量问题，即使浪费钱还可以重建，而孩子的发展时间是不可逆转的。谈心式评语是一种阶段性的评价方法，到期末对学生进行评价。谈心式评语强调积极地、正面地对学生进行评价，于是有的学校出现了这样的情况：有一些学生确实不良行为习惯比较多，但为了给学生以激励，老师不得不用"放大镜"找到学生的优点并放大，而学生的缺点还要委婉地说。学生一拿到期末评语，好高兴："没想到这样多的毛病，老师不但说我没有，还说我进步了。"父母看到也高兴："孩子各方面不错嘛。"在假期，让孩子又吃、又喝、又玩。到了开学初，老师一忙又没时间顾及那个学生有什么不良习惯。结果，一学期下来，孩子的不良习惯不但没改变，甚至还有所加重。到下次评语时，老师又进行一次谈心式评语。这样循环往复，孩子在小学待了六年，有关的问题依然存在，而且越来越严重。

孙：那么发展性评价呢？请您归纳一下它的特点。

董：发展性评价有下面几个特点：第一，发展性评价要关注起点，即起点存在什么问题。第二，发展性评价不是要评得少而是要多评。例如教师要看学生这里进步了而那里没有进步，是为什么，评价的结果是为了帮助你改变对学生的教育方法，抓住重点、难点，而不是要公布一个结果，看谁表现好或者不好。所以说，发展性评价很重视不同的学生，行为习惯培养的重点和途径是不一样的。总之，在今天这样一个追求科学的时代，我们更应该遵循科学规律，尤其是研究和教育，更应该以科学为依据，用科学来为习惯养成保驾护航。

 教育箴言

人的素质的形成过程和形成条件是不尽相同的，因此行为培养方式和矫正方式也不同。

遵循规律，讲究科学，用科学的态度去看待孩子的一些不良习惯。

要懂孩子就要先懂科学。

不要总是认为教育是万能的。

习惯培养要重视学生的能动性。

培养与矫正习惯的原则是以人为本。要做到以人为本，就必须遵循无错原则。

无错原则就是不仅要关注错误，更要关注错误原因，最终找到有效的办法改变现状。

如果你把错误正常化，认为一个人犯错误是正常的，那么你对待错误行为的态度就不一样了。

一个人的行为塑造要和认知矫正结合起来。

第 5 部分
教育孩子要全面发展

很多父母特别希望孩子不要输在起跑线上。但，关键看孩子跑什么？跑100米，起跑线很重要，第一步很重要，一步都不能差。如果跑5 000米以上，即使是1 000米，起跑大概也不太重要了。即使重要，也未必起决定作用。如果是跑10 000米，冲刺才是最重要的，起跑并不重要。10 000米跑到最后，冠军可能是起步时掉在后面的人，他养精蓄锐，到最后冲刺，上去了。教育是短跑还是长跑？人生是短跑还是长跑？

吕型伟：没有胡思乱想，就没有奇思妙想

　　利用去上海出差的机会，在吕型伟老先生家采访了他。那时他已经80多岁，却口齿清晰，思维敏捷，和他面对面，听他和风细雨地讲述他的教育大智慧，无疑是一件幸福的事。他对中国教育、上海教育有着杰出贡献，和这样的教育大家坐在一起，我们谈论的是家庭教育，真是听君一席话，胜读十年书！他告诉我，不要让孩子太听话。听话是不会有创造的，有创造的东西都是不听话得来的，他还说教育是长跑，人生更是长跑。所以，不要把小孩子搞得太苦。

被访人物　　吕型伟，著名教育思想家、教育改革家，历任中央教育科学研究所研究员、上海市教育局副局长、中国教育学会副会长、上海市教育学会会长等职务。长期从事中小学教育工作，研究教育理论，著有《为了未来——我的教育观》《吕型伟从教七十年散记》等，主编有《面向未来的基础学校》丛书、《中华美德五千年》《世界美德五千年》等。被称为中国基础教育的"活化石"。

教育是长跑，人生更是长跑

　　孙宏艳（以下简称孙）：吕老先生好，您对中国的教育有着突出的贡献，也有着独特见解。现在很多父母都特别希望孩子能成才，因此他们拼命地督促孩子学习、再学习。一些父母的理由是不能让孩子输在起跑线上。您怎么看待这个问题？

　　吕型伟（以下简称吕）：这话有道理，但是不全对。关键看你跑什么？跑100米，起跑线很重要，第一步很重要，一步都不能差。因为它是头炮。如果你跑5 000米以上，即使是1 000米，起跑大概也不太重要了。即使重要，也未必起决定作用。如果你是跑10 000米，冲刺才是最重要的，起跑并不重要。10 000米跑到最后，冠军可能是起步时掉在后面的人，他养精蓄锐，到最后冲刺，上去了。教育是短跑还是长跑？人生是短跑还是长跑？我说教育是长跑，人生更是长跑。所以，不要把小孩子搞

得太苦。中国有句话，叫作"大器晚成"，当然也不排除有人很早就出头了，但多数是大器晚成。另外也要看是什么领域。音乐这个领域，不能大器晚成，音乐领域的钢琴家、小提琴家，如果到20岁还不出名，大概就完了。音乐家到了30岁不出名，几乎就没有什么成就和希望了，将来做个音乐教师还是可以的。但社会科学大概都是要晚成的，自然科学大概一般要到三四十岁才能有所成就。

孙：记得您说过，教育最核心的是理念，您认为什么样的理念才是教育最重要的理念？

吕：教育的最根本的问题是人，因此应该让每个人的个性得到充分的、自由的发展，这是马克思的话，不是我的话。马克思讲过：共产主义的理想教育就是让每一个人的个性得到充分的、自由的发展。新中国成立以后，我们全部是照搬苏联的教育理论，所以我们在"文革"之前的教育著作中也都没有"个性"两个字。因为当时人们认为"个性"就是个人主义，个人主义是不能允许的，我们社会主义强调集体主义，强调服从组织，怎么可以发展个人主义？这是把"个性"理解错了。马克思讲的"个性"，是指每个人的素质是有差别的，人的潜能是有差别的，每个人有不同的潜能。我们教育的责任就是要发现每个人的潜能，发现他们之间的不同，然后创造条件，让每个人的不同潜能都得到充分的、自由的发展。

孙：新中国成立以后我们一直在讲集体主义，要个人服从集体，自己变成一颗螺丝钉，集体给按在哪里就在哪里，自己不能有选择。

吕：是的，我们讲雷锋精神，雷锋这个人是好的，他为人民服务，但是我们把雷锋形容成一颗螺丝钉。人不是螺丝钉，人是有主观能动性的，不能被别人随便来按去，万一按错了怎么办？螺丝钉是没有生命的，而人是有生命的。任何真正有成就的科学家、教育家、作家都是有个性的。杭州的一所实验小学——天长小学，它的办学理念就是：承认差异、发现差异、发展差异，实施有差异的教育，得到有差异的成功。它的这个理念来源于我的一句话：人人有才，人无全才，扬长避短，人人成才。我还有一句话讲得很绝对：允许落后，鼓励冒尖。

孙：现在很多孩子都是独生子女，父母和老师都比较宠爱，致使孩子的个性过分张扬，以至于有些孩子目中无人、自私自利。您对这种情况是否很担心？

吕：这里面关键的问题是父母。因为人的个性发展成一种张扬的、不好驾驭的、很糟糕的现象，一般是在家庭里面就已经开始形成了，到学校已经晚了一点。所以，家庭是重要的，家庭里面最重要的是父母的榜样作用。父母是个什么样子，小孩子从小学进去是改不掉的。

小孩不必太听话

孙：您在家里是如何教育您的孩子的？

吕：我对孩子都是很宽松的，我从来没有骂过他们，从来不对他们讲应该如何。我的儿子、女儿当然是没办法了，因为他们赶上了上山下乡，但是我家的第三代孩子们都发展得很好。比如我的外孙子，16岁考上上海交通大学，18岁在大学里入党，19岁大学毕业。毕业后被一家外国软件公司聘请为高级工程师和项目负责人。现在他又要到美国公司去工作几年。这个我都没有干涉过他。

孙：作为教育家，您认为您对孩子的最大影响是什么？

吕：我想我给孩子的主要还是身教吧。第一，平日里我家里来的人，都是有身份、有学问、正儿八经干工作的人，我们或者谈学问，或者讨论什么问题，没有不正派的客人。所以，我的家庭氛围是很健康的。第二，我在家里不是看书就是写书、写文章。我家里能看到的就是书，我的外孙从小就在书堆里长大。我从来没教过他，但孩子很爱看书。第三，我爱和他开玩笑，一天到晚使他上当，上了当他就动脑筋。比如，有时他妈妈来了，过了一会儿又走了。他就会问："妈妈哪儿去了？"我就告诉他："妈妈可能在冰箱里吧？"他找了一圈儿，回来说："不会的。"我问："为什么不会？"他说："冰箱太小，妈妈走不进去的。还有，冰箱太冷，会冻死的。"这样，第二次，他自己就会动脑筋了。

孙：这是很有趣的教育方法，孩子在快乐中就学会了思考。

吕：是的，还有一次，我问外孙："为什么每个人都是两只眼睛、两只耳朵，而嘴巴只有一个？一只眼睛可以看东西，一只耳朵也可以听见，可嘴巴又要讲话又要吃东西，应该有两个，为什么只有一个？"小外孙想不出来。后来，等他长大一些，我就告诉他："人的两只眼睛、两只耳朵，就是告诉人们，听话要两面听，看东西要两面看。一个嘴巴，是要人讲话不能两面派，因为嘴很忙，又要吃饭，又要说话，所以话要少说，说了就要算数。"这是我给他编出来的一个故事，但是我想会把一个复杂的道理对孩子讲明白的。

孙：您这样形象地给他讲道理，使本来很深奥的道理变得浅显了，孩子很容易理解。

吕：对小孩子就要用这样的方法。外孙上小学四五年级时，有一次我对他说，人的很多设计是很合理的，但是总有一些不合理的地方，如果让你设计，那么哪些地方需要调整一下会更恰当？他设计了半天，说："鼻子这样长不好，应该倒过来，既能呼吸又能当笔筒用。"但后来又想到，"下雨的时候怎么办？那还是现在这样设计比较好。"

孙：您的这种方法真好，可以启发孩子思考，还会给孩子带来快乐！

吕：通过这样的讨论，我让孩子思考。很多天经地义的事情，都可以想想是不是还有别的想法。创造性思维就是异想天开，就是从天经地义的事情里面找出不是天经地义的问题。比如，看到苹果从树上掉下来了，大家认为这是天经地义的东西，但是大家想想为什么会从树上掉到地上来？为什么不掉到别的地方去？当然这里面有地球引力的作用。创造性思维往往是从胡思乱想开始的，没有胡思乱想，就没有奇思妙想。奇思妙想和胡思乱想之间只隔了一点点，你成功了就是奇思妙想，不成功就是胡思乱想，二者一步之遥。小孩子要善于胡思乱想，善于异想天开。小孩子千万不要一开始就相信一切，不去想想是否还有别的想法，一件事是否除了这样做还可以有别的做法。

孙：可是现在父母们都特别希望孩子听话，每天送孩子去上学，总是要不断地叮嘱孩子要听话……

吕：中国民族有一个弱点，就是给小孩子灌输最多的是"听话"两个字，从小听到老。从小听家人的话，到学校听老师的话，毕业后听领导的话，结婚以后听老婆的话……听话是不会有创造的，有创造的东西都是不听话得来的。什么叫创造思维？就是不听话的思维，就是跳出那些传统的、认为是天经地义的事情，对这些事情产生怀疑，然后去想一想，是否可以不这样。这样，创造思维就出来了。发明创造都是从不听话开始的。因此，父母不能用是否听话来评价孩子，孩子也不必太听话。

 ## 网络时代家庭教育存在危机

孙：您怎么看待当前家庭教育的重要性？

吕：现在人们越来越认识到家庭教育的重要。现代脑科学的发展证明，0～7岁对人的发展是很重要的，7岁以后人脑的发展基本上不太多了，脑的生理发育到7岁基本成熟了。所以0～7岁在教育上最起作用的是家庭。尤其是在当前人们都大谈网络技术的时候，家庭教育更显得重要。孩子上网后父母能够指导、能够监控的家庭较少。所以，这个领域家庭一直处于失控状态。父母唯一的办法是不许孩子上网，因此孩子就到网吧上网，所以出了很多事情。

孙：您认为在这种状况下父母应该怎么办？

吕：网络既是金矿也是陷阱，里面什么都有，父母一味禁止孩子上网是不行的。这就像老和尚禁止小和尚下山一样，老和尚说山下有老虎你不能去，小和尚说我愿意被老虎吃掉，所以这是没办法的事。如果孩子想上网，随时随地可以办到，网吧父母是禁止不了的，政府都不能完全控制网吧。所以，唯一的办法就是让父母懂得网络对孩子成长的重要性，懂得它的利害关系，同时能够学会指导孩子上网。

孙：网络时代给父母们提出了更高的要求。

吕：是的，网络时代家庭教育是存在危机的，父母们应该看到这一点。我曾对有关学校领导讲过，你们赶紧利用学校现有的资源培训学生父母，要开展一些对父母进行网络教育方面的培训，把其中的利害关系给父母们讲清楚，利用双休日的时间办班，让父母们接受培训，目的是让所有为人父母者都懂得如何指导孩子。比如，你如果不知道孩子在网上做些什么，但如果你具备一定的网络知识，回家一查就可以知道。但现在多数学生父母还不具备这种能力。父母在监控孩子的同时，还可以指导，不能一味用禁止的办法。

孙：独生子女容易产生的另一个问题就是不会关心他人，很多事情都以自我为中心。您怎样看待这个问题？

吕：中国的独生子女问题是一个大问题。独生子女的负面影响会越来越严重，当这一代人长大的时候，不知道会发生什么事，这一点国外专家早就提出过。这一代人是以自我为中心长大的，所以，当中国有3 500万独生子女的时候，美国就有人写过一篇名为《3 500万小皇帝》的文章，谈到"中国以后会越来越强大，但当这一代独生子女长大以后，当了家，他们不关心别人，一切都要从自己的利益出发，这个世界就不得安宁了"。听起来很吓人，但是有些道理。

孙：您曾经接待过一个来调查中国独生子女教育的日本记者，当时记者发现了中国独生子女教育方面的很多问题。您能介绍一下这个情况吗？

吕：我安排那位记者在一所小学内住一段时间，24小时和学生在一起，让他亲眼看一下我们的独生子女是如何接受教育的。一周之后，他对我说："你们中国独生子女的教育就是不一样。"他对我讲了很多独生子女的问题，提出：第一，这一代孩子没有自立自理的能力，没有好的习惯。他每天下午四点钟就在学校门口看，看到门口站的都是老人。等到放学时，小孩子出来了，老人领着各自的孩子回家。他问我："你们的小学究竟是谁的？放学回家这短短的路程小孩子都不敢自己回去，将来小孩怎么能够自立！"他还说，"小孩子出来的时候好像都是一样的，书包一律交给老人，老人呢，从口袋里拿出巧克力、面包或者其他什么吃的给孩子，然后牵着孩子的手回家"。他说这样长期以来孩子会形成一个观念：孩子本身是吃东西的，是应该享受的，老人是背书包的。这样的小孩子长大有什么用？第二，他通过对很多家庭的访问了解到，几乎所有的小孩子都说周末在家不开心。为什么？因为周末父母给孩子安排了很多事情，比如学钢琴、学书法等，导致孩子比平时上学还要忙。另外孩子没有小伙伴。家家户户都是独生子女，都是防盗门，左邻右舍几乎不来往，孩子一个人关在家里只能看电视，一点儿趣味都没有。第三，小孩子不懂得关心人。孩子没有小伙伴，没有什么谦让，在家里孩子自己就是小皇帝，所以小孩子没学会关心别人。

孙：您怎样看待学会关心对于整个社会及教育的意义？

吕：联合国研究过21世纪教育怎么办的问题，提出两个口号，一个是1972年提的，叫作"学会生存"，并于1972年出版了《学会生存——教育世界的今天和明天》这本书。这个口号是联合国教科文组织第一次提出面向21世纪教育的主要理念，后来又派生出"学会学习""学会做人""学会做事"等。第二个口号是在1989年召开的一次由24个国家各类专家参加的国际会议上提出的，叫作"学会关心"，他们认为现在人类之间、国家之间缺少一种关心。这种"关心"的概念，不是指关心家人，而是关心自然、关心全人类、关心世界所有的人、关心生态。第二个口号比第一个口号还要大，涉及物种、生态、工业、种族等各个方面。我很同意这个观点。所以，在你们研究的习惯问题上，一个最根本的问题是学会关心。学会关心是家庭教育的核心内容。

习惯培养应注意的四个原则

孙：有了好习惯，对于孩子今后的成长会有一些好的作用。您认为习惯对人会有什么样的作用？

吕：习惯不是道德品质的全部，而是很重要的一部分。有的不是习惯的问题，而是一种观念形态，道德有时决定一件事该不该做，形成一种观念。而道德这种观念性的东西不一定见付于行动。习惯一般要见付于行动，习惯是品德的很重要的表现形式，但不能说它是品德的全部。品德很多是一种理念、观念，先有观念再有行动然后有习惯。假如我们仅停留在习惯层面上，我觉得还是不够的，应该从习惯上升到理念，上升到观念，即上升到意识形态的高度，习惯才能牢固，也才能够真正确立起来。

孙：在您的大半生中，有哪些好习惯？哪个好习惯对您的人生来说特别重要？

吕：第一是学习。我是在书斋里长大的，我家里藏书很多，几代人都有功名。我看了很多古书，看不懂也看，对后来影响很大。第二是观察。我从小养成了观察研究的好习惯。我仔细观察过蚂蚁、鱼、小鸟等多种动物的生活习惯。学习和观察是我童年时最重要的两个习惯。我觉得这些对我以后的发展是很有用的，有一点儿创造性思维，都与这些习惯有关系。

孙：现在有些习惯的培养，有传统和时代结合的问题，有些习惯比如诚信，是从古到今都需要的。但有些习惯可能是在新的时代环境下派生出来的，比如银行里的一米线、如何乘坐扶梯等。还有些习惯，过去是好习惯，可现在慢慢地退化了、不存在了，比如我们如何尊重别人的隐私、进门时是否需要敲门等。那么，您怎么看待习惯培养中传统和时代结合的问题？

吕：教育是培养人的，因此我认为在习惯培养方面主要应注意下面四个原则：第一，要做一个文明人。它的对立面就是兽性——动物，文明是人与动物的区别。教育就是要尽量减少人身上的兽性，增加人性，这就是文明同野蛮的区别，也是文明的第一步，即要做一个文明的人。第二，要做一个现代人，区别于古代人。有些道德和习惯是要与时俱进的。比如民主、法制的问题，这是现代人所必须具备的。第三，要做一个中国人，以区别于外国人。因为有些习惯中国人和外国人是不同的。中国人有自己的文化背景，有自己的传统，而外国人没有。比如，中国家庭当中提倡小孩子一定要孝顺、要尊重父母，外国不一定要求这些，小孩子在家里可以胡闹，直呼父母的名字。这属于文化的差异。作为中国人，要尊重自己的文化。第四，要做一个世界人。现代世界国家之间、民族之间的交往越来越频繁，各种文化在不同层面上碰撞、交流，所以，不仅要做一个中国人，还要做一个世界人。要尊重其他国家和民族的习惯和文化。这也是时代变化对我们的要求。

要做一个文明人、现代人、中国人、世界人，从这四个方面来要求一个人的文明习惯和道德品质，才能使人成为一个令社会满意的人。用这个标准来培养现在的独生子女，就不会出现外国人担心的那种"孩子变得霸道，世界变得不安宁"等情况。

孙：谢谢吕老，祝您健康长寿！

吕型伟 教育箴言

教育是长跑，人生更是长跑。所以，不要把小孩子搞得太苦。

教育的责任就是要发现每个人的潜能，然后创造条件，让每个人的潜能都得到充分自由的发展。

人人有才，人无全才，扬长避短，人人成才。

没有胡思乱想，就没有奇思妙想。

创造性思维就是异想天开，就是从天经地义的事情里面找出不是天经地义的问题。

听话是不会有创造的，有创造的东西都是不听话得来的。

父母不能用是否听话来评价孩子，孩子也不必太听话。

路透社的记者去采访广州一个幼儿园的孩子，问她长大后的理想，她说要做贪官；一个小学五年级的男生给女生写了一封求爱信，女生回信说"非班长不谈"。新媒体时代，网络上传播着各种各样的价值观，很多信息还是碎片化的，少年儿童无法从网络中获得全面的信息，获得的是支离破碎的信息。少年儿童社会化过程中的选择性多了，就容易出现选择迷惘。

罗崇敏：价值引领是促进少年儿童健康社会化的首要任务

　　我曾经见过罗厅长三次。一次是在人民大会堂，那时他刚刚提出"三生教育"这一教育理念，即在人民大会堂召开了研讨会。会上，他侃侃而谈，第一次把三生教育推向全国。第二次，便是这次的采访，他依然思维敏捷，条理清楚，声音不大不小，向我讲述了在新媒体时代如何对少年儿童进行价值观教育。第三次是在北京师范大学，云南省教育厅在这里召开的三生教育学术研讨会，罗厅长再次向大家介绍三生教育的发展和深化。每次听他谈话，都能感受到他对三生教育的深度思考和极大热情。他指出，三生教育可以使少年儿童的价值观教育有很好的着陆点和发力点，可以使很多人认为很虚的价值观教育成为实实在在的教育。

被访人物　　罗崇敏，国家督学，云南省人民政府参事，原云南省教育厅厅长。罗崇敏先生因发起多项大刀阔斧的改革而闻名。如取消中考、率先在全国提出基本普及13年教育等，并将其倡导的"三生教育"（即生命教育、生活教育、生存教育）推向全国。如今，"三生教育"已经在云南省落地开花，也得到社会的广泛认同与共鸣，一些省份深受影响，也开始对学生进行"三生教育"。

❓ 新媒体时代少年儿童社会化面临三大挑战

　　孙宏艳（以下简称孙）：您好，您在任云南省教育厅厅长时一直在推行"三生教育"，在全国受到广泛好评，大家都认为"三生教育"使素质教育有了抓手，能真正落地。我们也感觉到，在网络时代"三生教育"和我们目前正在进行的少年儿童政治社会化、道德社会化研究一样，既遇到挑战也面临机遇。因此想和您探讨一下新媒体时代的少年儿童社会化问题。

　　罗崇敏（以下简称罗）：所谓社会化就是自然人变成社会人的过程，使人成为有能力的人、有价值的人、幸福的人的过程。在新媒体环境中，少年儿童健康的社会化发展过程遇到了几个挑战：首先是价值多元的挑战。新媒体传播的价值观是多元的，过去我们在封闭的环境下，在单一的行政体制中，引导少年儿童社会化是稳定的和单一的，主流价值由政治价值观主导。但新媒体环境下，不仅是执政者的价值观对青少年的社会价值发生作用，还有国际、国内的生活价值观、宗教价值观、经济价值观等都对少年儿童发生影响，一句话，多元的价值观对少年儿童的社会化都有较大影响。这是第一个挑战。

孙：的确是这样，在新媒体时代，网络上传播着各种各样的价值观，让我们成年人眼花缭乱，少年儿童怎么能不受到影响呢？

罗：除了多元价值观对少年儿童的影响，还有丰富的信息对少年儿童的影响。这些信息包括政治的、经济的、文化的、生活的等多方面的信息，有正面的和负面的，都会带来影响。我认为这是新媒体带来的第二个影响。

孙：很多信息还是碎片化的，少年儿童没有从网络中获得全面的信息，获得的是支离破碎的信息。比如微博，只有140个字，很多孩子常常被网上的140个字弄得神魂颠倒，以为这就是事件的真实面目，实际上根本不是。

罗：这些信息多了，少年儿童社会化过程中的选择性多了，就容易出现选择迷惘，对信息和价值的选择是一种迷惘状态，迷惘最终导致盲目。第三个挑战是社会群体成员之间受新媒体各种思潮的影响并交叉影响少年儿童。例如，同学之间、学生和家长之间、学生和老师之间的交叉影响。老师或家长的选择未必就是正确的，这些对孩子的社会化过程产生了影响。面对这些挑战，我们怎样才能更加自信、更加自觉、更加自重地应对和利用新媒体，促进少年儿童健康地社会化，这是一个重要的命题，也是一个宏大的课题。

新媒体对少年儿童社会化的影响

孙：罗厅长，您认为新媒体带来的这些挑战给少年儿童社会化带来哪些直接影响呢？

罗：我认为第一个影响是使少年儿童成长的价值判断迷惘，由价值迷惘导致价值异化。虽然我们现在进行了很多与世界观、人生观、价值观有关的教育，但经常流于口号和形式。孩子对人生价值观的选择和对真理的认识，特别是对智慧的热爱和向往，都受到了很大的挑战。比如，我经常讲到一个例子，路透社的记者去采访广州一个幼儿园的孩子，问她长大后的理想，她说要做贪官，这是新闻媒体报道过的。从孩子的语言就可以看出，他们的价值观出现了异化，从小就形成了对权力和物质的占有欲，就学会了贿选和拼爹等。还有的成年人，让幼儿园的孩子捐款，这个表面看是培养了孩子的爱心，但实际上导致了价值的异化，使孩子感觉到只有钱才能表达爱，除了钱就无法表达爱。我做教育厅厅长时从来不发文要求学生捐款，因为学生自身没有钱，他们的钱都是父母的，而且这样做是强迫孩子的意愿，让他感觉到这个世界上只有钱可以表达爱心，只有钱可以解决一切问题。

孙：是啊，并不一定要靠捐款来表达爱心。如果孩子只是跟父母要钱，从父母兜里掏钱来表达爱心，的确容易形成错误的认识，以为有钱才是爱。

罗：第二个影响是缺乏正确的价值评价标准，是非不明。比如有报道说，一个小学五年级的男生给女生写了一封求爱信，女生回信说"非班长不谈"，她的父母也非常支持她。这个也不奇怪，可能父母想从正面引导她，但是却培养了孩子的权力欲。还有的教育把孩子从小就工具化了，就是不管孩子做什么，都是为了自己。

孙：时代在变，孩子的生活方式也在改变，我们已经无法将孩子与网络隔离。但是很多成年人在教育方法上还没有改变，还是用老一套来应对少年儿童的价值观教育。

罗：是的。在利用新兴媒体教育方面，很多成年人还没有改变教育的方法和内容，还是老内容、老办法。但孩子在新兴媒体中看到的，在现实中看到的，和我们进行的"三观"（世界观、价值观、人生观）教育是完全不同的内容。社会负面信息、贪官腐败等，都让少年儿童非常感兴趣。比如，媒体上看到的，杭州一个学生因为完不成作业自杀，还有的地方两个幼儿园为了抢生源毒死了两个幼儿，这些负面信息都对他们有很深刻的影响。但是，我们在对少年儿童实施教育，促进少年儿童社会化过程中却脱离了真实，不积极引导。

说了这么多，并不是说少年儿童的社会化一团漆黑，总体来说少年儿童还是在健康的环境里成长的。但是，怎样运用好新媒体并结合"三生教育"，促进少年儿童在社会化过程中成长成人，真正使少年儿童从自然人转化为社会人，转化为有能力的人，转化为幸福的人、有价值的人，这才是我们工作的重点。

孙：为什么您一直强调少年儿童社会化的最终目标是让孩子成为有能力的人、幸福的人和有价值的人？

罗：我认为这才是社会化的根本目标。如果我们无法使少年儿童更好地社会化，我们的教育目标就实现不了，整个人类的幸福更实现不了。现在我们国家存在的很多社会问题，跟少年儿童社会化的引导有很密切的关系。我经常讲，幼儿教育是人类最尖端的教育，从小看大，3岁知老。人的社会化最关键的是少年儿童的社会化，这个过程对他的生命价值、生存意义、生活态度有着十分重要的作用。我们现在是在大学里教大学生幼儿园的要求，在幼儿园里教他们学小学的课程。你看咱们的小学生守则第一条，热爱人民、热爱社会主义、热爱党，这个对不对呢？当然是对的，但是你看美国的小学生守则第一条是什么呢？必须叫老师的尊称。英国的第一条是不允许别人接触你的内裤和小衣服下面的部位。

孙：嗯，您说的意思就是新媒体时代要促进少年儿童社会化，就要尊重他们的成长规律，按照他们的理解和接受程度来确定社会化的方式和内容。

罗：是的，要迎接新媒体带来的挑战，就要改变我们的教育方式，与时俱进。

促进少年儿童社会化要做五件事

孙：在新媒体条件下，我们成年人如何更好地促进少年儿童的社会化呢？到底应该怎么做？

罗：我想首先要积极地进行人生价值引导。人的社会化过程是一个价值认识、价值判断、价值创造、价值消费、价值实现的过程。人的思维活动，每天90%以上是在做价值判断，人的思维和语言都是价值判断和选择的结果。正因为这样，我们对少年儿童社会化的引导必须坚守价值引导。这并不是普遍意义上的价值观，而是适合少年儿童成长特性和规律的、具体的价值引导。比如，对生命价值、生存价值、生活价值的引导。父母需要用正向的价值选择和行动来引导孩子，这些正向价值不是靠口头教育，而是要靠行动。

孙：您的意思是父母要起到榜样作用？

罗：重要的是父母的选择和价值判断。我不反对父母有各种各样的生活方式，但是在孩子们面前，父母的选择很重要。家庭的生活行为、学习行为、工作行为等一定要体现出正向价值，这样才能更好地引导孩子。另外，要避免假、大、空的伟人和榜样对孩子的强制性影响，孩子是一个有价值选择的生命体，我们不能只给他们树立高、大、全的领袖和科学家形象，要把老师和家长作为他们崇拜的对象。

孙：这个非常赞同！我们进行过的少年儿童偶像与榜样选择的研究发现，少年儿童认为最能接受的榜样是身边的榜样，比如父母、老师、同学等。

罗：价值引导方面，我们还要注意培养孩子的团队价值，孩子最早的社会化就是从幼儿园开始的，但现在已经发生了改变，幼儿园或许已经不是孩子社会化的起点了，新媒体则成为孩子社会化的起点和平台。正因为这样，我们要特别注意树立团队价值，幼儿园也要树立共同的价值观，要培养是非观和善恶观，就是正确的价值取向。

孙：应该怎样树立团队价值呢？

罗：这是个潜移默化的过程，我们要避免大而空的说教式、强迫式的教育，有的幼儿园要求孩子背诵"三个代表"和社会主义核心价值观、八荣八耻等。这些教育方式不改变，我们难以达到价值观教育的目的，我坚信这一点。另外我们还要注意的是价值选择的"阴阳性"，就是说的和做的是两回事。不仅仅是幼儿园，在家庭、社会和网络上都有这样的现象，当面一套背地一套，说一套做一套，对成年人一套对孩子一套，对自己一套对他人一套，怎样建立诚信社会？

孙："两张皮"现象在社会的很多环节里都存在，的确是给了孩子很不好的榜样，很容易使他们的价值判断混乱。

罗：第二点，我们要对少年儿童进行兴趣引导，培养少年儿童广泛的兴趣，提高他们的观察能力。这样孩子们才能对社会事务有兴趣去观察，在观察中思考。我们应该让孩子们多参加各种活动，多体验和实践，用积极的方式引导他们的健康兴趣。在德国，幼儿园的孩子会被带到社区、工厂、农田、牛奶房等地方，通过各种体验活动培养孩子们对生命、生存、生活的浓厚兴趣。有了浓厚兴趣，就加速了他们的社会化过程。只有广泛接触社会，对社会有浓厚的兴趣，才会带来热爱，热爱生命，热爱生活、热爱老师、热爱同学、热爱学习。

孙：现在我们对孩子进行的教育比较枯燥，以至于很多孩子不爱学习，不爱身边的人，甚至对社会有畏惧感，他们在网络上看到社会上发生的各种案件或者不公平现象，比如复旦投毒案、朱令事件，这些使他们对社会的了解变得片面，他们都是从网络上了解社会，而且往往看到的都是一些不好的信息，因此很容易对社会产生畏惧。

罗：所以我们要从小培养孩子对真理的追求。这是第三点我们要做的事情。这个听起来好像很大，其实不大，就是让孩子从小做真人，行真事，认真理，这就是培养真理意识。日本和加拿大的学生守则里写道，如果遇到坏人你可以说假话，如果遇到伤害你的人，你可以欺骗他。这个其实是培养孩子的真理意识，让孩子从小有诚信意识，对真理有追求，对是非判断有真理标准。现在阴阳人很多，表面看是有信仰的人，但实际上这些人没有真理意识和标准，没有信仰，只有低层次的信念。很多人有生活信念，要赚钱，要过好的生活，要买好的房子，要好好培养孩子，这些都是生活信念，都不是信仰。

孙：信念和信仰的根本差别是什么？

罗：我认为信仰是终身的，哪怕达不到这个目标，但在生命的灵魂深处都是在追求的，就是"行不所达，心总往之"。而信念是阶段性的目标追求，是人的基本需要的追求。第四点就是要培养少年儿童的爱智意识，就是要爱智慧。儿童社会化的过程就是生活、生存智慧的生长过程，是学习和求知中生长智慧的过程。

孙：爱智意识为什么是新媒体时代少年儿童社会化必须培养的意识呢？

罗：少年儿童社会化过程实际上是一个智慧生长过程，爱智慧首先要爱学习。犹太人生下孩子后，头三天是没有母乳喂养的，只是拿一本圣经，在圣经上面滴几滴乳汁，让孩子去舔圣经，让孩子知道知识是甜美的，让孩子从小爱智慧。另外，犹太人经常把书放在床头床尾，死后也用生前喜欢的书来陪葬。犹太人有个很经典的故事，一个海盗把老师、父母和孩子都绑架了，家里只有能赎出一个人的钱，到底应该赎出谁呢？老师说要把孩子先赎出，因为孩子是民族的未来。但孩子却坚持要先赎出老师，因为赎出老师能留下智慧。这说明犹太人非常重视智慧。所以，虽然犹太人只占全世界人口的0.2%，但却获得了22%的诺贝尔奖。

孙：可我们历年的调查都证明，现在很多孩子不爱学习，甚至厌学，他们学习的目的也是为了爸妈高兴或者将来找个好工作，真正选择热爱学习、对学习感兴趣的比例非常低。

罗：这说明他们是迫于家长的压力、学校的压力和考试的压力才学习的，内心里却不爱学习，这代表他们不爱知识、不爱智慧。要培养爱智意识，就要先培养孩子的主体意识。孩子是学习的主体，学习应该成为孩子自身的需要。另外，我们还要改革评价制度，不能只用分数来评价孩子，这样给孩子很大的心理压力，使他的学习目标迷惘。我们的目标就是在幼儿园学习和中小学学习中加速社会化，但如果只用分数作为评价标准，使孩子从初高中就开始厌学，把学习兴趣完全磨灭了，进了大学就不想再学习了，爱智意识也就完全消灭了。

孙：您怎样理解知识和智慧？

罗：知识和智慧是两回事，知识是有形的，智慧是无形的。要把知识转化为智慧，才能使教育成果转化为有能力和价值的生存和生活过程。现在的孩子学的都是知识，不是智慧，没有把爱知识转化为爱智慧。只有把知识转化为智慧，最后才能转化为能力。所以，最后一点要谈到培养少年儿童自身的能力，一定要让孩子有生存能力、生活能力和价值判断能力。这些能力不是完全由学校来提供的，不能靠一张试卷来获得。它需要靠学校教育、家庭教育和社会教育及三方面的体验和实践获得。具体来说就是要具备学习能力、发展能力、合作能力、实践能力、创造能力、责任能力等，这样少年儿童的社会化才能目标明确，行动具体，获得健康的社会化过程。

孙：谈了这么多，请罗厅长再结合云南省近几年开展的"三生教育"谈一谈。我认为这些具体的措施都可以和"三生教育"很好地结合。

罗：是的，通过"三生教育"，配合刚刚谈到的五个措施，我们可以使少年儿童社会化的目标得以实现。"三生教育"的根本目的就是要使受教育者认知生命的价值，增长生存的智慧，培养生活的信仰，实现人生的幸福。通过生命教育使受教育者知道什么是自然生命、什么是社会生命、什么是精神生命，从而珍爱生命，敬畏生命。通过生存教育，使少年儿童知道什么是生存，生存的意义是什么，怎样适应家庭和学校，适应环境，提高适应能力，挑战生存，从而不断地增长生存智慧。通过生活教育培养生活信仰，这是根本，比政治信仰、宗教信仰更高，是最核心的信仰。

孙：现在一些人生活信仰缺失，没有生活目标，没有道德约束，想干什么就干什么，缺乏信仰是很可怕的。

罗：很多人有信念没信仰，生活目标很明确，但是没有生活信仰，对孩子的生活信仰的培养也是不够的，因此我们会看到有些人腰缠万贯，却开车闯红灯，喝起酒来牛气冲天，干起工作来却气息奄奄。没有生活信仰的人，富却富不出素质，穷也穷不出精神，没有精神和意志去改变面貌，等着别人施舍。这和我们的教育有关系，我们一边唱着从来就没有什么救世主，一边又等着党和政府来救我们。其实真正能做的是自救，自己救自己，但我们的教育却抹杀了主体意识，使孩子没有主体性。

孙：罗厅长，感谢您谈了这么多建议和对策。您认为在新媒体时代，促进少年儿童社会化最重要的一点是什么？

罗：价值引领。要对少年儿童进行积极的价值观方面的教育和引领，我认为这是新媒体时代促进少年儿童健康社会化的首要任务。像云南省进行的"三生教育"，就是一种价值主义教育思想的具体体现。我相信，只要我们在教育中抓住了生命、生存、生活方面的价值教育，就是抓住了根本点。

孙：感谢罗厅长，您的见解非常值得我们从价值教育的角度去思考少年儿童的社会化问题，谢谢！

罗崇敏 教育箴言 ·····

> 人的社会化最关键的是少年儿童的社会化，这个过程对他的生命价值、生存意义、生活态度有着十分重要的作用。
>
> 少年儿童社会化的最终目标是让孩子成为有能力的人、幸福的人和有价值的人。
>
> 对少年儿童社会化的引导必须坚守价值引导。这并不是普遍意义上的价值观，而是适合少年儿童成长特性和规律的、具体的价值引导。
>
> 父母需要用正向的价值选择和行动来引导孩子，这些正向价值不是靠口头教育，而是要靠行动。
>
> 要对少年儿童进行积极的价值观方面的教育和引领，这是新媒体时代促进少年儿童健康社会化的首要任务。
>
> 只要我们在教育中抓住了生命、生存、生活方面的价值教育，就是抓住了根本点。

现在很多父母看到孩子有微博、微信，都会想法潜伏在里面，不停关注孩子的朋友圈。的确，我们中国的家长对孩子玩游戏深恶痛绝，恨不得把所有的网吧都关掉，把所有的游戏供应商都灭掉，但这是不可能的，这是人的本性所在。

喻国明：新媒介时代孩子犯错越早，
代价越小

　　喻国明老师可以说是新闻传播界的大腕，他对新媒体传播有着深厚的研究。谈起让很多家长担心的微博、微信，他的态度非常宽容。他说，家长们要有教育自信，孩子们需要自己去体验，在体验中变得强大。我们不能只教给他们一个简单的结论，只能这样，不能那样；只能信奉这个，不能信奉那个。

被访人物　喻国明，中国人民大学新闻学院副院长、中国人民大学舆论研究所所长、教授、博士生导师。同时兼任中国传媒经济与管理学会会长、中国传播学会副会长、中国电视艺术家协会高校委员会副会长、国家新闻出版总署咨询专家组成员等社会职务。2000年入选北京市"新世纪理论人才——百人工程"。喻国明是中国传播学实证研究领域的领军人物，从20世纪80年代中期至今，主持进行了400余项具有广泛学术影响的实证研究项目。

媒介影响青少年的三个方面

　　孙宏艳（以下简称孙）：喻教授，您好！近期我们正在进行新媒体与少年儿童社会化的研究课题，针对当前少年儿童使用微博、微信的特征，想和您一起探讨。自从2009年微博首次出现，至今已历经四年，对于新媒体发展的概况，请您简要介绍一下如何？

　　喻国明（以下简称喻）：这几年我们一直在研究新浪微博。2009年新浪微博首次出现，它的影响力非常之大。根据我们的舆情监测，2010年以后，新浪微博已经成为第二大舆情平台，2011年成为第一大舆情平台。2010年以前，都市报是第一大平台。到了2012年，微博成为中国老百姓获取消息的第一大来源。这两项指标体系都是在各类评价指标体系中少有的。

我们最熟悉的电视媒体，从1958年开始试播，到1986年才开始成为覆盖率第一的媒体。但是电视从来都没有成为媒介生成的第一媒体，它只是信息传播的第一媒体。从传播学的角度看，信息的传播有两种，一种是事实性传播，另一种是意见性传播。前者是客观的，后者是主观的。电视是作为客观性的事实传播的第一媒介。报纸过去是意见性传播的第一大平台，但是现在都被微博赶超。微信出来后，又有了新的格局。

孙：我们做新媒体与儿童社会化的研究时，一直有个疑问：就是网上这些舆论是不是对孩子的人生观、世界观、价值观影响比较大？从社会管理的角度，喻老师认为应该怎样进行管理？

喻：影响是必然的，主要有以下几个方面：第一，青少年正是在社会化的过程当中，他们受到的影响比成年人更敏感，受影响的广度和程度都要大一些，这是必然的。因为他们正从一个个体的人成为一个社会人。青少年面临很多参照系、价值标准和人际关系，这些都成为他们构建自己待人处事的方式。网络会在他们的成长过程中打下烙印。第二，网络对青少年的影响与我们现实中的顺序是不一样的。通常而言，我们认为家庭是孩子的第一任老师，家庭、学校、社会是影响孩子的几个因素。现在这个过程极大地社会化了，或者说社会化过程中，媒体性的因素已经上升到一个重要位置。第三，我们发现情感性的养成和认知性的养成是不同的。情感性的养成更多通过亲密接触来实现，所以，家庭、学校这种集体氛围对孩子的情感成长更重要。媒介这种单向度的传播，对于他的情感成长没有那么大影响，学校和家庭在这方面的作用还是重大的。有些孩子情感缺失，可能的归因是缺乏这样的人际活动。

合理的媒介构成结构对提高青少年辨识力更重要

孙：面对多元化的媒介环境，应该如何正确引导青少年的认知和使用呢？

喻：虽然媒体性的因素对青少年成长的影响逐步加大，但是这与我们过去理解的媒体因素还有不同。现在青少年所接触媒体的范围、渠道、数量本身与我们那个时候完全不同，我们那个年代接触的是有限品类的媒介，所以每一种媒介对我们的影响都比现在的更大。而现在的青少年所接触媒介的种类、数量、来源都有很大不同，一定程度上增加了他们的风险。而对于他们接触的多种多样的媒体，需要有一个相对合理化的结构配置。在新媒体环境下，我们不仅仅要考虑每个渠道中的具体内容，从各类媒体的构成角度讲，合理和完整的结构对于青少年成长更加重要。

孙：现在媒介的种类很多，内容五花八门，的确对少年儿童有很深刻的影响，我们该怎样去管理这些媒介，使媒介能更好地为少年儿童成长服务？

喻：对于具体内容的管制可以相对少一些，过去内容少、渠道少，一个内容几乎成为唯一的内容。现在的渠道多，青少年的比照、鉴别能力更重要，更需要关注的是结构本身是否平衡、是否完整，这比关注具体内容更重要。现在青少年受到的文化影响是多个层面的，对于具体内容而言，我们是防不胜防的，或者说我们根本无法做到在每个细节上都有严格标准。只能有赖于信息来源结构的科学性、合理性、完整性，从而实现信息供给结构本身的平衡和互相约束。这是一个新的课题，比对具体内容的掌控更重要。一个好的信息来源构成，渠道的构成比内容的掌控更重要。

孙：您认为我们更应该做的不是管理内容，而是要注意少年儿童接触的媒介的构成是否合理，对吗？

喻：是的，青少年接触的不仅限于一个方面的事物，还有很多反方向的内容，所以说对少年儿童使用媒介的指导不是内容的指导，而是媒介素养的指导、媒介选择的指导，从我们的制度上，从媒介构建当中，形成平衡的、宽松的、对称的信息渠道，可以让我们的孩子从一开始接触媒介就能够相互比照，对称地了解一些问题。这是一种新的世界观方法论，而不是让他们在完全无菌、完全无害的环境下成长。

孙：那么，什么样的信息结构是合理的、平衡的、宽松的结构呢？

喻：打个比方来说，美国《纽约时报》的言论版，一边是社论版，严格表达本报主张的观点；另一边是读者来信版，这里面一定有和社论版中探讨同样问题的内容，但是这些内容与社论版是持不同观点的，有不同的看法、不同的解读。这就叫社论对页版，就是一种平衡。所以，我们要让孩子从小不要接受简单的结论，基础的价值观我们是要交给他的，但是面对具体问题的时候，要让他开动脑筋，自我辨识、自我选择。我们经常讲"授人以鱼不如授人以渔"，我们对孩子的成长也是一样。不是只教给他们一个简单的结论——只能这样，不能那样；只能信奉这个，不能信奉那个。

孙：那么具体应该有什么样的指导原则呢？

喻：这些指导性的工作刚开始的时候，可能要做得非常具体，慢慢地就可以仅仅是方法论的指导、结构性的控制了。我们现在的控制思想需要巨大转变，现在的舆论控制是单一型的，所有的话语都是要集中在一种表达上面，认为这就是好的。错了！今天的形势是不可能形成这种格局的，齐唱式的控制要求在今天是不可能实现的，最理想的状态应该是合唱式的。有一个主旋律，人们有不同的声部，大家各在各的位置上，围绕主旋律有自己的表达空间和表达距离感。这是适合今天社会情况的，不离大谱，又各美其美、合而不同的空间。这应该成为我们各类教育方针的指导性框架。

正视社会化媒介，转变思维方式

孙：那么我们如何把握这种媒介构成的要素呢？

喻：实际上这是一种传播体系的配置和传播素养的指导。包括两个方面内容：一方面是从传播体系上扶植一些平衡性的媒体和内容的提供者；另一方面要为孩子们的成长提供更多的媒介素养教育，教他们如何使用媒介、选择媒介，不是只能选择什么，而是在方法论上更多地平衡、更多地参照。今天的孩子从一开始就面对多元文化、多元价值观，如果刚一开始我们就用这种偏态的方式，用单项输入的方式和他们交流，效果一定很差。一旦进入社会当中，禁果效应反而会让他们更倾向于接触我们不愿意让他们看到的内容。对于成年人来说，需要思路上的调整和改变。孩子对于相关信息的分析和辨别能力，要比我们想象得高，我们要透过一些实际评测来做这方面的评估，他们到底接触到现实中什么样的东西，哪些对他们产生负面影响，他们在哪些方面是认识清晰的、把握有度的，在哪些方面缺少判断力，或者说在哪些方面呈现比较多的问题，外部应该给予他们什么样的植入性信息的指导。这些都需要用一种开放的观点而不是封闭的观点去思考。

孙：您如何看微博和微信时代的教育？

喻：微博、微信等社会化媒介的兴起，使我们进入到一个众说纷纭的时代，与我们想要追求的纯净的舆论环境相比，是一个不可更改的现实。我们任何教育、培养和保护方案都要基于今天的现实，而不是拔自己的头发离开地球，你没有办法去左右和改变这个现实，只有在众说纷纭的背景之下找到合理的有效路径。这就是实事求是，而不是人为地透过主观压抑掉多元化的要素，那样是不现实的，也是不可能的。有人做过这样的形象比喻：微博实现了中国人的言论自由，微信实现了中国人的结社自由。虽然这样的概括未必准确，但是有这种意味的。就是说我在微博上，可以向社会喊话，向社会表达，不需要经过其他把关人的把关，我可以直接诉求。在微信上，可以形成自己的圈子。过去不太方便密切沟通的圈子在微信上就可以实现，形成小群组的密切关联、沟通和彼此之间的互相支持，这在过去是不可想象的。所以，我们所有的办法和措施都要顺应其中的规律和现实特点展开，而不是违背事物发展规律，强行关闭微博、微信，再回到原来的社会。

孙：父母最怕孩子玩网络游戏成瘾。过去，有些父母上班时把键盘拔下来拿到单位去，但是3G时代，父母再这样做已经不可能了。您认为我们成年人应该用什么态度对待少年儿童对网络游戏的好奇？

喻：我们对待新生事物，不要仅仅看到它的负面作用，还要看到它很大的正面力量、积极的作用。我想举一个美国的例子，我们中国的家长对孩子玩游戏深恶痛绝，恨不得把所有的网吧都关掉，把所有的游戏供应商都灭掉，这是不可能的，这是人的本性所在。美国人早年开始推出奥巴马签署的一个计划，投资做一项研究，专门研究网络游戏。既然孩子们这么喜欢游戏，游戏是不是就是一个很好的学习介质。有没有适当的方式让人们在玩中、在娱乐中获得某种有益的东西，或者重要的知识？这是有可能的。目前北京大学也开发了一种游戏，在新生入学的时候，让你怎么去找学生处，怎么报到，可能遇到谁，你应该怎么处理，处理得不好就会扣几分，虽然做得相对粗糙，但是这个思路是对的，就是要顺应现在孩子们的心、欲望之所在，然后因势利导。美国人的管理方式有值得我们借鉴的方面，比如说在一片绿地中有一条人踩踏出来的小路，他们不会插个牌子说禁止入内，封起来，而是修一条石板路。既然大家都这么走，就说明有这么走的必要，那就干脆规范一下，让你这么走。这就是美国人的做法，这样做才是有效的。所以，像游戏、微信、微博这样的事物，要警惕和防范其可能造成的某些负面影响，也要看到它对于青少年成长当中的巨大的价值和正面的可能性，我们要致力于开发这种正面的可能性，利用这种可能性，而不是简单地去限制它。

媒介素养教育要遵循因势利导的原则

孙：现在很多父母看到孩子有微博、微信，都会想法潜伏在里面，不停关注孩子的朋友圈，发一些信息，您对这样的教育方式怎么看？

喻：就个人而言，每个人的素质教养是不同的，他们教育的方式方法也不一样，所以会出现各种各样的效应。对孩子是需要建立一些规矩的，这些规矩不是对他们的不尊重、不信任，而是让他们在自己建立规矩的过程中，给他们一定的引导。我们应该开放一些东西，让孩子们自己去构建，在大范围内进行控制，中间的过程是自由的，不是让孩子们的一举一动都受到严格限制。就像风筝一样，虽然线在我手里，你还是有巨大的活动空间，这是对孩子成长一个很好的比喻。我有一定的控制，但是你有相当大的行动空间。当然，不可避免，孩子在这个过程中要犯错误。我经常对我儿子讲，你越小犯错误，越早犯，代价越小；越晚犯，代价越大。因此，我们在孩子成长的过程中应该允许孩子犯错误。这种错误越早到来，可能对他的收获越大，代价越小。这应该成为我们建立一些规矩、一些体系的指导思想。想让我们的孩子从来不犯错误是不可能的。就好比知识和体验，经历过与了解的知识是两回事，有些事只有经历过才能够有感同身受的自我认识，而有的时候所有的知识都是苍白无力的。知识是必要的，但是不能替代他们自身去摸爬滚打、去游泳、去自己跌个跟头。所以我们作为管理者，作为家长，一定不能有这种思想，孩子一个错误都不犯，那么以后一旦犯一个错误，就会让你目瞪口呆。有些事情家长觉得是对孩子的伤害，对孩子来讲，这些事是他们人生当中必要的经历。所以在教育孩子的时候，我们自身也要有巨大的改变，这是同等重要的。

孙：父母和老师可能都觉得挺委屈，毕竟都是从爱的角度出发，才特别担心孩子的发展受到网络等新媒介的不良影响。

喻：我们爱孩子得用他能接受的方式，如果对方不能接受就是一种暴力、一种限制，是对他莫大的不尊重，是一种伤害。我们不要把爱变成伤害。比如说，在技术上，我们可以有一些监控手段，但是如何使用，可以有一些家长学校、读本、一些统一的规范性指导，在什么情况下是绝对不要干预的，在什么情况下用什么方式处理。孩子在成长过程中，每个个体都是不同的，但也有些共同性的问题。对这些共同性的问题，应该有一些共同性的指导办法。而这些办法应该是现代的、开放的。比如家庭、学校应该分别担负怎样的责任，几个方面叠加在一起，不至于让孩子偏离规定的路径太远，不会过度偏态发展下去。其实，有一点点倾斜是正常的，完全平衡几乎是不可能的。

孙：成年人在这方面往往不够自信，总是担心和焦虑。

喻：孩子从小在父母的耳濡目染之下成长起来，我们经常会看到孩子身上的各种缺点、弱点，但实际上是按照父母的模子刻出来的。孩子身上的毛病一定是父母身上的毛病。如果父母身体力行，从小与孩子交流，那么父母的价值观对孩子的影响一定是深刻的。所以，基本的价值观，为人处世的底线，孩子不会离父母太远。但是具体的实现路径，是孩子自己的事情，不要让孩子重复父母那个时代。所有的物质、文化因素都发生了巨大变化，孩子不可能复制父母的脚印。现在的孩子有微博时代、微信时代的成长特点，只要孩子的基本底线、价值观、人生状态不出问题，他如何实现自己的目标，是他们自己的事情，哪怕是跌跟头，也是他自己应该吸取的教训。

孙：您的意思是父母要对自己给孩子的教育自信？这种自信从哪里来？

喻：是的，父母的榜样作用很重要，父母每天的生活态度、生活方式等都是给孩子的教育。父母什么样，孩子就什么样。父母要相信自己平时给孩子的都是正向的教育，孩子不可能有太大偏差的。就像孙悟空跳不出如来佛的手心一样，孩子也不能出多大圈儿的。但是，我们成年人也不能过度自信，不要以为我们的审美观、价值观就一定是正确的。过去，邓丽君的歌曲被批评为靡靡之音；现在来看，邓丽君的歌是清纯甜美的代表。我们反过来看过去的判断，会觉得非常可笑。成年人需要有自信，但不要过度自信。因为社会是在不断变化的，我们的价值观、审美观也是在不断变化的，我们不要用我们自己认定的东西框死一切社会发展的可能性。所以对孩子的教育，也应该留有一定的空白空间，这应该是最起码的教育原则，如果我们让孩子一板一眼地重复我们走过的路，这样的社会何谈发展？如果一个孩子太听话，家长难道不担心吗？他每做一件事都是按照你的设计，家长是不是也很着急？中国人之所以缺少创新能力，就是从小标准化教育的结果。从小我们接受的教育是要成为一个循规蹈矩的人，若再想让他到成年人阶段发挥自己的想象力，已经没有这种能力了。因此，我们的教育思想、教育模式本身需要做巨大创新。

孙：感谢喻教授，您的见解非常值得我们从媒介教育的角度去思考少年儿童的社会化问题。

（本次访谈由孙宏艳、陈晨共同进行，陈晨录音整理。）

特别提醒

1. 想让我们的孩子从来不犯错误是不可能的。就好比知识和体验，经历过与了解的知识是两回事，有些事只有经历过才能够有感同身受的自我认识，而有的时候所有的知识都是苍白无力的。

2. 所有的物质、文化因素都发生了巨大变化，孩子不可能复制父母的脚印。现在的孩子有微博时代、微信时代的成长性特点。只要孩子的基本底线、价值观、人生状态不出问题，他如何实现自己的目标，是他们自己的事情，哪怕是跌跟头，也是他自己应该吸取的教训。

喻国明 教育箴言

在新媒体环境下，我们不仅仅要考虑每个渠道中的具体内容，从各类媒体的构成角度讲，合理和完整的结构对于青少年成长更加重要。

任何教育、培养和保护方案都要基于今天的现实，而不是拔自己的头发离开地球，你没有办法去左右和改变这个现实，只有在众说纷纭的背景之下找到合理的有效路径。

孩子越小犯错误，越早犯，代价越小；越晚犯，代价越大。

我们曾经提出要"向孩子学习，两代人共同成长"，尤其在新媒介时代，孩子们往往比成年人懂得更多，使用电脑、浏览网页、网上购物等很多方面都超过成年人。孩子们在面临网络时有清醒的意识和判断力，而不是仅仅教给他们技术，因为这一代孩子已经不需要教给他们技术了，他们几乎是无师自通。

杨洲松：批判性的媒介素养教育才是对孩子积极的教育

杨洲松，是一位来自中国台湾的媒介素养专家，在上海举办的"为了孩子"论坛上，我认识了他。他向我详细介绍了中国台湾的媒介素养教育，并谈了自己的研究感悟。他说，有些孩子被游戏主宰，是因为他们不了解游戏背后的一些秘密。如果了解的话，就会理智地去对待。成人必须和孩子们一样投入到媒介文化中来，了解媒介文化，这样才能更进一步地认识到孩子们透过媒介所学习与建构的次级文化，认识到这正是他们用来"发声"的形式与工具。

被访人物　杨洲松，中国台湾暨南国际大学课程教学与科技研究所教学发展中心主任，副教授。主要研究方向有教育社会学、教育学方法论、媒介素养教育、通识教育等。著有《后现代知识论与教育》《当代文化与教育——文化研究学派与批判教学论的取向》等。

积极的教育是发展少年儿童的批评意识

孙宏艳（以下简称孙）：您好，我知道您对媒介素养教育有很深的思考和研究。我们也一直倡导要将信息技术教育改为媒介素养教育，希望孩子们在面临网络时有清醒的意识和判断力，而不是仅仅教给他们技术，因为这一代孩子已经不需要教给他们技术了，他们几乎无师自通。您提出要给孩子们批判性的媒介素养教育，因此特别想听听您的见解。

杨洲松（以下简称杨）：这一代的儿童相当程度上不仅是在使用媒介科技，而且他们本身就是庞大的媒介科技脉络中的一部分。一方面他们主动地运作着媒介，另一方面他们也被各种新媒介所塑造。传统上，我们往往认为学校教育才是塑造儿童图像的极为重要的渠道，但现在学校教育必须面对这个挑战了。媒介虽然可以为少年儿童提供便利、快速的知识渠道、休闲娱乐的情感享受，但不适当的媒介解读也有可能带来疏离、犯罪、错误意识等负面影响，这些对少年儿童的品格塑造可能形成不良影响。所以，我认为少年儿童特别需要形成批评性的媒介素养，帮助他们清楚地认识各种媒介和真实世界，并更好地安置个人与世界的关系，这也是教育工作者应该致力的工作。只有这样，才能协助新媒介时代的少年儿童成为具有素养及见识的批判性公民。

孙：我国台湾在这方面是否已经认识到了严峻性？

杨：是的，中国台湾早在2002年就有《媒介素养教育》文件，其中明白指出，当今社会网络等新媒介的信息已经成为少年儿童的第二个教育课程，甚至直逼学校教育。这些媒介化的信息不仅成为孩子们的信息来源，也成为年轻一代建立世界观及价值观的最重要来源，因此中国台湾倡议要进行媒介素养教育，帮助未来公民拥有正向价值的媒介素养。

孙：您认为由新媒介构建与形成的媒介文化，对少年儿童有哪些不利影响？

杨：我想影响还是蛮大的，主要有五个方面：一是使成熟与幼稚的心态模糊，导致童年的消失。我认为童年应该是纯真的，但是孩子们因为太早接触新媒介，往往花了很多时间在新媒介上，以至于他们提早地成熟化了、大人化了。二是使高雅文化与通俗文化的界限模糊，导致品位的消失。三是使公共领域与私密领域的界限消失，导致主体的消失。四是使真实与虚拟的界限模糊，导致实在的消失。有些小朋友上网玩电子游戏，常常把游戏中的虚拟处事方式当作现实中的一些做法，认为现实世界就是这样的。五是使人性与技术的界限消失，导致素养的消失。

孙：既然有这么大的影响，如果不好好引导，很有可能带来更多的负面影响。那么我们在教育上应该有哪些作为呢？

杨：比较好的作为应该是积极地参与和教育，而不是消极地保护和提供。过去一提起各种新媒介，成年人大多忧心忡忡，担心孩子们会受到新科技和新媒介的不良影响，总是批评媒介带坏了孩子，使他们沉溺于各种感官享受，所以说到媒介素养，教师及家长对媒介所采取的态度是禁止的，希望将孩子与各种新媒介隔离开来，或者直接向学生提供成人认为优良的媒介，而不是教导学生批判性地去选择、思考与分析媒介所带来的信息。我认为这就是消极的方式。我们有可能完全禁止他们接触不良媒介信息吗？也没有这个必要吧？它们毕竟是现实社会中存在的、不可逾越的一些信息。所以我认为这种保护是消极的保护。

孙：为什么成年人会用消极的方式去保护少年儿童呢？

杨：我认为道德恐慌是一个很重要的原因。网络会将一些负面的信息扩大，这令父母和老师很担心，就想要保护少年儿童远离网络等新媒介。例如，当一个新闻事件出现的时候，会引起高度的关切。这种关切又导致越来越多的人认同它，并夸大它的影响力，使父母、老师认为这是具有威胁性的事件，他们怕这些对孩子有不好的影响。实际上，这种道德忧虑是短命的，很快会被其他的新闻所取代，人们也会很快淡忘一个个事件。

孙：为什么会产生道德恐慌呢？

杨：这个可能更多的是因为成年人害怕失去控制吧。新媒介时代，成年人越来越难以控制少年儿童，少年儿童代表的是无法控制的、非理性的一些冲动，电子媒介恰好会释放这些非理性的冲动力量。另外，成年人往往更倾向于精英文化，对代表大众文化的网络等新媒介存在轻视心理。

孙：您认为积极的教育模式应该是怎样的？

杨：我认为较为积极性的做法就是参与到网络文化中来，通过教育的力量让少年儿童知道，媒介并不像所呈现的那样美好、那样完整。这里主要有两种方式，一种是商业的形式，就是通过商品把少年儿童的文化纳入我们的管理范围里来。例如，他们喜欢漫画，我们成年人就要将漫画更商业化地纳入管理，使少年儿童以为成年人并没有在管他们，但实际上从出版的源头就已经在管理了。另一种就是通过思想的形式，通过主导的教育力量，把孩子们从媒介上扭转过来。也就是说，我们可以通过"贴标签"的方式，向孩子们宣传哪些是好的，哪些是不好的，哪些是适合的，哪些是不适合的。这两种其实都是成人控制新媒体对儿童影响的手段，而且是潜移默化的，让少年儿童虽然进入了管制但是却不自知。因此，我认为我们应该向少年儿童提供有关媒介各种知识与素养教育，并发展他们的批判意识，使他们能积极主动地建构属于自身的媒介意义与认同，能明辨媒介所制造的信息，不受媒介的宰制与灌输。

解放和赋权是批判性媒介素养教育的两个策略

孙：新媒介对于教育的冲击与挑战已经毋庸置疑，面对新媒介的强大影响力，您认为与其担忧不如培养批判的媒介素养，这才是积极的做法。那么，您认为批评性媒介素养的内涵是什么呢？

杨：我对媒介素养概念的界定，是指能对媒介进行批评性的阅读、解构与重构。我们应教育少年儿童分析媒介背后的思想和价值观等，让他们知道媒介是建构的结果，眼睛见到的不是媒介的全部，媒介充满着很多价值取向的东西。另外，我们要引导少年儿童逐渐发展出属于他们自己的媒介文化。具体地说，就是要帮助少年儿童形成批判意识和能力，使他们学会批判性地鉴赏媒介文化，避免接收垃圾信息，选择有益的媒介文化产品。其内涵包括了媒介如何产生知识、如何建构意义、如何成为一种文化形式、如何在日常生活中运作等多方面的问题。一个具有媒介素养的人，应该能熟悉地分析媒介的意义、内涵、价值与意识形态，更进一步理智地运用媒介、鉴赏与评价媒介、批判地研究媒介形式，并深究媒介的影响与使用。

孙：一些孩子受到新媒介的吸引，甚至被操纵，和他们不了解媒介运行背后的秘密有很大的关系。如果能够通过媒介素养教育，让他们看到真相，学会解读和辨别新媒介的秘密，他们就不会那么迷信网络了。

杨：是的，我们就是要通过批判性的媒介素养教育，向少年儿童展示媒介文化如何巧妙地操纵人们，从而使他们能够反抗媒介文化产品的主宰。例如，有些孩子被游戏主宰，是因为他们不了解游戏背后的一些秘密。如果了解的话，就会理智地去对待。我们应该鼓励学生去了解各种价值观念，使学生从教室里的学习转移到日常生活中的学习。所以，教育工作者有两个重要的工作要做，就是一方面为学生创设机会，让他们了解新媒介的一些运行机制；另一方面要给学生一些分析工具，使他们能够去分析、判断、批判地认识各种媒介。我们更需要使学生了解不同的阅读、书写、倾听与观看方式如何在社会与文化构成中被决定。要做到这些，教育工作者还必须给学生空间，让他们去创造具有解放力的对立性文化，其中新的观点、空间、欲望以及论述都可以获得发展，使他们拥有重新书写属于自己历史的机会。除此之外，还要给学生机会去超越正统认同，并建立一个意义可以重写、生产与建构的空间，而不仅是被说出的空间。

孙：您的意思是一方面我们要解放学生，另一方面要给学生权利，使他们建构新的网络文化？

杨：媒介素养教育在西方许多国家已经广为推行，英国、加拿大等国家，早已将媒介教育纳入正规教育体系中，而亚洲，如日本和中国香港，也都持续地关心媒介教育的需求，并将大众传播媒介称之为"看不见的学校"或"同步学校"，所以教育者任重道远。在策略上，我认为主要有两点，一是解放，二是赋权。解放就是给少年儿童空间，让他们有能够去发挥的空间，让他们有机会去发现、了解自身文化中隐藏的认同、差异、控制与霸权。赋权就是让他们能够去创造自己的媒介文化。

孙：您认为学校教育在这方面更多的应该做些什么？

杨：虽然我们说媒介对少年儿童的影响很大，有可能取代学校的教育体制，但是，无论怎样，学校教育还是有很大的优势。我认为学校应该利用这种正向的、积极的功能和影响力，教育者应该有自信和坚持的理想，帮助少年儿童了解媒介信息的背后所包含的一些政治倾向或者商业秘密。

孙：可否举例说明？

杨：例如，现在非常红的《中国好声音》节目，主持人的话筒上有"加多宝"三个字，主持人在开场白时也会读一大段台词，主要内容是宣传"加多宝"。学校有责任帮助少年儿童从这样的节目中了解到，一个好的节目要获得成功，需要投入大笔的金钱。既然投入了大笔金钱，自然需要获得巨大的收益。这就是节目背后的商业动机。这个节目由哪个机构推出？背后的商业动机和想法是什么？这些需要初中以上的学生能够了解。

孙：从小学到初中、高中，不同年龄段的少年儿童，在进行媒介素养教育时也应设置不同的目标，采取不同的方法。

杨：赞同！到了高中，学生就应该有空间和能力去创造自己的媒介文化，例如通过博客、微博等。中国台湾的很多高中生都有自己的媒介空间，他们使用媒介时既可以批判，也可以开创出属于自己的媒介文化。当然我们还有很长的路要走，从小学生到初中生、高中生、大学生，应该逐步形成批判性的媒介素养。

成年人要投身到媒介文化中来

孙：您可否再详细介绍一下中国台湾的《媒介素养教育》文件要求的一些做法和经验？如何分层对不同群体的少年儿童进行媒介素养教育？

杨：中国台湾在这方面主要采取由融合统整到互补开放的原则。小学和初中主要采取与九年一贯制的课程进行融合统整，使媒介素养教育融入各科的教学与弹性课程时间里。在普通高中或职业高中规划出一些先导学校，开设一系列媒介素养选修科目，并在高中的一些相关科目中融入或加入媒介素养的相关内容。在一些大专院校，要开设媒介素养通识课。同时，中国台湾还鼓励和补助各级学校进行的媒介素养推广活动。

孙：在师资培训方面有什么样的措施？

杨：在师资培训方面，还建立了媒介教师的专业培训制度，长期系统化地提供师资资源，加强教师与社区讲师专业素养的养成与进修，同时还提供了一些授课方面的教育资源。中小学教师要在职进修，提升媒介教育的专业素养。中国台湾还鼓励一些学术团体或学校开设媒介素养方面的进修班，为教师提供一段时间的讲座研习。《媒介素养教育》文件还要求校长等高层行政人员职前及在职训练时要加入媒介素养教育讲座或课程。另外，中国台湾还鼓励家长要参与到终身学习中，一些教育策略还关注家长们的思辨素养，并鼓励大家运用各种互补开放的社会教育网络，进行媒介素养教育。

孙：互补开放的策略是怎样的？请您介绍一下。

杨：就是使一些媒介与社会建立良好的互动关系，使媒介专业人员认识到自己是媒介工作者，也是媒介教育者，媒介的组织是信息产生和制造的机构，也是信息教育机构，使个人、家庭、学校、小区和媒介的角色共生共创。具体地说，就是鼓励媒介与各级学校、小区等结为媒介素养教育的伙伴关系，促动媒介教育的社会效应。

孙：在媒介素养教育方面，您认为教师应该做些什么？

杨：首先要投身媒介文化。媒介素养的教学必须是少年儿童参与、师生协同合作的计划。现在的学生通常会比教师更具有新式媒介方面的相关知识，因此在教育过程中，教师可以跟学生共同分享理念、知觉与观点。但教师也要了解到，新式媒介并不能完全取代印刷媒介与教室中的教学，它们更多是对传统教材的补充。为了要教导学生能够批判性地运用各种媒介形式，教师必须尝试学习及了解媒介文化。

孙：我们曾经提出要"向孩子学习，两代人共同成长"，尤其在新媒介时代，孩子们往往比成年人懂得更多，使用电脑、浏览网页、网上购物等很多方面都超过成年人。

杨：是呀！不仅是教师，父母也是一样，必须和孩子们一样投入到媒介文化中来，了解媒介文化，这样才能更进一步地认识到孩子们透过媒介所学习与建构的次级文化，认识到这正是他们用来"发声"的形式与工具。教育者必须尝试加入其中，参与各种公共论辩及对话空间，并批判地反省权力、知识与认同。这是教师在21世纪中面临的重大挑战。

孙：传统的教学模式，大多以教师为主，教师是主角，学生是配角，课堂教学也常常以"我讲你听""我教你学"为主。这样的教学方式，是否与新媒介时代孩子们的思维方式有较大距离？这样似乎难以让孩子们获得解放，更难以赋权。

杨：传统的教学情境在新媒介时代并不适用，成年人必须为孩子们建构媒介批评的情境，这样才能逐渐养成批判性的媒介素养。因此，建构一个可供学生进行批判的教学情境，需要"解放"与"赋权"，使学生有机会运用新科技与新媒介来促进他们的生活并开创更好的未来。中国台湾对解放和赋权有科学的解释。"解放"指的是个人在心智上能够穿透媒介所建构的迷障，不被其所左右；"赋权"则是个人能拥有自主能力去分辨、选择、评估媒介及其信息内容。这样的教学情境是弹性、自由与民主的，使学生能够批判性地解读世界，并能运用媒介来尝试改变世界。因此，对于教师与学生而言，教室必须成为媒介素养学习的环境，在这个环境当中，学习历程是一种创造知识的过程。

孙：您说得太好了！要做到民主、自由，教师、家长等成年人应该用什么样的态度对待新媒介环境下成长起来的年轻一代？

杨：我认为主要有两点，一是尊重他者，二是宽容差异。一个具备媒介素养的教师，不仅不独尊与死守一种声音，同时也赋予了他者发声的权利。有了这种尊重他者与宽容差异的态度，才能发现边缘与他者的声音。作为一个教师必须要关心文化上的他者，关心有关他们如何被命名、贴标签的经验与历史，并协助他们以自身的观点察看所身处的历史以及文化脉络，并进一步重新定义自身的地位。

孙：请您总结一下，批判性媒介素养的主要目标是什么？

杨：我认为基本目标主要有三点：一是要发展一种有关媒介再现与建构的批判性意识；二是要揭露不同机构以独特目标所生产的媒介信息背后的社会、文化、经济与政治等的意识形态；三是要鼓励少年儿童，主动积极地生产与建构属于个人意义的媒介空间。新的媒介时代需要新的媒介素养教育，传统教育上所要求的读写素养在网络时代的学生身上，不足以令其应付这个多元媒介的新时代。培养学生批判性的媒介素养，学会批判性地解读与分析媒介信息更为重要。一个优秀的教师，要能为学生创设适合反省批判的媒介情境，并协助其发展媒介素养。当然，这并不意味着由科技或媒介来取代教师，事实上那也是不可能的。传统印刷媒介所需要的读写素养，与面临当代媒介科技所需要的媒介素养，两者并不是非此即彼的二元对立，而是可以兼具的多元素养。

孙：谢谢杨教授，您的主张很有见地，给我很大启发！

杨洲松 教育箴言

　　这一代的儿童相当程度上不仅是在使用媒介科技，而是他们本身就是庞大的媒介科技脉络中的一部分。一方面他们主动地运作着媒介，另一方面他们也被各种新媒介所塑造。

　　家长较为积极性的做法就是参与到网络文化中来，通过教育的力量让少年儿童知道，媒介并不像所呈现得那样美好、那样完整。

　　我们应教育少年儿童分析媒介背后的思想和意识形态，让他们知道媒介是建构的结果，眼睛见到的不是媒介的全部。

　　新的媒介时代需要新的媒介素养教育，传统教育上所要求的读写素养在网络时代的学生身上，不足以令其应付这个多元媒介的新时代。

　　成人必须和孩子们一样投入到媒介文化中来，了解媒介文化，这样才能更进一步地认识到孩子们透过媒介所学习与建构的次级文化，认识到这正是他们用来"发声"的形式与工具。

给你提供丰富的衣食，但却把你关在一个没有窗户的小黑屋子里，你不会快乐。但是，如果在墙上打一个洞，你会觉得深深透了一口气；如果再开一个窗户，你会看到外面的景象；如果开一扇门，让你走出去，你会感到视野一下子打开了；如果让你登山远眺，你可能感到视野更加开阔。

叶朗：美育是培养创新型人才的基础

叶朗，中华美学学会副会长。他指出，心理学家的一些实验已经证明了大多数人用右脑来欣赏音乐，只有职业音乐家才用左脑来创作音乐。这从一个侧面说明了美育对于开发右脑、培养创新意识具有特殊的作用。

被访人物 叶朗，北京大学教授、博士生导师、全国政协常委。曾任北京大学哲学系、宗教学系、艺术学系三系主任，兼任国务院学位委员会哲学学科评议组成员，教育部高等学校哲学学科教学指导委员会主任委员，中华美学学会副会长兼高校美学研究会会长等社会职务。从事美学教育40多年。著有中国第一部系统的美学通史——《中国美学史大纲》《现代美学体系》《胸中之竹——走向现代之中国美学》等。

孙宏艳（以下简称孙）：创新是知识经济时代的基本特征。创新型人才的培养，对一个国家、一个民族具有非常重要的意义。而且创新精神、创新意识对于每一个人的成长、成才都具有重要的意义。您曾提出一个重要的观点，即美育在培养创新人才中具有独特的作用。请问这个观点的理论依据是什么？

叶朗（以下简称叶）：培养创新人才是素质教育的重要目标，是时代的需求。就实现这个目标来说，美育有着独特的、不可替代的作用。主要依据有三点：（1）创新型人才的特点是大胆开拓，具有创造冲动，有丰富的直觉和想象力，这样才能源源不断地去创造。而一些研究和科学家的成功经验表明，人的创造冲动正是来自于对美的感受和追求。比如，天文学家开普勒从巴伐利亚民歌《和谐曲》中得到了美的启示，发现了行星运动的规律。牛顿从苹果落地的现象中感受到了美的存在。他发现这件事很有意思，值得探究，产生了冲动或者激情，这种不可遏制的情感就是创造冲动。人要想具备这种创造冲动，需要靠美育来培养和熏陶，而不能靠智育。（2）世界上的许多事物都是有规律、有秩序的，同时又具备简洁、对称、和谐等形式美的特征。一些科学家的发明创造，往往是因为追求形式美而走向真理的。如一个科学家在研究某个公式的时候，有时是为了公式能更简洁、更对称，看起来更具形式美而去求证它，并最终走向成功。科学家狄拉克说过："一个方程的美看起来比它符合实验更加重要。"彭加勒也说："发明就是选择，选择不可避免地由科学上的美感所支配。"科学家的话都说明了在科学研究中，美感对于发现新的规律、创建新的理论的重要性。美感从哪里来？当然来自于美的培养和教育。（3）创新人才不仅是指那些能搞发明创造的人，更重要的是指那些具有创新意识、开拓精神、勇于创业的人。一个人要有成就，要去大胆地开创新局面，就需要有宽阔、平和的胸襟。也就是说，心理状态要好。如果一个人心烦意乱、心胸狭窄、眼光短浅，那么这个人必定不能去开创什么。怎样开阔心胸和眼界？这仍然是美育的工作范围。

孙：一些科学家的成功表明，他们的创造力在关键时刻往往不是来自逻辑、推理，而是借助联想、想象和灵感，也就是您谈到的直觉和想象力。请问，为什么智育无法培养人的想象力，而要依赖于美育？

叶：这是因为智育主要是在理智的、逻辑的框架内进行的，它的特点是从概念到概念、从逻辑到逻辑，主要是进行逻辑推理。而逻辑推理讲究的是合理性、原则性，这样是推不出新东西的。发现新东西要依赖直觉和想象力，也就是灵感。逻辑是证明的工具，直觉是发现的工具。所以，审美活动永远是创造性的活动，真正的艺术是不可能抄袭的。这也就是郑板桥所说的"胸中之竹"的问题。

孙："胸中之竹"和"眼中之竹"有本质的区别。

叶：郑板桥曾经说过："其实胸中之竹，并不是眼中之竹也。"这句话的意思是，清晨，当你看到庭院里的竹子在阳光下带着竹影、烟光、露气，胸中就会产生画意。这时，你胸中想到的竹子肯定和眼中看到的竹子是不一样的。当你回到家中，挥笔画竹的时候，手中之竹又不是胸中之竹。这种变化本身就是创造。那么，这种"胸中之竹"是哪里来的？当然不是靠逻辑推理来的，而是靠直觉，靠你对生活中美的感受。

孙：科学研究表明，人的大脑的左半球主要用来进行逻辑思维，右半球用来进行形象思维。人们对美的欣赏，是依靠右半球来进行的吗？

叶：心理学家的一些实验已经证明，大多数人用右脑来欣赏音乐，只有职业音乐家才用左脑来创作音乐。这从一个侧面说明，美育对于开发右脑、培养创新意识具有特殊的作用。所以，把美育正式列入教育方针中去是明智之举，是21世纪经济发展的直接要求。

孙：过去，我们一直谈"德智体全面发展"，或者"德智体等方面全面发展"，这是否存在认识上的误区？

叶：过去没有把美育明确列入教育方针，一个重要的认识上的原因，是把美育看作德育的一部分，或把美育看作实施德育的工具。如歌曲《三大纪律 八项注意》，就是把规则、规范性的东西用美育做工具表达出来。按照这种观点去操作，美育在教育体系中必然处于依附地位，不会有独立的价值。

孙：那么，德育和美育到底是怎样的关系？

叶：这正是我要谈的问题。美育和德育是有密切联系的，它们可以相互配合、相互补充、相互渗透，但不能相互代替。因为二者在性质和社会功用方面是有区别的。就性质而言，德育是规范性教育，主要是对人的行为进行规范，把社会的道德规范变成人们的道德意识，使人自觉去遵守它。美育是熏陶，对人的精神起激励、净化、升华的作用。简而言之，德育是理性的，作用于人的"良知"；美育是感性的，作用于人的情感、趣味、气质、性格、胸襟。所以，对于人的精神这种更深的层面，德育的作用是有限的，德育管不了那么多事情。

孙：从二者的社会功用来看呢？

叶：就社会功用来说，德育主要着眼于规范社会中人与人的关系，它要建立一种社会规范，维护一套社会秩序。美育则着眼于保持每个个体的精神平衡、和谐、健康，从而塑造一种健全的人格。这一点在现代社会中越来越显得重要。现代社会里物质的、技术的、功利的追求占据了统治地位，竞争日趋激烈，人的精神压力也不断增大，这很容易使人的内心世界失去平衡，从而产生心理障碍。要缓解这种状况，除了德育外，更多的是靠美育。美育也涉及人与人之间的关系，但美育是通过维护每个人的精神的和谐来维护人际关系的和谐。

孙：荀子说"礼与乐使人血气平和"，这里的"乐"是指美育吗？

叶：是的。德育是"礼"的教育，美育是"乐"的教育，如果人们都能血气平和，精神和谐健康，充满活力和创造力，就会进一步达到人际关系的和谐以及与自然的和谐。

孙：德育与美育在培养创新人才过程中的作用怎样？

叶：就培养创新意识而言，美育的作用无疑超过了德育的作用。对美的追求使人们对世界产生了丰富的感性认识，更加注重事物的审美功能。一般人对世界的理解是概念的、逻辑的、功利的。当我们看到一张桌子时，我们首先想到的是它的作用，能在上面写字，能放东西，而很少先想到它的颜色、式样。美育使人们更加注重美的东西，从而产生创造冲动。另外，美的教育还使人兴趣广泛，使人变得民主、容物。事实上，也只有能够充分感受到美、真正追求美的人才会去创造，而目光短浅、视野狭小的人是无法去创造的。

孙：加强美育对社会的经济和人文发展有什么意义？

叶：国外许多专家学者预测，21世纪世界上最大的两个产业是信息产业和艺术产业。信息产业的重要性现在人们已经认识到了，但艺术产业的重要性目前许多人尚未看到。为什么我们创造不出世界著名的城市建筑、服装、家具？主要问题是设计的低水平、低格调。而这又和管理人员、设计人员的文化素养有关。可见，人们的文化修养和美学修养，已经成为制约我国经济发展的一个瓶颈。审美可以解放人们的思想，改善人们的生活。人不能没有功利的生活，但也不能只有功利的生活。比如，给你提供丰富的衣食，但却把你关在一个没有窗户的小黑屋子里，你会快乐吗？不会。但是，如果在墙上打一个洞，你会觉得深深透了一口气；如果再开一个窗户，你会看到外面的景象；如果开一扇门，让你走出去，你会感到视野一下子打开了；如果让你登山远眺，你可能感到视野更加开阔。黑格尔说，审美具有解放的意义，就是这个意思。现在都强调高科技、数字化，但如果什么都网络化了，人类的生存抽去了人文化的东西，靠一台电脑就能生存了，那就太危险了、太可怕了。

孙：您认为，目前家庭在对孩子进行美的教育方面存在哪些问题？

叶：现在，一些家长让孩子学钢琴考级、画画定级，以为这就是美育，这种做法是不恰当的。这样做，至少存在三个方面的偏差：（1）把美育看成了单纯的技术训练，以为掌握了弹琴、画画等技术和技巧，就是美育。技术和技巧当然很重要，但美育不是"熟练工种"，美育的最终目的是使人的生活更完美化，使人从中获得愉悦。如果孩子们在学琴、学画中感受不到愉悦，很痛苦，这就不是美育。（2）有些家长动机不纯，过于功利，希望孩子学了一技之长，将来考学校时多个筹码。这也不是审美的目的。（3）孩子在学习中大多不是主动的，而是被动、被迫学习。这种强迫性的学习摧残了孩子的个性。这种做法不仅无法培养创新型人才，还可能起反作用，束缚人的创造冲动，甚至扼杀了原本爱创造的孩子。艺术教育是美育的重要方面，但不是纯技术的、纯功利的，只有加强其审美功能，才是真正的美育。

孙：您认为，家长在利用美育培养孩子的创新能力方面应做些什么？

叶：这方面可以做的事情很多。如和孩子一起欣赏一些高雅音乐，带孩子去参观艺术展览，或者带孩子到大自然中去。总之，让孩子接触一切自然的、美的东西。从表面上看，也许这些东西和考试成绩没有太大关系，但它们对孩子的影响却是潜移默化的，将使孩子终身受益。一个具有较高文化素养的民族，是一个有希望的民族。我去俄罗斯访问的时候，发现许多父母、祖父母经常带孩子去参观艺术展，边看边给孩子讲解。我很感动。家长这样做，可以培养孩子欣赏美的能力，提高孩子的趣味和格调。另外，家长还可以给孩子买一些普及性的艺术修养方面的书籍看，如丰子恺先生写的《怎样欣赏音乐》《十大音乐家》，朱光潜写的《谈美》等。

孙：家庭环境对培养孩子的审美能力是否很重要？

叶：是的。物理学有个名词叫"场效应"，我想这个名词也可以用在家庭教育中。一个高雅的环境培养出来的孩子是高雅的，而庸俗的环境里培养出来的孩子也必然是庸俗的。家长应努力给孩子创造一种文化的、艺术的生长环境。孩子在什么环境里成长是很重要的。有的大学生，很聪明，成绩也很好，但如果和他们深入接触，就会发现他们"格局不大"，心胸不开阔，眼界小。所以，做父母的要想让孩子懂得美，具备审美能力和创新能力，应先从自己做起。有的父母自己都不讲道理，自私、粗俗、吵架，又怎么对孩子进行教育？难道让孩子上那么两个小时的钢琴班、美术班，就能给孩子美的教育了？也有的家长认为，应给孩子充分的自由，让孩子自由发展。这样做不是不对，但家长不能只管孩子吃饭穿衣，只管孩子不犯法就行，还应教会孩子分辨高低、雅俗、美丑，帮助孩子获得一种高格调的生活。只有这样，才有可能激发孩子的智慧和原创性，孩子才有可能去追求、去创造。

孙：学校在美育方面应该做些什么？

叶：以前，在讨论世界一流大学的标准时我曾提出，一流的大学至少应该有一流的图书馆、一流的艺术博物馆或叫展览馆、一流的学生艺术团体。只有具备了这三条，这个学校才能给学生以历史感、文明感，才能是一个高雅的文化场所。当然，一流的大学还有一些其他的标准，但就美育方面，至少应具备上面三个条件。我想，中小学也应该是这个样子的。一个学校的环境，对孩子的成长同样重要，这也是一种"场效应"。如果学校一味地追求分数和升学率，孩子的分数可能是上去了，但他们的文化修养和人文教养就降低了，结果导致了价值的失落、对未来的迷惘和困惑，性格上产生片面性，甚至产生极端利己的人生态度。近年来，发生在中小学的一些悲剧也不能不让人猛醒。从这个角度来说，学校要培养创新人才，必须依靠美育。可以说，在培养创新人才方面，美育是基础课程。

孙：谢谢您接受采访！

叶朗 教育箴言

美育和德育是有密切联系的，它们可以相互配合、相互补充、相互渗透，但不能相互代替。

对于人的精神这种更深的层面，德育的作用是有限的，德育管不了那么多事情。

德育是"礼"的教育，美育是"乐"的教育。

人不能没有功利的生活，但也不能只有功利的生活。

艺术教育是美育的重要方面，但不是纯技术的、纯功利的，只有加强其审美功能，才是真正的美育。

一个具有较高文化素养的民族是一个有希望的民族。

物理学有个名词叫"场效应"，我想这个名词也可以用在家庭教育中。一个高雅的环境培养出来的孩子是高雅的，而庸俗的环境里培养出来的孩子也必然是庸俗的。

学校要培养创新人才，必须依靠美育。可以说，在培养创新人才方面，美育是基础课程。

一些专家做了一个实验，在幼儿园里，老师说到有一个小孩冷，谁肯把自己的衣服借给他时，结果50％以上的孩子都说不给。他们说出了各种理由，例如"我怕脏""我怕丢""怕得传染病"等。

王震宇：给孩子的心灵撒上善的种子

王震宇，社会学和心理学专家。她提出，父母要学会宽容孩子，对孩子的小错误要退一步看，给孩子改错的机会。从小培养孩子基本的人性、善良、友爱，这个是没有时代的，只要人类社会存在，就需要这些东西。

被访人物　王震宇，原中国社会科学院社会学研究所研究员，家庭社会学研究室副主任，中国社会学会教育社会学研究会秘书长。主要研究领域为家庭社会学、教育社会学。著有《中国都市家庭观念与生活研究》等作品。

让"善"的种子陪伴孩子长大

孙宏艳（以下简称孙）：前段时间在网上看到，有些青少年虐杀乞丐，对乞丐非常残忍，不把他们当成人看待。这些案子引起了全社会的关注，人们都很震惊，不明白"人之初，性本善"的孩子们为什么变得如此残暴和麻木？您作为社会学和心理学方面的专家，对这个事情是怎么看的？

王震宇（以下简称王）：发生这些案子的确让人感到震惊。孩子们的行为实在让人痛心。最令人发指的就是他们为寻找新鲜刺激的玩法就去杀人，这是非常可怕的。究其根源，我认为这些青少年还是从小没有培养起"善"的种子。从心理根源追究，这些少年是缺乏善的心理基础，缺乏作为人的最起码的心理基础。这是非常严重的问题。有一句俗话说得特别好，"冰冻三尺，非一日之寒"，父母要想在孩子十几岁的时候再得到善的教育，是很困难的。教育是朝朝夕夕、一点一滴积累起来的，不是突然的。这些孩子十几岁了，如果说是学校教育不够才形成这个恶果，这是不可能的，主要还是家庭教育的原因。从孩子上幼儿园开始，甚至更小一点，刚刚懂一点点事儿时，父母就要一点一滴地给孩子灌输从善的心理，用行动和他能理解的言语告诉他做人的道理，告诉他作为一个活在世上的人，这是最起码的基础。

孙：是的，也许我们在道德培养方面存在一些问题。我们总是告诉孩子们要爱祖国、爱人民、爱社会主义，但是在日常的道德和人格塑造方面，我们却没有给孩子实际的、贴近生活的内容。同时，我们对孩子也缺少人道主义的教育，缺少培养孩子尊重生命、尊重人的尊严和人格的内容。

王：父母要培养孩子从善的心理，这是非常重要的，一个社会的道德基于善，如果没有善，没有道德可言，光靠约束是不行的。先人们说过，"少成若天性，习惯成自然"。这说明要让孩子养成从善的心理，并且变成习惯，就要在孩子很小的时候从一点一滴开始培养，给孩子的心灵种上善良的种子，这样才有可能渐渐形成本性的东西，变成好习惯和优良品德。孩子的问题也是社会的悲哀，这说明我们的社会还存在着强烈的等级观念、身份意识和工具动机。这些东西都在潜移默化地影响着孩子们。例如，成年人看待不同社会群体的眼光、对待他们的态度等，都会影响到儿童们的心灵。

孙：虽然一些案件都是非常个案的，而且是非常特殊的青少年犯罪。但是这些年来这样的犯罪屡禁不止。从社会学角度出发，您怎么看待这些案件？

王：这样的案件不能说特别有普遍性，但也不能说是完全偶然的。出现这些问题，和当前社会转型有很大关系。我觉得目前社会上，尤其是这些年人们的生活自由度增加了，人们的自我个性相对得到了彰显，但是我想说："自由不是为罪恶而设的！"现在的社会给你很多自由，并不是让你去犯罪。随着人们物质生活提高，整个社会经济的发展，人类应该在方方面面都有所前进。人们的生活自由度增大是个好事，但是社会给了你自由，同时也更要求你自律。这里面也包括父母对孩子的自律教育。

孙：父母应该怎样对孩子进行自律教育？

王：父母对孩子要严加约束，要给孩子一定的行为规范，不能让孩子过度自由。但是，目前有些父母自身都存在很大问题，他们要么放纵孩子，没有好好教育孩子，要么溺爱孩子，要么自己本身有恶劣的习性。现在很多为人父母者自身缺少道德规范。有人说："我现在有钱，为了钱我可以什么都不要，不要道德，甚至不要尊严。"这些都给小孩一种非常坏的影响，对孩子的成长很不利。

孙：我觉得现在人们对乞丐有一种不公平的情绪，甚至认为他们就是人渣，有的人还说乞丐流浪街头是有损国格的。这样的态度对孩子是不是有很大影响？

王：是啊，尤其是父母，常常在孩子面前表达出对乞丐的厌恶情绪。例如，父母会对孩子说："如果你不好好学习，将来就去要饭！"有时，父母和孩子在街头遇到乞丐，他们虽然给了乞丐钱，但有些父母还会告诉孩子："你看他们是不是很可怜啊？你长大可不能像他们那样蹲在桥头上，多受罪啊！"父母的这些说法都是在给孩子灌输强烈的等级观念和身份意识。这些思想会时时刻刻影响着孩子的心灵。这样，孩子们的心灵中就没有对每个人的生命、尊严、人格的尊重意识。这时，我们要让孩子有同情心、有爱心是不可能的。同情、善良、爱是建立在尊重的基础上的。

孙：父母在给孩子的心灵栽培善良的种子时，应该怎样告诉孩子人与人之间是平等的？

王："天赋人权，自由平等"，我一直对这几个字是非常欣赏的。我觉得它确实是社会进步的一种人性化的体现。不管贫富，不管老幼，作为一个人、一个生命，在这个世界上，他的权利都是平等的。无论是乞丐、农民、很困难的家庭出来的衣衫褴褛的孩子，他都是一个人，都有与他人平等的权利。父母需要教育孩子拥有人人生而平等的思想，否则孩子就会把乞丐不当成人。现在，很多孩子会看衣着对待人。如果一个人穿得很好，孩子就不敢去欺负他。而如果一个人穿得很破，连孩子都去欺负他。因为在孩子看来，这个人是社会的最底层，他们没有自我保护的能力。因此，父母要在这个时候多给孩子强调：任何人都没有权利残害别人的生命。

孙：很多时候，父母也没有告诉孩子要残害别人，但孩子却做出了让父母、老师震惊的事情。我想他们之所以震惊，就是他们没有想到会出现这样的事情。

王：是的，这说明父母和老师们往往对孩子进行的是言教。在他们看来，我已经教育你了，你怎么还做出这样的事情来？因此他们才会震惊！但是，在生活里，他们的很多行为也许都在告诉孩子人是分等级的，人是不平等的，有钱有地位的人才尊贵等。例如，老师在对待家庭经济状况好的孩子和不好的孩子时，会表现出不同的态度。父母对邻居中有钱的人、有地位的人态度也会不同。这些行为都在潜移默化地影响着孩子。

父母的行为是孩子最好的老师

孙：青少年本身也是一个特定的群体，他们处于半幼稚、半成熟的时期。他们的理智非常薄弱、非常情绪化，这个时候他恨谁、爱谁常常是很极端的，他们往往认为自己是大人了，想干些大人的事。

王：很多青少年犯罪都是在这时候形成的。我曾经见过几个孩子，他们本来是不错的孩子，但是却成了杀人从犯。那是20世纪70年代的时候，抢军帽的事情很多，见到别人戴军帽，他们自己没有就去抢。有时十几个孩子拿着刀子，在路上见着戴军帽的人就抢，如果遇到反抗，他们就会给人两刀！实际上在这个事情出现之前，没有任何预谋，就是有时候同辈的小孩混在一块玩，互相影响就形成了一个犯罪小团伙。

孙：您认为这时父母应该怎么做才能疏导孩子的这种情绪？

王：这种突发性和不理智是很典型的。这个时候，孩子们往往处于第二反抗期，他很想挣脱家庭和父母的束缚，想找到独立的感受。越是这个时候，父母越是不能撒手。但这并不意味着要父母粗暴地去管孩子、打孩子、训斥孩子，而是要抓住孩子的心灵，给孩子必要的呵护、关心、指导。

孙：现在很多电子游戏、网络游戏都是玩的杀人、打人等刺激的场面，孩子们玩多了这种游戏，就会觉得打人好像是很自然的事情，不用判断好人、坏人，抬手就打。而且敢打人才是英雄，才有气概。

王：是的，父母要尽量引导孩子接触一些温和的游戏和图书，少让孩子接触暴力的游戏和电视节目等。父母自己也要尽量克制一下，不要在家里玩这种游戏，观看类似的电视节目。虽然看了含有暴力场面电视节目的孩子未必都去杀人、打人，但这个时期的孩子毕竟模仿性很强，他们在内心里有烦恼、有困惑、被压抑的时候，很容易把打人、杀人作为不良情绪的突破口。

孙：您认为父母或老师应该怎样在日常生活里给孩子人人平等的教育？

王：曾经有位北大教授提到了一个伦理底线，就是"不杀人"。当时好多人听到很哗然，认为道德的底线怎么变成了"不杀人"。我觉得"不杀人"说得非常好，虽然别的罪恶也是罪恶，但是起码要做到这一辈子能控制住自己，不论在什么时候都有个道德底线拦着自己不去杀人，这样，这种叫人发指的血案就能减少。我觉得这种伦理底线在孩子很小的时候就应该灌输进去，无论什么时候，哪怕别人欺负了你，你也不能去杀人。可是现在一些父母常常对孩子说："他打你你就打他，咱可不能吃亏！"这些想法和做法，会慢慢在孩子心中形成恶的种子，做什么事情都要睚眦必报。

孙：街头有好多行乞的人，遇到这样的人，孩子往往想给他们钱，但一些父母却对孩子说，这些人是骗人的，他们不劳而获。报纸上、电视里也常常报道一些上当受骗的事例，因此，孩子在父母的教育下变得冷漠了，您怎样看待这个问题？您认为父母应该怎么做？

王：一个人只有具备了同情心，他才可能是一个充满爱心的人，才可能是一个热爱别人也热爱自己的人。因此，在日常生活中，父母要注意培养孩子的同情心，要做出表率来。父母的行为就是孩子最好的老师。信息丰富的今天，成年人应该向孩子灌输什么样的信息需三思而行。生活里的确有些人上当受骗了，因此具有防范心理是应该的。但是我认为父母在教育孩子自我保护的同时，还是应该鼓励孩子的善心。例如，对待街头乞丐，就算真的上当受骗了，损失的也只是几元钱，对孩子不会形成心理上的打击。但是，却可以通过几元钱来培养孩子的同情心，让孩子从小养成好施为善的好习惯。

让孩子学会宽容和感激

　　孙：我曾经看到过这样一条消息：一些专家做了一个实验，在幼儿园里，老师说到有一个小孩冷，谁肯把自己的衣服借给他时，结果50％以上的孩子都说不给。他们说出了各种理由，例如"我怕脏""我怕丢""怕得传染病"等。这让我很惊讶，因为他们都很小，虽然这和那些恶性犯罪有本质的不同，但我觉得都有一个心理基础，那就是孩子没有爱心。

　　王：孩子缺乏爱心和父母有非常大的关系。从这个例子我们看到，父母在教育上有到位的一面，你看："我怕脏"，说明他的卫生教育是到家的，他觉得你不要轻易接触别人，不要乱摸东西，怕得传染病，这是好的一面。"我怕丢"，说明他很爱惜自己的东西，父母教孩子要爱惜自己的东西。但这个时候，孩子偏偏缺了人类最基本的东西，那就是爱心，那种仁爱、友爱等品质。谁不珍惜自己的生命和自己的东西？但在一定的时候，你付出一点，就会给别人带来比较大的帮助和温暖。现在从社会到家庭，这种东西太少了，而比较自私的东西多了。教育开始强调个性化，很多家庭在教育孩子方面也变成了自私的。这和过去的社会是相反的，过去要求一切都是无私的、完全共性的、没有自我的、丧失自我的。

　　孙：但是现在社会的确在强调要发扬个性和保护自我啊。

　　王：社会要求保护自我和个性是对的，但不能无视自我以外的东西，这是一个家庭乃至社会的大问题。我觉得不论时代怎样变化，从小培养孩子基本的人性、善良、友爱，这个是没有时代的，只要人类社会存在，就需要这些东西。应该让大家知道，做友善的、仁爱的人，不仅仅是对社会有益，而且也对自己有用，使孩子将来能够享受一种光明的、顺利的人生。

　　孙：如何解释爱心会对自己有用这个判断？

　　王："老吾老，以及人之老，幼吾幼，以及人之幼"，当一个人爱别人的时候，他会从中获得快乐，这些快乐会蔓延在他的生活里，使他周围的生活环境和谐温暖。例如，当他对同学好、对邻居友善的时候，大家也会给他同样的回报，他会获得和谐的人际关系。这样的环境对他的生活不好吗？相反，如果一个人与同伴斤斤计较，那么他的同伴关系就不会很好，他自己生活在这样的氛围里也会很难受的。

　　孙：父母应该怎样培养孩子的同情心？您能给父母们一些建议吗？

　　王：对小孩来说，父母可以利用一个个小故事来教育他，使孩子从最初的道德情感、道德判断慢慢上升到道德理想、道德情操等。这是一步一步来的，从最小的时候，从幼儿园、托儿所开始就得有这种细微的教育。父母还要培养孩子的宽容心，宽容是同情的基础。父母要学会宽容孩子，对孩子的小错误要退一步看，给孩子改错的机会。这样，孩子能从中感受到父母的爱和宽容。另外，父母要教育孩子宽容别人，当别人做错了事情，孩子们要懂得原谅。体验也是培养同情心的好方法，让孩子体验父母的辛苦，学会对他人的帮助说"谢谢"。

孙：请您详细谈一下，随着孩子年龄的增长，父母应该在道德教育方面怎样做？

王：例如，孩子在两三岁的时候，如果孩子打了小朋友，父母要严厉地去谴责他，并且告诉他打人是不对的。孩子和小朋友一起玩时，父母可以经常告诉孩子把手里的食物给小朋友吃，把玩具给小朋友玩，让孩子学会分享。这些最简单的、最基本的做法，就是助人为乐和与人为善。然后，父母要告诉孩子不能作恶，在孩子做了第一次错事的时候要给孩子讲清楚道理，不能有例外。孩子长大一些以后，父母可以给孩子讲一些更复杂的社会上的事例，让他增加判断力。这也是在培养孩子的道德情感。一个人应该有道德情感，然后才会知道什么是好，什么是坏；要做好事，不做坏事；要做善事，不做恶事，这是最起码的分辨。孩子先有道德情感，知道什么是好是坏，这就是是非问题，然后上升到道德判断。

孙：像您刚才说的，孩子在十几岁的时候是个比较动荡的年龄，引导不好容易犯罪。父母在这个时候应该做些什么预防呢？

王：就是要给孩子必要的法制教育。法制教育既是学校的，也是父母的。这些做错事犯了法的小孩子，在小的时候如果能培养起善的基础，他们就不太可能做这样的事情。而且，如果在他们长到青春期时，父母要能及时与他们沟通，让孩子懂得做了坏事不仅对别人有害，对自己也有害，孩子就会远离罪恶。我觉得法制教育在初中阶段非常重要。不要等到严厉的法律走到面前了才去教育孩子。预防为主，等火起来的时候，你再去扑灭它，就非常难了。

孙：谢谢您接受采访！

王震宇 教育箴言

教育是朝朝夕夕、一点一滴积累起来的，不是突然的。

一个社会的道德基于善，如果没有善，没有道德可言，光靠约束是不行的。

让孩子养成从善的心理，并且变成习惯，就要在孩子很小的时候从一点一滴开始培养，给孩子的心灵种上善良的种子，这样才有可能渐渐形成本性的东西，变成好习惯和优良品德。

人们的生活自由度增大是个好事，但是社会给了你自由，同时也更要求你自律。

同情、善良、爱建立在尊重的基础上。

一个人只有具备了同情心，他才可能是一个充满爱心的人，才可能是一个热爱别人也热爱自己的人。

从小培养孩子基本的人性、善良、友爱，这个是没有时代的，只要人类社会存在，就需要这些东西。

父母还要培养孩子的宽容心，宽容是同情的基础。

父母要学会宽容孩子，对孩子的小错误要退一步看，给孩子改错的机会。

一位母亲对我说过，她说她的小孩很小就会撒谎，问我该怎么办。我说看来是你们大人教的，她说没有啊。我说你们自然不会直接教他撒谎，但你们的行为就可能教会了他撒谎。比如，当你们在家里讲某一件事情的时候，会告诉孩子：出去不许说啊，如果人家问你，你就这么说……

袁正光：培养孩子的科学素养

袁正光，多年从事与青少年科技教育有关的工作，在国内最早提出了"科学素质"。他提出，"要形成科学的观念，比较好的办法还是应该从习惯抓起"。他认为，科学不仅仅可以转化为一种技术，更重要的是一种观念。而诚实是一个国家国民素质的基石，既是科学素养的基石，也是人文素养的基石。

被访人物　袁正光，曾任中国科协办公厅主任、中国科协研究中心主任、中国科普研究所所长；担任过中国人民大学工商管理研修中心、协和医科大学等机构的客座教授，中华研修大学研究生导师。著有《时代的强音》等。在国内最早提出了"科学素质"的概念，并以《人民日报》评论员文章发表。

年龄大了才开始树立正确的观念，往往需要先纠正错误的观念，这样的过程很痛苦。对于孩子来说，要形成科学的观念，比较好的办法还是应该从习惯抓起

孙宏艳（以下简称孙）：您好！多年来，您一直从事与青少年科技教育有关的工作，我注意到，您也多次谈到要培养孩子的科学素养，希望您给父母谈谈该如何培养孩子这方面的素养？

袁正光（以下简称袁）：为了研究方便，我们常常把人的素养分开来讨论，一个是人文素养，一个是科学素养，一个是艺术素养，但实际上这三方面是分不开的。我所提出的科学素养，其实就是要孩子去追求真。真的概念是什么？就是要孩子诚实、智慧，具备规律意识和理性思维；人文素养就是要追求善，善就是爱，让孩子懂得爱家人、爱朋友、爱家乡；艺术素养就是要让孩子懂得和谐的美。就拿诚实来说，它既是科学素养也是人文素养，它是一个人追求真的表现，也是一个人善的表现。所以，我说这三大素养实际上是不可分的。素养在一个人的身上带有很大的综合性。

孙：过去很多父母都不太关心孩子科学素养方面的事情，在父母们看来，只要学习好了，其他的一切都是不重要的。现在也有一些父母认为科学素养对孩子很重要，但他们往往把科学素养理解成了带孩子去科技馆、给孩子报科技班等。您怎么看待这个问题？

袁：我们常常说的科学技术应该是科学和技术。科学不仅仅可以转化为一种技术，更重要的是一种观念。古代、近代、现代的最根本差别实际上就是观念的差别，表现形式是文化的差别，而观念是文化的核心。观念是什么？是判断事物的标准，判断孰是孰非、孰重孰轻的标准。人们按照科学观念去办事，就是以规律为标准，大家都尊重规律，富有理性，同时又以人文观念，即以人为标准，人是最重要的，人是衡量一切的尺度。一切从人的幸福出发去考虑问题，尊重人、关心人、爱护人，富有爱心。这样的国家就比较发达，人的创造性也发挥得比较好。

孙：可是怎么样才能让大家树立科学的、人文的观念呢？

袁：还是要从小开始培养。观念的形成更应该从儿童开始，如果年龄大了，要树立正确的观念，需要先纠正错误的观念，然后才树立正确的观念，这叫转变。转变的过程很痛苦。所以，树立正确的观念要从孩子抓起。与其错了以后再去转变，不如从小就树立正确的观念。

孙：用什么样的方式能帮助孩子更好地形成科学的观念？

袁：文化包括价值观及其规范。价值观是文化的核心，规范是价值观的体现。规范又包括制度规范、道德规范和习惯规范。对于孩子来说，要形成科学的观念，比较好的办法还是应该从习惯抓起。

要尊重自己的利益，首先要尊重别人的利益

孙：我们一直在研究习惯养成，主要探讨少年儿童行为习惯与健康人格的关系。

袁：习惯是文化的体现。最近我去加拿大探亲，发现他们有三个很重要的习惯：说话声音很小；吃饭大多闭着嘴嚼，不发出很大声音；早晨洗个澡，焕然一新去上班。这三个习惯实际上就可以归结为一句话，就是顾及他人。在加拿大，我曾经看见一个一岁多的小孩子在院子里玩耍，他的哥哥两岁多一点，在阳台上玩。弟弟不小心摔倒了，就哭起来，一边哭一边往阳台上走，去找哥哥，哥哥听见弟弟哭了，就向弟弟走来。两个人相遇的时候，哥哥的一个动作让我非常感动，他拥抱着弟弟，拍着弟弟的背，安慰他。虽然这个孩子才两岁多，但他却知道用自己的身体去安慰弟弟。

孙：才两岁多的孩子就知道关心他人，的确是非常让人感动的。您认为哥哥的这种素养是哪里来的？这和科学素养、人文素养是否有很密切的关系？

袁：从他们的父母那儿获得的，从更广的意义上说，是从这个国家的文化中获得

的。所以我常常说，遗传有两种遗传，一种是基因的遗传，是自然属性的；另一种是文化的"遗传"，是社会属性的。我认为，一个国家、一个民族的文化决定这个国家、这个民族的国民素质。当然，哥哥体贴弟弟，弟弟生活在这样的氛围里，也会慢慢学会体贴他人。小到一个人是这样，大到一个国家也是这样。青少年或者儿童的教育，是一个国家文化的体现。一个国家文化的进步，不仅关系到国家现实的进步，也关系到下一代孩子的成长。这个小哥哥很小就懂得爱护弟弟，这就是人文素养，他懂得善，同时这也是真的体现。他可以由自己推及他人，知道自己摔倒了会很疼，所以当他看到弟弟摔倒以后，就会去安慰弟弟。其实这也是科学素养。

孙：顾及他人就是指在乎他人的利益是吗？那么应该怎么看待自己的利益？

袁：自己有自己的利益，别人也有别人的利益，要尊重自己的利益，就要首先尊重他人的利益。

孙：我们总是觉得西方人更在乎个人利益，而我们总是把国家、集体的利益放在第一位。

袁：强调个人利益并非坏事，西方人更强调个人利益，但他们的道德面貌并不比我们差。这是为什么？因为个人利益中有一个非常重要的概念，那就是"每个人"的个人利益。他们教育孩子从小要懂得尊重他人的利益，他们让孩子懂得了自己有个人利益，别人也有个人利益，让孩子懂得要顾及他人。一个不讲个人利益的民族，它的每个成员就不懂得要维护自己的利益，当然他也就不懂得别人也有个人利益，不懂得去尊重别人的利益。我认为，尊重他人的利益就是道德的最根本标准。有些空洞的教育是不起作用的，如果我们只告诉孩子"毫不利己、专门利人"，孩子小的时候接受的是这样的教育，那么当他长大以后会发现，小时候接受的教育是不真实的，他反而会对所接受的教育反感。

孙：看来实事求是的教育才是最可靠的，也会收到很好的效果。

袁：我认为是这样的。孩子小的时候就应该知道每个人都有自己的利益，要吃、穿、玩，同时他也要知道别人也需要这些，孩子还应该慢慢认识到整个社会的合作，认识到自己的吃、穿、玩是别人提供了很好的服务才做到的。

孙：可我们倡导的为祖国、为人民并没有错呀？

袁：的确是没错，但这些只是抽象的概念。当"人"被从其中抽出以后，剩下的就是概念，概念实际上就成了口号和提法，因此它所起到的教育效果就不是很好。我们提为祖国、为人民是应该的，但是要分年龄段，对于少年儿童来说，还是要孩子先懂得爱个人，懂得要尊重自己的和他人的个人利益。

父母可以告诉孩子家里的事情是隐私，不要告诉别人，但不可以在家里是这样说，却让孩子到外面换一种说法

孙：尊重孩子的认知规律、成长规律应该说也是一种真的教育吧？

袁：是的。什么是真？过去教育中存在一些"伪"的东西，我们告诉孩子要诚实，但我们成年人却不诚实，孩子怎么会诚实呢？记得一位母亲对我说过，她说她的小孩很小就会撒谎，问我该怎么办。我说看来是你们大人教的，她说没有啊。我说你们自然不会直接教他撒谎，但你们的行为就可能教会了他撒谎。比如，当你们在家里讲某一件事情的时候，会告诉孩子：出去不许说啊，如果人家问你，你就这么说……父母可以告诉孩子家里的事情是隐私，不要告诉别人，但不可以在家里说一样，让孩子到外面换一种说法。孩子如果学会了两种截然不同的说法，那么他慢慢就形成习惯了，就会在很多事情上都"换一种说法儿"，他自己并没有意识到自己在撒谎。

孙：这种真的教育是科学素养还是人文素养？

袁：这两者是分不开的。如果父母在家里说真话，在外面说的话和在家里说的话都是一样的，孩子也会渐渐养成诚实的好习惯。对于孩子来说，家风特别重要，家风就是一个家庭的文化氛围。孩子生活在家风很好的家庭里，他就会养成一些好的习惯，而如果父母在家里说一种话，在外面说另外一种话，孩子也会在无形中受到影响。同样，我们倡导孩子用过的东西放回原处，从人文素养来说，这是顾及他人的行为，从科学素养来说，这是做事情有序。

孙：现在的孩子大多是独生子女，本来已经很"独"了，如果我们提倡孩子尊重个人利益，会不会使他们更加"独"？

袁：还是要在"每个人"上下功夫，重要的是促进孩子们的健康社会化。社会化，就是从自然人逐步转化为社会人，懂得社会上还有他人。心中有他人，这就是社会化。独生子女的家庭，无疑在这方面的教育是有所欠缺的。家长要尽可能让孩子同其他孩子接触。教会孩子尊重他人的利益，孩子懂得了要维护自己的利益，就要尊重他人的利益。我们要懂得，个人利益是正当的。而损人利己，则是自私，自私是可耻的。你们所进行的习惯课题研究非常好，它要解决的就是孩子的行为问题，尤其是诚实、守信、公正等行为和观念，对于一个国家来说更为重要。观念决定一个人的行为，行为慢慢成为惯性，就成了习惯。

孙：您是怎么要求您的孩子的？

袁：在教育孩子的时候，我不要求他们一定考到什么好学校或者好专业，我对他们说过我不为难他们，但我对他们有两个比较重要的要求：一是要诚实正派，富有爱

心；二是要聪明灵活，不傻乎乎的。前者属于道德规范，后者属于智慧领域。有了前者，可以帮助孩子立于不败之地，有了后者，孩子起码可以自立。

孙：在您刚刚说的诚实问题上，您怎样对待您的孩子？

袁：我在家里说的话和在外面说的话都是一样的，可以有区别，但是绝对不能黑白颠倒。父母们可能会觉得科学素养、人文素养、艺术素养说起来会比较空泛，其实它们一点也不空泛，都是生活中所必需的一些品质和行为，如诚实、守信、公正等，这些素养才是成败的关键。作为父母，首先要提高认识，帮助孩子养成好的习惯。

孙：您为什么觉得诚实这种素养很重要？

袁：我认为它是一个国家国民素质的基石，既是科学素养的基石也是人文素养的基石。在西方国家，孩子打架、调皮、摔坏东西固然是家庭教育的一些问题，但和诚实比起来，都不那么严重。如果孩子说谎，往往被看作家庭教育的失败。因为一个不诚实的孩子，长大以后就可以不守信用，这样的人往往没有立足之地。无论是科学还是人文，都需要一种素质，那就是诚实。一个不诚实的人也做不了科学家，因为他可能会造假数据，可能欺骗的人会更多。他也做不了政治家，因为他会欺骗民众。

父母在家庭教育方面往往存在一个误区，就是把孩子将来做什么当成一种目标去追求。其实，在我看来，孩子以后做什么只是结果，而不是目标

孙：这些素养或者素质在父母眼里即使很重要，但和分数比起来，或许就没有分数重要了，您怎么看这个问题？

袁：父母要首先弄明白家庭教育的目标，然后用目标指导行动。我认为，让孩子幸福才应该是家庭教育的最高目标。在这个目标的基础上，父母就不会强求孩子一定要考上名牌大学，一定要出国留学。

孙：幸福的标准是什么？

袁：事业、情感、健康的协调发展才是幸福。一个人要有事业，这样就可以生存下去，不会饿肚子，可是光有事业而没有情感也是不幸福的，因为任何一个人都需要亲情、友情、乡情，因此我们常说一个人要有爱心，不仅要顾及他人，还要懂得爱别人。同时，人还必须具备健康的身体和心灵，如果身体不健康，或者心灵不健康，那么这个人的一生也不会幸福的。

孙：您认为父母应该用什么样的态度对待孩子的发展，才能使孩子获得幸福的人生？

袁：积极引导、顺其自然才是比较合适的态度。我们的父母在家庭教育方面往往存在一个误区，就是把孩子将来做什么当成一种目标去追求。其实，在我看来，孩子

将来做什么只是结果，而不是目标。当父母用这样的眼光去看待孩子的前途时，父母就可以对孩子采取尊重的态度，就可以对孩子又引导又不强迫，这就是顾及他人，就是尊重他人的利益。父母尊重了孩子的利益和爱好，孩子在获得尊重的同时也会把他的这种体会转化成行动，用在他人身上。那么，当孩子有了诚实、守信、公正、顾及他人的优秀品质的时候，父母还担心他无法获得幸福吗？

孙：前面谈到了科学素养和人文素养，您能再给父母们谈谈艺术素养吗？

袁：艺术素养对一个人终生的幸福是非常重要的，也是一个人综合素质中不可缺少的。艺术素养其实就是美，美是一种感觉，它包括五个方面，视觉、听觉、嗅觉、味觉、触觉。我觉得我们中国的孩子最缺乏触觉方面的教育。握手、亲吻、拥抱就是非常重要的触觉，是人和人之间非常美的触觉。但我们在家庭中，却往往把触觉看成是比较厌恶的行为。我倒主张父母之间的亲密行为不要总是避着孩子，适当拥抱、接吻是可以让孩子看见的，这对孩子也是很好的美的教育、爱的教育。

孙：一方面，父母比较害羞在孩子面前有这样的行为，因为他们从小受到的教育就是这些行为是不能当着别人的面去做的。另一方面，可能父母很担心孩子学坏了，也出去拥抱别的孩子，或亲吻别的孩子，所以很多中国父母都宁愿避着孩子。

袁：我们当然不能看见喜欢的女孩子就去拥抱、接吻，在这时，就要顾及他人，要尊重他人的利益，如果人家不愿意，你那样做，显然是伤害了别人的利益。父母时时要告诉孩子，做任何事情的前提都是要尊重别人的利益。所以，我一直说，教育孩子尊重他人的个人利益是家庭教育的重要内容。

孙：谢谢您的谈话！

袁正光 教育箴言

科学不仅仅可以转化为一种技术，更重要的是一种观念。

要形成科学的观念，比较好的办法还是应该从习惯抓起。

一个国家、一个民族的文化决定这个国家、这个民族的国民素质。

自己有自己的利益，别人也有别人的利益，要尊重自己的利益，就要首先尊重他人的利益。

一个不讲个人利益的民族，它的每个成员就不懂得要维护自己的利益，当然他也就不懂得去尊重别人的利益。

尊重他人的利益是道德的最根本标准。

家风特别重要，家风就是一个家庭的文化氛围。

诚实是一个国家国民素质的基石，既是科学素养的基石也是人文素养的基石。

对于小学生来说，什么错误都可以犯，唯独一个错误不能犯，就是撒谎；什么错误都可以原谅，只有一个错误不能原谅，也是撒谎。

李熟熙：德育工作不是空中楼阁

李熟熙，一位小学校长，他在多年的教育工作中，提出"就小学生来说，他们所犯的任何错误都不要定位为政治思想问题或道德品质问题。有问题的家庭必然培养有问题的子女，有问题的学校必然熏陶一批有问题的学生，有问题的社会必然造就一批有问题的青年"。

被访人物　李熟熙，原北京东城区府学胡同小学校长。从事小学教育48年，曾获"北京市十佳校长"称号，北京市教育学院突出贡献奖获得者。主编《小学奥数》一书。现任北京育百德学校名誉校长兼顾问。

武装嘴巴还是武装头脑

孙宏艳（以下简称孙）：您认为小学的德育是有层次性的，您是怎样划分层次的呢?

李熟熙（以下简称李）：我认为，孩子从6～12岁，或者扩大一些年龄范围，从0～12岁，最重要的层次是做人的道德行为和良好习惯的养成。这是我几十年的实践积累的经验。然后，从13～18岁，应该进行公民意识教育，18岁以后应该强调社会责任的教育。但我在这里讲的是主要的层次，这三个阶段绝不是截然分开的，它们是相互交叉的，只是侧重点不同而已。

孙：可现在德育有时会存在"倒挂"现象，比如在小学进行共产主义教育，到了中学进行爱国主义教育，而孩子长大了，上大学了，反而进行孝敬父母、爱护公物等基本的做人的教育。

李：习惯是非常重要的，如果小时候没有养成好习惯，等他长到20多岁，再要他去养成习惯，就很难了。我曾经看到一个报道，说某大学在进行不浪费粮食的教育。我认为这样的教育没有什么价值，这种教育应该在小学进行。因此我们常常会看到双面人，在人前一个样子，在人后另外一个样子。孩子长期在他律环境中成长，自律品质必然被弱化。孩子会觉得他所做的事情都是社会需要他做的、别人需要他做的，而不明白自己为什么要这么做。

孙：可现在我们经常对孩子说教过多，孩子也因此对成年人的教育失去了兴趣。

李：我把说教的方式看成是一种人为的方式，是不自然的，"人"字加上"为"字就念"伪"。这样培养出来的孩子，可能夸夸其谈，但并没有养成真正的素质和习惯。我们现在教育孩子爱党、爱国家、爱人民，这是对的，教育大纲也是这么要求的，但对于小学阶段的孩子，绝不能简单地这么提，而应让他们从自己身边的小事做起，先培养他们对身边人和物的情感。

孙：这是不是说，您认为知、情、意、行四个方面中，"情"更重要一些？

李："情"的确是很关键的，但恰恰是被我们忽略的。这并不是说"行"不重要，而是说我们对"行"的要求远离实际，缺乏层次性。如果一个人连自己的家、自己生活的场所都不爱，他不可能爱960万平方公里土地上的其他人和物。现在，违背教育规律的现象太严重，光要道德的结果，忽视了情感的教育，使德育工作成了空中楼阁。因为人的道德行为的产生必须有道德认识和道德情感做基础，没有情感做基础，行为绝对是空的、假的，所以，现在德育工作中大量存在着武装孩子的嘴巴，而不武装孩子的头脑的现象。因此出现了人的双重性格，或者是"两面人"。

先爱爸爸妈妈还是先爱祖国和人民

孙：您在教育府学小学的学生时，具体是怎样做的呢？

李：在我们学校里，我不提爱祖国、爱人民等大口号，而提爱爸爸妈妈、爱老师、爱班级。我们学校里有六个年级，一年级的学生要做到每天爸爸妈妈下班以后，给他们拿椅子，向他们问一声"您辛苦了"；二年级的学生在一年级的基础上，还要给爸爸妈妈倒一杯茶或饮料；三年级的学生要记住父母的生日，在那一天，要根据父母的脾气、兴趣、爱好，做一件让他们特别惊喜的事情，送给父母一个欢乐；四年级时，我们提出要做一个让父母省心的孩子，把孝敬父母这种思想升华到一个更高的层次；到了五年级，我们又提出要为父母争光；六年级时要求孩子做出自己的成绩，显名声，扬父母。凡是取得成绩的孩子，我们都会把他们的父母请来，让他们的父母在国旗下拍照。

孙：从您的介绍看，对孩子的教育的确分出了层次。那么，在每一个层次的教育中，又是如何贴近孩子的生活呢？您能举个例子吗？

李：可以。比如，我们在对孩子进行"让父母省心"的教育时，老师设计了很多问题，像"当你病了的时候爸爸妈妈是怎么做的""当你取得了成绩的时候，爸爸妈妈是什么表现""当你犯了错误的时候，爸爸妈妈是什么态度"等问题，都很贴近孩子的生活。

孩子们在讨论的时候热烈极了。一个孩子说："妈妈下班回来，看见我生病了，饭都顾不上吃，背起我就往医院跑，回来时妈妈还说，还不如病生在她身上呢！"这时老师就问："病了是很痛苦的，妈妈为什么要把病放在她身上呢？"孩子说："是妈妈对我的爱。"老师又说："那么做儿女的应该怎样回报父母呢？"通过这样发问，就引起了孩子的思索，情感也会在不知不觉中形成。另外，在对孩子进行教育中，我们认为诚实和善良是道德的核心和基础。

孙：您为什么把诚实和善良作为道德的核心呢？

李：我觉得对于小学生来说，什么错误都可以犯，唯独一个错误不能犯，就是撒谎；什么错误都可以原谅，只有一个错误不能原谅，也是撒谎。这是为孩子们以后到社会上去做人、做事打下基础。试想，如果您接触一个人，人家对他的评价很高，什么坚持原则、关心集体、业务水平高等，但最后又加上一句"虚伪"，您会怎么看这个人？这个人还会有那么高的价值吗？还会被认可吗？所以，我觉得诚实非常关键。至于善良，我认为，孩子每做一件善事，都是在灵魂深处种下一颗善良的种子。这颗种子会发芽、开花、结果，而每做一件恶事，哪怕这件事很小，它也会像癌细胞一样，产生裂变，最终使人走向死亡。

孙：在这方面，您在学校里是怎样做的？

李：我们学校有个活动，叫"日行一善"。学校对此是有奖励的，做100件善事，发金牌；80件善事，发银牌；50件善事，发铜牌。比如说见义勇为，我认为这绝对不是小学里应该进行的教育，所以我不允许我们学校老师对学生提见义勇为，这不是小学年龄段的孩子应该承担的义务。

孙：那么见义勇为这种高尚的道德观如何形成？

李：要根据孩子的特点。比如，跟孩子提"帮助有困难的人"。我在《府学学生训诫》中曾经提出，"府学学生是互助的，我要尽力去帮助有困难的人，关心别人的事，与他人合作好"。这种要求适合孩子，对于孩子来说也好操作。一次，有一个班要去春游，一个同学说不去了，经过了解才知道，原来他妈妈下岗了，怕交钱，班里同学都帮助他，很快就凑足了50元钱，那个孩子又能够参加活动了。这样培养下去，等孩子们到了20多岁，身强力壮，自然就会是个见义勇为的人。

孙：可现在社会上仍然存在面对邪恶装作看不见的现实。

李：这正是教育的失败，如果把德育教育当成了知识教育，孩子们的确能懂得什么叫作"见义勇为"，但当他长大了，看见邪恶的事情，未必能够"见义勇为"。

小孩子的错误是品质问题还是性格习惯问题

孙：您的这种教育理念效果如何？

李：我们学校在东城区算是比较大的学校，全校有2 000多人，6年当中在校园内没有发生一起校园暴力事件。我认为这还是得益于环境的熏陶。

孙：可是，这样仍然不能避免学生犯这样那样的错误，您怎样看待学生的错误？

李：我认为就小学生来说，他们所犯的任何错误都不要定位为政治思想问题或道德品质问题，这个观点可能还有待于进一步论证。但我在教学过程中都持这样一种教育观点。

孙：您认为是什么问题呢？

李：我认为是性格、爱好、习惯、心理等方面的问题导致的。在这方面，我曾经亲身经历过一件事，使我感触很深。一天，我正在办公室写东西，突然，"砰"的一声，窗玻璃碎了，我赶紧出去看，看到两个小家伙刺溜一下跑进了教室。我在后面跟着走进教室，看见那两个小家伙很紧张，脸色都和别的同学不一样了，他们觉得自己闯了大祸，肯定要挨批评了。我对那两个孩子说，别紧张，打碎玻璃不是品质问题，不是破坏公物，而是你们的性格造成的，你们的性格都很活泼。我这话一说完，那两个孩子一下子被解放了，脸色也好了，他们告诉我，原来他们在我办公室的后窗那儿玩"挤老米"，看谁最先被挤下去，一使劲儿就把玻璃挤碎了。我又说，可这财产受损失了怎么办呢？两个学生都说要赔。我说，这块玻璃85块钱，减轻一点你们的负担吧，你们俩赔5元钱，其余的由学校负责。结果，另外几个和他们一起挤的同学也要赔，说他们也有责任。您说这件事中，孩子有品质问题吗？

孙：请您对父母和教师们说几句话吧。

李：有问题的家庭必然培养有问题的子女，有问题的学校必然熏陶一批有问题的学生，有问题的社会必然造就一批有问题的青年。所以，建议父母和教师都从教育本身来找问题，德育是很实际的教育活动，不是空中楼阁。

李熙熙 教育箴言 ......

孩子长期在他律环境中成长，自律品质必然被弱化。

我把说教的方式看成是一种人为的方式，是不自然的，"人"字加上"为"字就念"伪"。

并不是说"行"（行动）不重要，而是说我们对"行"的要求远离实际，缺乏层次性。

现在德育工作中大量存在着武装孩子的嘴巴，而不武装孩子的头脑的现象。

孩子每做一件善事，都是在灵魂深处种下一颗善良的种子。

就小学生来说，他们所犯的任何错误都不要定位为政治思想问题或道德品质问题。

有问题的家庭必然培养有问题的子女，有问题的学校必然熏陶一批有问题的学生，有问题的社会必然造就一批有问题的青年。

德育是很实际的教育活动，不是空中楼阁。

街头传单上到处都是壮阳广告，电线杆上也有。有的男孩子看了以后就认为凡是男人都需要壮阳。这使那些男孩子也开始怀疑自己将来的性能力，担心自己将来是否也需要"补肾"。当我们问一些女孩子为什么想到剖腹产，她们说是因为看到电视上的女人生孩子太难受了。这一代孩子面对的信息空前多，他们获取信息的方式也空前快捷，但随之而来的问题却没有得到成年人足够的关注。

叶广俊：性教育的四个原则

　　著名的儿童、青少年卫生专家叶广俊，从事儿童、青少年身心健康及青春期教育等方面研究多年，且成果卓著，采访她时，她说的一句话一直让我记忆犹新：现在的孩子想得更深了，问的问题也更加复杂，这说明孩子遇到了更多的困惑。

　　被访人物　叶广俊，原北京大学儿童、青少年卫生研究所所长，中国著名儿童、青少年卫生专家，教授、博士生导师。曾兼任中华预防医学会常务理事及少年儿童卫生学会名誉主任委员，《中国心理卫生杂志》副主编等职务。主编与少年儿童卫生健康有关的系列教材、教育读本等图书。其主要研究方向：从生物、心理、社会三方面研究儿童、青少年身心发育及其影响因素、学校健康教育与健康促进和青春期卫生。

青春期出现新困惑

　　孙宏艳（以下简称孙）：叶老师，您好！您在青少年身心健康及青春期教育等方面研究成果卓著，关于青春期教育，我们已经谈了很多年，但是随着时代的发展，中小学生的现状也与当年有了很大不同。您能否分析一下当前对少年儿童进行青春期教育与以往有哪些不同？

　　叶广俊（以下简称叶）：当代少年儿童生理发育提前，而心理、社会发育相对推迟，也就是说，生理发育比较快，而心理发育滞后一些，这样就导致了他们的青春期出现一些新的困惑。比如 10 年前，孩子们关注的是"我是从哪来的？"这样的问题，但现在的孩子已经不太问这样的问题了，这个问题好像悄悄地解决了，现在的孩子想得更深了，问的问题也更加复杂。这说明孩子遇到了更多的困惑。

　　孙：您能举例说明一下吗？

　　叶：一位母亲曾告诉我她女儿问她的话。那个 10 岁的女孩子说："妈妈，我是自然产出来的还是剖腹产出来的？"她妈妈说："是自然产出来的。"孩子又问：

"自然产是怎么产出来的？"母亲说："从产道产出来的。"女孩又问："产道在哪里？"她还对妈妈说："我不想自然产，我想剖腹产。"那位母亲说："你已经长这么大了，怎么剖腹产啊？还能再生一次吗？"女孩说："我是说我将来可不想自己生孩子，我要剖腹产。"这说明现在的孩子遇到的困惑已经和10年前少年儿童遇到的困惑不同了。

孙：是什么原因导致了孩子这样的变化？

叶：现在家用电脑越来越普及了，网络、电视、报纸等各种媒介对孩子的影响很大，他们通过各种渠道了解各种信息，这些信息在他们的内心里很难消化，也无法真正理解其含义，所以常常形成一种信息错乱。这时如果家庭、学校对孩子的青春期教育跟不上，仍停留在老一套上，许多信息就在孩子的内心变成了困惑。尤其是那些街头传单更是对青少年有很大的影响。男孩担心自己将来的性能力，女孩惧怕将来生孩子，皮肤上有一点红肿就以为是性病、艾滋病，很多孩子都听说过或者研究过药物流产等问题。

孙：那么小的孩子就会担心自己的性能力吗？

叶：是啊，街头传单上到处都是壮阳广告，电线杆上也有。有的男孩子看了以后就认为凡是男人都需要壮阳。这使那些男孩子也开始怀疑自己将来的性能力，担心自己将来是否也需要"补肾"。当我们问一些女孩子为什么想到剖腹产，她们说是因为看到电视上的女人生孩子太难受了。这一代孩子面对的信息空前多，他们获取信息的方式也空前快捷，但随之而来的问题却没有得到成年人足够的关注。另外，互联网对青少年的负面影响需要成年人特别注意。

孙：您认为互联网在青春期教育方面存在哪些负面影响？

叶：5年前我们曾经做过一次抽样调查，在500多名高一、高二学生中，有93%的学生认为，接触黄色淫秽书刊是导致性犯罪的重要原因。现在许多孩子在网上聊天，引发了所谓的"电子性爱"，有些人通过语言、文字、图片对少男少女进行诱惑，也有很多的黄色网站内容不堪入目，这对青少年的毒害是非常大的。因为电子性爱是互动的，它对具有极强好奇心的青少年诱惑力很大。

孙：青少年在青春期困惑方面还出现了哪些新问题？

叶：也有的青少年对生理现象和病理现象分不清楚。比如，月经、遗精都是正常的生理现象，但有些孩子却不清楚这是正常的，来了月经吓坏了，坐在那里不敢动，就知道哭。有的男孩子首次遗精以后，以为自己做了什么不好的事情，羞于见人，整天心里惶惑不安。不过这些现象在网络时代有了很大改变。

孙：面对这些新问题，父母、学校对孩子进行性教育的时候应该掌握什么原则？

叶：青春期的孩子正值生长发育的旺季，其死亡率远远低于婴幼儿，医院对他们的关注相对较少，他们即使到医院就诊，往往是内科嫌年龄小，儿科嫌年龄大，因此有人把他们称为"医学孤儿"。对这样的孩子如果不能进行科学、合理的教育，他们的困惑会越来越多。我认为面对新问题，应该采取新对策。我一直认同对青少年进行适时、适量、适宜、适度的性教育。

适时、适量、适宜、适度

孙：什么是适时、适量、适宜、适度的性教育？请您为父母详细解释一下。

叶：适时就是要对不同年龄的孩子进行不同内容的性教育。适量就是说性教育的内容多少要合适，在一定的阶段有一定的内容，不需要给他们超越年龄的内容。比如，现在许多女孩子在小学五年级的时候就来月经了，那么对她们来说，小学五年级就应该开始正规的性教育了，而且在内容上要着重于生理卫生方面的教育；等孩子到了初中，就要着重于行为方面的教育；等到了高中，则要对她们进行性的价值观、责任感、道德方面的教育。

孙：您认为在小学五年级的时候就应该进行正规的性教育了，那么在五年级以前呢？

叶：很小的小孩子也应该对他们进行性教育，但要点到为止，因为许多内容他们还不能理解。过去有的人带孩子，总说些敏感的话，如"你的小鸡鸡怎么样"等，这些都是不合适的。这时，只要给孩子各种器官正确的称谓就可以了，同时告诉他们怎么注意外生殖器的保护。也有的女孩问妈妈"为什么男孩站着撒尿"，有的母亲就对孩子说，"你把自己的事情管好就行了，别管人家的事情"，这样的教育对孩子特别不好。对于低幼儿童来说，要偏重于生理卫生方面的教育，对大一些的孩子要进行责任、道德方面的教育。

孙：什么是适宜呢？

叶：适宜是非常值得父母认真学习的原则，这是性教育的重要技术或技巧。记得有一次，我去国外考察，在一所中学里看到了哺乳室，是对未婚妈妈进行教育的。老师会告诉这些未婚妈妈，怀孕期间应该吃什么、喝什么，将来生孩子的时候应该怎样用劲，怎样对孩子进行母乳喂养。我问那些老师为什么要搞这样的辅导，那位老师说有两个目的，一是为了这些未婚妈妈身体健康着想，二是使这些少女不辍学。这些活动对他们国家的少女来说，可能是合适的，因为她们正处于怀孕阶段，很需要这样的内容。当时他们的一位大学教授问我："你回去以后是否要在中国做这样的哺乳室？"我说这是不可能的，因为这在中国是不适宜的。

孙：的确不适合在我们国家进行这样的教育。看来性教育是否适宜，还要看周围的环境、文化、国情以及时代特点等。

叶：是的。12年以前，我在国外的一个电视节目上看见一个青春期性教育节目。当时，电视里的老师正在向一群13～17岁的中学生讲解安全套的使用知识。那位老师先是问那几个学生，在上个月内谁有过性行为。几个少年举手了。老师又问："你们在性行为中是否使用了安全套？"几个少年摇头。这时老师拿出一个安全套，套在手指上，告诉那些少年，这就是安全套，然后让每个人都摸一摸，并说："记住了，下次再有性行为的时候，一定要戴安全套！"并向学生讲解了为什么要戴安全套。当年，那个国家艾滋病很盛行，不进行这样的教育也许是不行的。但这样的教育内容我们不太适宜，我们无法告诉学生"下次要戴安全套"，我想这样直白的教育是不符合我们的文化背景的，应从符合我国文化背景出发进行教育。因此，讲究适宜的教育是很重要的，教育内容要符合我们国家的文化背景。

孙：对我们国家的孩子的确是不能照搬外国的教育内容。请您再解释一下适度的原则。

叶：适度就是性教育的内容深浅要有度，对孩子提出的一些问题只需要讲到他能够理解的程度就可以了，不能过深，也不能过浅。这就像不能对小学生讲高等数学一样，讲多了他们听不懂，也消化不了。比如，有的孩子问妈妈"我现在能不能结婚？"母亲这时就可以告诉孩子，"等你长到爸爸妈妈一样大的时候就可以结婚了"。这样的解释很简单，孩子就不会再去追问了。性教育也应该遵照循序渐进的原则。

科学的性教育不是"惹"孩子

孙：现在一些学校在进行性教育的时候，反对上课堂，或采用个案教学的方法，让学生有问题单独去找老师咨询。这样做是否合理？

叶：这样做不完全合理。这样做事实上不是预防为主，而只是当问题发生以后才去找老师咨询，比较被动。当问题发生以后再去找老师咨询太被动了，就好像一个人生病了才去医院看病。这样做是没有达到预防的效果。当前比较提倡"促进健康"这个概念。什么叫"促进健康"呢？就是在基本健康的状态下，你要寻求一些个人的、社区的、经济上的、法律上的帮助来增进健康。当前儿童、青少年存在很多性困惑，学校、课堂是他们接受性教育比较合适的场所。

孙：可许多父母比较顾虑，他们总觉得对"半大孩子"要少"惹"他们，不提"那些事情"还好，如果老师或父母再去讲"那些事情"的话，不是引诱孩子犯错吗？

叶：其实这是父母们的一个误区，这不是科学的、现实的态度。这是采取了回避的方式来对待孩子的青春期困惑。父母们也是从青春期过来的，想想自己小的时候就知道了，父母不提"那些事情"，孩子也有自己的困惑。更何况，现在孩子的困惑比以前还多、还深。父母对孩子越回避，孩子越觉得神秘。万物生长都有自己的规律，人们需要保护自己的胃、肝、肺，也需要保护生殖系统。当父母跟孩子提到生殖器官，能像提到胃、肝、肺一样坦然就可以了。

孙：也有的父母认为性教育要么在孩子很小的时候进行，那时孩子没有性意识，不会让孩子产生什么"邪念"；要么等孩子上了大学以后，能特别理智地看待一些事物的时候再讲。而孩子到了小学四、五年级或初中，比较容易冲动，这时对孩子进行性教育不太合适，您怎么看待这个问题？

叶：一个人接受性教育，什么时候都不算晚。只要是科学地认识性教育，就不会带来过分的冲动。举个例子，医学院的学生上大学的时候，要学习解剖学、生理学、妇产科学，要观看男女外生殖器的结构，但是医学院的学生在性罪错方面，并不比理工学院、文学院方面的学生高。因为医学生是把它当作科学来看待。为什么刚刚说学校、课堂是性教育的重要场所，就是因为学生可以把性知识当作一门课程来学习，了解人的生长发育规律。对学生进行性教育肯定是利大于弊的事情。曾经有一位博士，在对小学五、六年级学生进行了性教育后，进行追踪调查，没有发现一例由于接受了性教育而发生问题的。

孙：您认为对于中小学生的父母来说，在家庭中更应该为孩子做些什么？

叶：父母与孩子共同生活，要对孩子做细致的观察，孩子有问题父母最容易发现。一个男孩子，进入青春期首次遗精，早晨起来发现以后他有些慌张。这时，妈妈发现了孩子的紧张情绪，就对孩子说："这些都是正常现象，说明你长大了。赶快洗洗，换了干净内裤就可以了。"在母亲的引导下，孩子健康地成长。对女孩子也一样，孩子来月经是否规律、是否懂得经期卫生等，都是母亲观察的内容。另外，对于可能发生的性侵犯，也是父母对孩子教育更好。过去我们总是教育孩子防备陌生人，但现在发现很多性侵犯发生在熟人之间，这就需要父母心中有根警惕的弦，不然难以觉察。

特别提醒

1. 那些街头传单更是对青少年有很大影响。男孩担心自己将来的性能力，女孩惧怕将来生孩子，皮肤上有一点红肿就以为是性病、艾滋病，很多孩子都听说过或者研究过药物流产等问题。

2. 青春期的孩子正值生长发育的旺季，其死亡率远远低于婴幼儿，医院对他们的关注相对较少，他们即使到医院就诊，往往是内科嫌年龄小，儿科嫌年龄大，因此有人把他们称为"医学孤儿"。

3. 对青少年要进行适时、适量、适宜、适度的性教育，适时就是要对不同年龄的孩子进行不同内容的性教育。适量就是说性教育的内容多少要合适，在一定的阶段有一定的内容，不需要给他们超越年龄的内容。适宜的教育就是教育内容要符合我们国家的文化背景。适度就是性教育的内容深浅要有度，对孩子提出的一些问题只需要讲到他能够理解的程度就可以了，不能过深，也不能过浅。

4. 过去我们总是教育孩子防备陌生人，但现在发现很多性侵犯发生在熟人之间，这就需要父母心中有根警惕的弦，不然难以觉察。

叶广俊 教育箴言 ·······················

对青少年要进行适时、适量、适宜、适度的性教育。

对于低幼儿童来说，要偏重于生理卫生方面的教育，对大一些的孩子要进行责任、道德方面的教育。

父母对孩子越回避，孩子越觉得神秘。

当父母跟孩子提到生殖器官，能像提到胃、肝、肺一样坦然就可以了。

出 版 人　所广一
责任编辑　刘建霞
版式设计　北京八度出版服务机构　郝晓红
责任校对　贾静芳
责任印制　曲凤玲

图书在版编目（CIP）数据

对话：家庭教育高端访谈实录/孙宏艳编著. — 北京：
教育科学出版社，2014.1
　　ISBN 978-7-5041-8184-8

　　Ⅰ. ①对… Ⅱ. ①孙… Ⅲ. ①家庭教育-经验-中国-现代
Ⅳ. ①G78

　　中国版本图书馆CIP数据核字（2014）第021989号

对话——家庭教育高端访谈实录

DUIHUA——JIATING JIAOYU GAODUAN FANGTAN SHILU

出版发行	**教育科学出版社**				
社　　址	北京·朝阳区安慧北里安园甲9号		市场部电话	010-64989009	
邮　　编	100101		编辑部电话	010-64989592	
传　　真	010-64891796		网　　址	http://www.esph.com.cn	
经　　销	各地新华书店				
制　　作	北京八度出版服务机构				
印　　刷	保定市中画美凯印刷有限公司		版　　次	2014年1月第1版	
开　　本	169毫米×239毫米　16开		印　　次	2014年1月第1次印刷	
印　　张	19.5		印　　数	1—2 000册	
字　　数	300千		定　　价	35.00元	

如有印装质量问题，请到所购图书销售部门联系调换。